大学生の学びとキャリア

入学前から卒業後までの継続調査の分析

梅崎 修・田澤 実

編著

法政大学出版局

目　次

序　章　学びとキャリアを分析する意義　3

第Ⅰ部　何をもってキャリア教育の効果があったとするのか？　15

　第1章　キャリア意識の測定テスト（CAVT）の開発　17
　第2章　体験型学習の効果──CAVTを使った効果測定の試み　41
　第3章　初期キャリアの決定要因──全国の大学4年生の継続調査　59
　第4章　教育効果の大学間格差
　　　　　──全国の大学4年生と卒業後2年目の継続調査　77

第Ⅱ部　どのような学生生活がキャリア発達を促すのか？　99

　第5章　人間関係の構築と進路意識
　　　　　──高校生に対するキャリア意識調査　101
　第6章　大学生活と自尊感情──大学1年生に対する継続調査　117
　第7章　時間管理とキャリア意識　129

第Ⅲ部　就職活動を通じてキャリア意識は変化するのか？　149

　第8章　希望業種の男女間比較──4年間の継続調査　151

第9章　希望進路の変化と内定先満足度
　　　　——学生インタビュー調査　*171*
終　章　分析結果のまとめ　*201*

　附　録　キャリア意識の発達に関する効果測定テスト
　　　　（キャリア・アクション・ビジョン・テスト：CAVT）
　　　　—活用の手引き—　*205*
引用文献　*217*
初出一覧　*225*
あとがき　*227*
索　引　*229*
執筆者紹介　*232*

大学生の学びとキャリア
入学前から卒業後までの継続調査の分析

序　章
学びとキャリアを分析する意義

1　はじめに

　「大学は"就職予備校"なのでしょうか？」
　「キャリア教育，キャリア教育と言いますが，大学では学業をもっと大事にすべきなのではないでしょうか？」

　——近年，大学生のキャリアに関連した講演，ワークショップが数多くなされるようになってきた。大学の教職員，民間企業の人事担当者，フリーのキャリアカウンセラー，保護者，当事者の大学生などさまざまな立場が参加するようになってきたと思われる。このような講演，ワークショップでは，冒頭で示した2つの質問は（どれだけオブラートに包むかは程度に差はあるものの）よく出てくる。
　なぜ，このような質問が出てくるのか。もちろん，これにはさまざまな要因が複雑に絡んでいるため一概にこうであると示すことはできない。しかし，先行研究の蓄積という側面に限定して述べるならば，以下のことが言えよう。すなわち，大学生がどのような学生生活をして，いかに学んでいるのかという"大学生の適応研究"と，大学生はどのように進路を決めていくのかという"大学生の進路選択研究"や"新規学卒労働市場研究"が分離していた傾向があるということである。前者は大学1〜2年をメインに扱い，後者は大学3〜4年をメインに扱う特徴がある。研究の目的が異なるため，分離していること自体は，ある意味で自然なことである。しかし，編者らは，もっと包括的に扱うことはできないだろうかと思っていた。そこで生まれたのが本書「大学生の学びとキャリア」である。

われわれは，大学入学前から大学生活を経て卒業後の初期キャリアまでを継続的に調査分析することによって，はじめて大学生活やキャリア教育の実態が明らかになると考えた。このような実証結果の積み重ねがキャリア教育の改善にも役立つことに期待している。

2　本書における分析の特徴

　本書の分析上の特徴をまとめると，以下の3つにまとめられよう。
　第一に，本分析では，キャリア教育の効果測定を複数の側面から行なっている。キャリア教育は，バブル経済崩壊後の新規学卒労働市場の冷え込みと強い関連性を持っている。若年者の未就業や非正規という形での不安定な就業形態は，将来の長期の人材育成を考えた際にも大きな影響を持つことが指摘された。就職難は，まず景気の悪化による企業の需要減が問題とされるが，その一方で学生側に働きかけることで就業力を高めるべきという意見が生まれた。そこで注目されたのが，学校におけるキャリア教育であった。多くの大学は，就職部をキャリアセンターに変化させ，大学生活4年間を通して支援を開始し，各学部もキャリア教育を導入した。
　ここでの教育実践の特徴は，就職活動支援が3年生後期からの限定的なものだったのに比べると，キャリア形成の支援は若者の就業観や労働観などのキャリア意識を高めることも含まれるので，入学時点から4年間の支援となった。キャリア教育は，多くの学会でも実践報告として紹介され，大学もその成果を大学外に伝えてきた。
　しかし，キャリア教育の多様性に比べて報告は少なく，またその報告の内容も実施者側から見た一方的な情報提供に留まっていたと考えられる。自己批判的な実践報告ではなく，自己満足的な実践報告からは，PDCA（plan-do-check-act）のサイクルが生まれることはなく，キャリア教育の検証ではなく，つぎつぎと新しさが競われるという悪循環が生まれてしまう。
　本書執筆者は，日々のキャリア教育に携わりつつ，本腰を入れる必要性を感じたのである。そのために選択されたのが，効果測定尺度の開発であり，

キャリア教育の効果を継続的に測定するという長期の取り組みであった。それゆえ，本書のなかでは，統計的にも有意な効果の発見だけでなく，効果の限界や効果がない場合の原因も検討している。

　第二に，前節でも指摘したとおり，"大学生の適応研究"と，"大学生の進路選択研究"や"新規学卒労働市場研究"の間の分離があるが，これは分析対象となる時期の分離だけでなく，研究アプローチの違いでもあった。多くの心理学的アプローチは前者を分析し，多くの経済学的アプローチは後者を分析していた。本書は，分析対象を同じくする学際的な研究である。本書における「学際」とは，1つの分析対象に対して複数の視点からひとつずつ論文を作成したのではない。各学問分野の研究者がお互いに分析思考をぶつけ合って作成したのが，本書である。本書がどの学問分野にも属さないと評価されたとしたら，それはどの学問分野と対話できる可能性を秘めていると期待したいのである。

　第三に，次節以降説明するように，本書では10回の調査を実施した。これは，同じ対象を分析した類書と比較しても多いと言えよう。全国的な調査が少ないが，われわれは継続性を重視した。すなわち，大学生活と学びという若者が大きく変化する時期を細かく時期をわけて観察することが，この変化を把握するための有効な方法だと考えたからである。

3　本書で用いる調査一覧

　本書では，全部で10回の調査（9回のアンケート調査と1回のインタビュー）を実施した。対象者は，高校生，大学生，大学を卒業して2年後の者が含まれる。本書のメインターゲットは大学生であるが，その前後もとらえようという意図である。

　本書で用いる調査一覧を表0−1に示す。各調査に①〜⑩の番号を振り，データの特徴，対象者，調査時期等をまとめ，そのデータを用いた章を【　】内に示した。以下に詳細を説明する。

表0-1 本書で用いる調査一覧

	高校1,2年生	1年生（3時点）			1〜3年生の実習前後	3年生	4年生	卒業後
高校生調査（アンケート）	①2007年3月【第5章】							
1大学,1学部（アンケート）		②2007年4月【第1章】【第6章】【第8章】	③2007年9月【第6章】【第8章】	④2008年1月【第6章】【第7章】【第8章】	⑤2008年1月〜2009年8月【第2章】	⑥2009年12月【第8章】	⑦2011年3月【第8章】	
全国調査（アンケート）							⑧2007年11月【第1章】【第3章】【第4章】	⑨2010年2月【第3章】【第4章】
複数大学,複数学部（インタビュー）							⑩2007年7月〜11月【第9章】	

①高校生に対するキャリア意識調査

2007年3月に高校3校に通学する1,2年生に対して実施された。サンプル数は2,224（男1,628名／女596名）であった。授業中に配布・回収されたので，サンプルバイアスはほとんどなく，かぎりなく悉皆調査に近いと言える。この調査データを使えば，高校生の進路意識を決定する要因を分析することができる。第5章で利用した。

②③④大学1年生調査

同じ大学（A大学）の同じ学部（C学部）1年生に対して1年間に3回の調査を行なった。第1回318名（男140／女178），第2回305名（男131／女174），第3回280名（男115／女165）であった。これらの調査データの

利点は，必修科目の事業中に配布回収されているので，回収率が高く，学籍番号も記入しているので，それぞれのデータを結合できることである。1年という短期間で3回行なっているため情報量が多いという特徴がある。とくに大学1年は大学生活への移行期で変化が激しい時期なので，3回の連続調査は役立つと言えよう。

なお，A大学は，都内に校舎がある四年制の総合私立大学である。共学であり，C学部は文科系である。入学時点の大学1年生は，314名（男137名，女177名）であったが，ここから，社会人試験経路の者やそれと同等の年齢の者はデータから除外した。分析対象者の生まれ年は1985～1989年生まれであった。回答時の年度で19～20歳になる者が9割以上を占めていた。

第1章，第6章，第7章，第8章で利用した。複数の時点のデータを用いたものもある。

⑤実習前後の調査

対象者は，A大学C学部における2007年度入学生，2008年度入学生の実習参加者352名（男134名，女218名）であった。実習の前後の変化を分析した。実習の内容とアンケート調査の配布・回収の方法は，第2章で説明する。

⑥大学3年生調査

「②③④大学1年生調査」が3年生になったとき（2009年12月）に実施された。1年生から3年生への変化を分析することが可能になる。ただし，1年生の調査は必修科目の授業中に配布されているが，3年次には必修科目がないので，選択科目（主に演習）の授業中に配布するしかなかった。そのため，回収されたサンプル数は少ない（167名〔男64名，女103名〕）という特徴がある。第8章で利用した。

⑦卒業式アンケート調査

「②③④大学1年生調査」と「⑥大学3年生調査」の調査対象学生が卒業時期に行なわれた調査である。2011年3月の卒業式の日に配布・回収した。

卒業式に参加した学生からの回収率は高いが，卒業式に参加していない学生も多いので，結果的にサンプル数は1年次調査よりも少なかった（サンプル数221名　男83名／女138名）。第8章で利用した。

⑧全国大学4年生調査

インターネット調査を使って就職活動を行なった（または就職活動中の）全国の大学4年生1,851名（男926名／女925名）のデータを収集した。なお，調査時点（11月）で就職活動中の者は228名であった。就職活動中の調査回答者は調査会社のインターネットモニタを通じて全国から募集した。地域による偏りをなくすため，『学校基本調査』（文部科学省）を基に地域差を考慮してデータを収集した。第1章，第3章，第4章で利用した。

⑨全国卒業2年後調査

「⑧全国大学4年生調査」の追跡調査である。卒業後，約2年が経過している。⑧と⑨は，個人IDで結合し，分析することが可能である。751名（男361名／女390名）のデータを収集できた。第3章，第4章で利用した。

⑩就職活動経験者インタビュー調査

①～⑨はアンケート調査であったが，⑩はインタビュー調査である。対象者は，1大学1学部ではなく，複数の大学，複数の学部であった。東京都内に在学中で，就職活動を終えた大学4年生10名（男性6名，女性4名）であった。平均年齢は22.80歳（標準偏差1.79）であった。第9章で利用した。

4　本書の構成

本書は，以下のような3部9章から構成される。各章の流れを以下に示す。

第Ⅰ部　何をもってキャリア教育の効果があったとするのか？
　第1章　キャリア意識の測定テスト（CAVT）の開発

第2章　体験型学習の効果――CAVT を使った効果測定の試み
第3章　初期キャリアの決定要因――全国の大学4年生の継続調査
第4章　教育効果の大学間格差――全国の大学4年生と卒業後2年目の継続調査

第Ⅱ部　どのような学生生活がキャリア発達を促すのか？
第5章　人間関係の構築と進路意識――高校生に対するキャリア意識調査
第6章　大学生活と自尊感情――大学1年生に対する継続調査
第7章　時間管理とキャリア意識

第Ⅲ部　就職活動を通じてキャリア意識は変化するのか？
第8章　希望業種の男女間比較――4年間の継続調査
第9章　希望進路の変化と内定先満足度――学生インタビュー調査

　まず，第Ⅰ部「何をもってキャリア教育の効果があったとするのか？」では，キャリア意識を測定する尺度を開発し（第1章），その尺度を用いてキャリア教育の効果を検討する（第2章，第3章）。また，大学の難易度別の大学教育と初期キャリアの関連を検討する（第4章）。各章の要約を下記に示す。

第1章「キャリア意識の測定テスト（CAVT）の開発」
　日本の大学におけるキャリアガイダンスの効果測定研究については，個別のキャリアガイダンスの効果測定研究そのものの数が少ないことを指摘する。ここでは，キャリア意識を測定する尺度が開発される。それは，キャリア・アクション・ビジョン・テスト（CAVT）と命名される。人に会ったり，さまざまな活動に参加したりすることと定義される「アクション」と，将来に向けた夢や目標，やりたいことなどを明確にすることと定義される「ビジョン」から構成されることが示される。

第2章「体験型学習の効果――CAVT を使った効果測定の試み」

第1章で開発されたキャリア意識尺度であるCAVTを用いて，大学で行なわれている体験型学習（実習授業）に効果が見られるかを検討する。ここでは，まず，アンケート分析から，実際に体験型学習によってCAVTが向上することが示される。そして，学生が執筆したレポート内容を比較分析することにより，実習における役割を適切に取得できた場合は葛藤を経験しながらも学びにつながることが考えられるものの，役割の負担が本人の能力を超えて大きすぎた場合は学びにつながらないこともあることが示される。

第3章「初期キャリアの決定要因——全国の大学4年生の継続調査」

成績とCAVTが初期キャリア（内定の有無，企業規模，第一志望か，内定先満足，早期離職）にどのような影響を与えるのかについて検討を行なう。総じて，良い学業成績を得ることやCAVTを高めることが初期キャリアに良い影響を与えることが明らかになる。しかし，アクションのみが高く，ビジョンが低かった場合，すなわち，ただ熱心に積極的に行動することができたと思えるようになるだけで，将来に向けたビジョンを明確にできなかった場合には，早期離職につながってしまう恐れがあることも示される。

第4章「教育効果の大学間格差
　　　　——全国の大学4年生と卒業後2年目の継続調査」

大学難易度や大学教育が大学生の就職活動や初期キャリアに与える影響を検証し，さらに大学生が大学教育をどのように評価しているかを検討する。ここでは，難関大学と非難関大学の差が示される。難関大学の学生は，その大学に入ったことそのものが，就職活動に良い影響を与え，大学で学業に努力したこと（成績）は良い影響を与えているとはいえないことが示される。それに対し，非難関大学の学生は，限定的であっても，大学で学業に努力したことが就職活動で部分的に良い結果を見いだすことが明らかにされる。また，大学生自身が自己評価した身についた能力の結果からは，非難関大学においては，コミュニケーションや社会人マナーに関する力を伸ばすことについて，難関大学に追いつける教育をしている可能性があることが示される。

つぎに，第Ⅱ部「どのような学生生活がキャリア発達を促すのか？」では，大学入学前，すなわち高校生を対象にして，ソーシャルネットワークと進路意識の関連を検討する（第5章）。そして，大学入学後にどのような大学生活を送ることが自分自身に肯定的な感情を持つことにつながるのかを検討し（第6章），どのような時間の使い方をすることが職業，学業，自己に対する意識が異なるのかを検討する（第7章）。

第5章「人間関係の構築と進路意識——高校生に対するキャリア意識調査」
　高校1, 2年生のソーシャルネットワークと就業・進路意識の関係を検討する。ここでは，高校生は自分の所属集団内の1つのグループ内の人間関係で充足している可能性が高く，他集団との人間関係は少ないことが示される。また，ソーシャルネットワークの量よりもその質，具体的には密度と深さと異質性が正の影響を持つことが示される。これらの結果より，他集団との交流をもたらす他者の存在の重要性が浮かび上がる。

第6章「大学生活と自尊感情——大学1年生に対する継続調査」
　大学生活でどのような経験をすることが，自分自身に対する肯定的感情を持つことにつながるのかについて検討する。大学1年生の4月，9月，1月に回答を依頼した。ここでは，1年間の大学生活を送った後でも，指定校等推薦や第一志望以外で入学した者が，相対的に自分自身に対する肯定的感情を持っていないという結果が見いだされる。これらの属性の影響が残ってしまっているということである。しかし，これらの属性を統制したうえでも，大学1年生が，前期のうちに友人関係を構築し，後期に社会，経済に興味を持つことができると，1年の1月の時点で自分自身に対する肯定的感情を持つことにつながることが示される。

第7章「時間管理とキャリア意識」
　大学1年生がどのように時間を使っているのかによって，職業，学業，自己に対する意識が異なるのかを検討する。ここでは，実際の時間の使い方と自分がどのような性格であるのかという認知には関連があることが見いださ

れる。また，どのような時間の使い方をしている学生が，学業や職業に対する信頼を失っているのか，また，どのような時間の使い方をしている学生が，職業面でやりたいこと志向を持っているのかについて明らかにされる。

　最後に，第Ⅲ部「就職活動を通じてキャリア意識は変化するのか？」では，大学入学から，就職活動終了後まで4年間の継続調査より，希望業種がどのように変化するのかについて男女差に注目して検討する（第8章）。そして，就職活動中におこる希望進路の変化と内定先満足度の関連を検討する（第9章）。

　　第8章「希望業種の男女間比較——4年間の継続調査」
　在学時における希望業種の変化と実際の就職活動結果との関連を検討する。ここでは，大学生の希望進路や希望業種は大学生活とともに大きく変化することが示される。しかしながら，女子学生の就業希望の偏りは，就職活動とともに変化しつつも，その変化自体が，男子学生と比較しても限定されたものであることが示される。

　　第9章「希望進路の変化と内定先満足度——学生インタビュー調査」
　就職活動を終了した4年生に対するインタビュー調査である。「就職開始時の自らの志望と就職活動終了時の志望では変化が生じているものの，なぜ満足度が下がらないのか」という先行研究の解釈に修正を加える。ここでは，「就職活動開始時の志望は，『夢』『あこがれ』程度のものであり実際に学生が真剣に志望しているわけではなかった」という世間でよく言われがちな解釈について否定的な見解を示し，新たな解釈が見いだされる。

5　本書を読み進めるなかでの注意

1）調査年度の違いについて
　本書で行なった調査は，2007年3月から2011年3月までのデータが含ま

れる。この4年の間では，周知のとおり景気変動があった。就職状況が良い時期もあれば，そうでない時期も含まれる。本書で，この景気の影響について統一した問題意識の書き方をすることは困難であったこともあり，できるだけ各章の初稿を改変しない方針にした。すなわち，各章それぞれの初稿の時期に合わせて問題意識を書いてあることになる。読み進めるなかで違和感を覚える読者がいるかもしれないが，このような事情を考慮して頂ければ幸いである。

2）インターネット調査が含まれる理由

本書では，調査会社のインターネットモニタを通じて全国から募集した調査が含まれる。インターネット調査については，従来からいくつかの問題が指摘されている。

第一に，インターネット調査では，情報機器（とくにパソコン）を通じてインターネットを日常的に使用している者に回答者が限定されるというサンプリングの偏りが指摘される。しかし，本書の調査回答者の大学生4年生では，就職活動その他の使用目的でほとんどの学生がパソコンを通じてインターネットを利用していることが一般的であり，サンプリングのバイアスにはつながらないと想定された。

第二に，その他に，インターネット調査について指摘されやすい難点として，もともと調査会社のモニターになりやすい個人属性をもつ者に調査対象者が偏る可能性が指摘される。しかし，現在，郵送調査はきわめて低い回収率しか期待できないことが知られている。調査に回答することを好むというような個人属性をもつ調査回答者に偏っている可能性が高いため，郵送調査の方が代表性が高いとは必ずしも言えなくなっている。

第三に，その他の要因による予期しないサンプリングバイアスついても，心理学研究などでは一般に数百人レベルのより小規模の調査回答者数で質問紙研究を行なうことが多いということに比較すれば，全国規模で数千人単位の大学生に対する調査を行なった本調査の方が，大数の法則により，その他のさまざまな要因をランダム化がなされていると想定できる。

第四に，これらの困難を解決して調査を行なうことは現状においても可能

であるが，きわめて費用のかかる調査となり，コストエフェクティブでない。

　以上の議論にもとづいて，本研究では，調査会社によるインターネット調査の手法は不適切ではないと判断した。

（梅崎　修・田澤　実）

第Ⅰ部
何をもってキャリア教育の効果があったとするのか？

第1章
キャリア意識の測定テスト（CAVT）の開発

1 問題の所在

1）キャリアガイダンスの効果測定研究
　現在，日本の大学では，さまざまな形でキャリアガイダンス・キャリアデザイン・キャリア教育（以下，「キャリアガイダンス」と略記する）の取り組みが行なわれている。
　このキャリアガイダンス研究の領域では，キャリアに関する一定の介入が，どのような側面にどの程度みられるのかを測定する，いわゆる「キャリアガイダンスの効果測定」の問題が，理論面・実践面で常に議論の対象となってきた。
　たとえば，Fretz（1981）は，キャリアガイダンスの効果測定に関するまとまった実証研究の端緒であるが，キャリアガイダンスに関する先行研究を検証し，総じてキャリアガイダンスは効果的であると結論づけている。
　また，海外のキャリアガイダンス研究では，個々の効果測定研究の結果をメタ分析と呼ばれる統計手法を用いて統合し，結論を導く研究も多くなされてきた。代表的な研究として Oliver & Spokane（1988），Whiston, Sexton & Lasoff（1998），Whiston, Brecheisen & Stephens（2003）などがある。総じて，カウンセラーによる個別支援が有効であるが時間的・金銭的負担が大きく，構造化されたグループガイダンス・グループカウンセリングが有効であるとの知見を得ている。
　さらに，キャリアガイダンスの効果測定に関する引用率の高い有名な研究としては，Brown & Ryan-Krane（2000）および Brown, Ryan-Krane, Brecheisen, Castelino, Budisin, Miller, & Edens（2003）などもある。これらの研究

では最近のキャリアガイダンスに関する62研究のメタ分析が行なわれている。そして、その結果、さまざまあるキャリアガイダンス技法のうち、とくに効果的な5つの技法として、1) 目標の具体化、2) 個別のテスト解釈、3) 現実的な見通し、4) モデル、5) ネットワーキングがあり、これらのうち3つ以上含んだ場合にきわめて効果が高いことを明らかにしている。

このようにキャリアガイダンスの効果測定に関する研究が、複数の研究を統合するメタ分析の手法によって検証されている背景として、海外では、キャリアガイダンスの前後で何らかの指標の変化を比較したり、キャリアガイダンスを行なう群と行なわない統制群を設けて両群の差を比較したりするといった、個々のキャリアガイダンスの効果測定研究がすでに多くなされているということがある。

たとえば、本章で検討する大学のキャリアガイダンスプログラムに特化した研究としては、Reese & Miller（2006）がある。この研究で大学のキャリアガイダンスプログラムの効果検証を行なった結果、どのようなプログラムも総じて進路自己効力感を高めることが示された。なかでも、とくに情報収集行動、進路目標の設定、キャリア計画の側面で効果が示された。

この研究に代表されるように、キャリアガイダンスの効果測定研究に一定の蓄積があるため、複数の研究を統合するメタ分析によって結論を導くことが可能となっている。海外における効果測定研究の層の厚さが示される。

2) 日本における効果測定研究の問題点

一方、日本においては、個別のキャリアガイダンスの効果測定研究そのものの数が少ない。そのため、上述したメタ分析を行なうほどの実証研究の蓄積がない。したがって、その前段階として、個別の効果測定研究を行ない、実証的な研究知見を積み重ねていくことが、この領域の研究を行なうにあたってきわめて重要となる。

日本でキャリアガイダンスの効果測定に関する実証研究が十分でない背景として、実際に効果測定を行なおうと考えたとしても、どのような側面からどのように効果測定を行なえば良いのかについて十分に検討が進んでいないということがある。

ちなみに，現在でもキャリアガイダンスの後に何らかのアンケートを行ない，キャリアガイダンスの効果を測定しようとする試みは多くなされている。しかし，こうした試みで用いられる質問項目は，十分に実証的な根拠があるものではなく，そのアンケートで効果が示されることが，どの程度，学生の将来のキャリア行動に結びついているのかは定かではない。

　そこで，本章では，日本の大学生を対象とした実証研究を行ない，どのような側面で効果が得られた場合に，キャリアガイダンスの効果があったと言えるのかを検証することとした。また，こうした実証データにもとづくアプローチを行なうことで，最終的にキャリアガイダンスの効果測定に用いる尺度を開発することとした。尺度開発を行なうことによって，キャリアガイダンスの効果をどのような側面に求めるのかを明確にし，具体的にどのような形で測定することができるのかを示すことができるものと思われる。

3）本章の目的と理論的基盤

　以上の議論をふまえて，本章では，大学におけるキャリアガイダンスの取り組みを評価するために用いるキャリア意識測定のための尺度を開発し，学生自らが自分のキャリア意識の発達を知る質問項目として幅広く使用可能な汎用型のテストを開発することを目的とした。

　開発にあたっては，①国内外のキャリア発達研究において膨大な研究がなされているキャリア自己効力感理論をベースに，②自分の生活の中で，現在，どのような目標をもち，何に力を注いでいるのか（ライフタスク）に，本人の考え方やモチベーション，個性や性格などを含めたさまざまな特徴が現れるとするパーソナリティ研究におけるライフタスク理論，③大学生活を活発に送る学生ほど，また，将来に対する展望が明確な学生ほど，就職活動の結果が良いといった大学生の就職活動に関する調査研究結果等にもとづいた。以下にこの３つを理論的な基盤とした理由について述べる。

　第一にキャリア自己効力感については，これまで国内外のキャリア発達研究によって盛んに検討されてきた。キャリア自己効力感とは，ある行動が自分にうまくできるかという予期を示す概念である。自己効力感が高ければ，粘り強く努力し，多少の困難に直面した際にも耐えることができる。また自

分の能力をうまく活用し，よりいっそうの努力を重ねることができる（Taylor & Betz 1983; 浦上 1993, 1996; 東・安達 2003）。キャリア自己効力感が高い者は進路選択行動を活発に行ない，努力をする一方，キャリア自己効力感の低い者は進路選択行動を回避し，不十分な活動に終始する。実際の進路選択行動との関連が高く，予測力が高い概念である。実際に，キャリア自己効力感の高低と進路選択の可否の結びつきを実証した研究も多い。一般に，自己効力感を変化させることは比較的容易であると考えられており，したがってさまざまな指導方法が考案しやすいことも自己効力感概念の長所である。以上のことから，本章で尺度開発を行なうにあたってベースとなる理論として位置づけることとした。

　第二に，ライフタスク理論についてであるが，本章では，ライフタスク理論を，現在どのような目標をもち，何に力を注いでいるのか，注ごうとしているのかに，本人のやる気やモチベーション，個性や性格・特徴を含めたさまざまなものが現れるとする理論的アプローチの総称として考える（植之原 1996, 2000; Cantor 1990; Zirkel & Cantor 1990; Pervin 1989）。この考え方にもとづけば，大学生が大学生活で何を目標（ライフタスク）とするかには，本人の将来に対する考え方がすべて包含される。この考え方にもとづいて実証研究を行なうことによって，大学生が入学時に抱いていた目標のうち，どのような面で充実した学生生活が送れれば，大学生の将来のキャリア行動に有益であるのかということを明らかにしたい。その結果をもとに，大学生の普段の生活に即した尺度の開発を行ないたいと考える。

　第三に，就職活動に関する調査研究群であるが，これまでに大学生の就職活動に対する網羅的な調査は，永野（2004），国立教育政策研究所編（2006）などいくつもなされてきた。そのなかで，概して言えば，大学生活を活発に生き生きと送る学生ほど，また，就職活動を熱心に行なう学生ほど，就職活動の結果が良いことが示されてきた。とくに，大学における学業や友人関係，さまざまな活動（サークル・アルバイト含む）を積極的に行なっているかどうかは，就職活動と密接に関連することが，これまで繰り返し示されてきた。日本の大学のキャリアガイダンスは多かれ少なかれ卒業時の就職活動を上首尾に行なわせることを目的として含んでいる。また，大学生の直近の進路課

題は卒業時の就職であり，日本の大学生のキャリア意識の発達を考えるうえで一応の目標とすることに一定の合理性がある。以上のことから，本章では尺度を開発するにあたって，卒業時の就職活動を上首尾に行なうことができるか否かを基準とすることとした。

以上，本章では，尺度の開発を行なうにあたって，上の3つの理論的な基盤を組み合わせて，まず，①大学生の就職活動ととくに関連が深いライフタスクを特定し，②それに対する自己効力感をたずねる形式の質問項目を作成する。③作成された質問項目と実際の就職活動との関連を検討し，質問項目の妥当性を検討することとした。

上記の目的のために，本章では予備調査と本調査の2つの研究を行なう。

研究1の予備調査では，入学直後の大学1年生を対象に大学生活でどのようなことを目標としているのかを自由記述式の質問項目によって明らかにする。

研究2の本研究では，研究1の予備調査の結果から収集された質問項目をもとに，すでに就職活動を行なった大学4年生に調査を行なう。就職活動に関連が深い項目，4年生になればうまくできるようになる項目などいくつかの観点から質問項目を絞り込み，キャリアガイダンスの効果測定用の質問項目を作成する。さらに，実際の就職活動との関連を検討することで質問項目の妥当性を検証する。

なお，本章の構成は以下のとおりである。つづく第2節では，尺度開発のための予備調査の方法と分析結果を説明する。第3節では，全国調査による尺度作成の結果を説明し，尺度の妥当性を検証する。第4節では，分析結果の考察を行ない，この尺度を使った研究可能性を検討した。

2　研究1：予備調査

1) 目的と方法

最終的にキャリアガイダンスの効果測定用の尺度を開発するために，まず研究1では，予備調査として，大学生が日常生活においてどのようなことを

目標として生活しているのかを検討する。

研究1は,大学1年生を対象とした大規模な調査の一環として行なったので,調査方法については,本章に関連のある点についてのみ,以下に記述する。

(1) 調査回答者

A大学C学部1年生348名（男性156名,女性192名）

(2) 質問項目

大学生活における目標（ライフタスク）：大学生活で目標としたいことについて最大15個まで自由に記述するように求めた。具体的な教示文は「この1年,力を入れてやっていきたいと考えている目標を,どんなに細かいことでも良いので,以下にできるだけ多く書いてください。」であった。教示文の下に①〜⑮までの欄を設けて自由に記述させた。

(3) 調査手続き

2007年4月に,大学における授業中に配付し,回収した。

2) 結　果

調査に回答した348名のうち,大学生活で目標としたいことに関する記述がひとつもなかった者が22名いたので分析から除外した。残る326名の大学生が,大学生活で目標としたいこととして1番目に記述した326個の自由記述内容に着目した。最大15個の記述が可能だった自由記述欄のうち,最初に記述された内容には,大学生本人が現時点で最も意識している目標であると考えたことによる。

まず,326個の自由記述内容に出現する頻度の比較的高い単語に着目して,同じ単語が含まれる自由記述内容をまとめあげた。たとえば,「勉強を頑張る」「大学での勉強を大事にする」といった自由記述内容は「勉強」という単語が出てくるという点で類似の事がらに関する記述であると見なして同じグループとした。

つぎに,単語の意味内容の類似したものを同じグループに集約した。たとえば,「勉強」と「勉学」はほぼ同じ意味内容をもつ単語として同じグループとした。同様に,「友達」と「友人」,「アルバイト」と「バイト」は同じ

グループとして数え上げた。

　その結果，326個の自由記述内容は，①「友達」「友人」43個（13.2%），②「授業」40個（12.3%），③「サークル」27個（8.3%），④「勉強」「勉学」22個（6.7%），⑤「自分」17個（5.2%），⑥「英語」16個（4.9%），⑦「資格」14個（4.3%），⑧「単位」11個（3.4%），⑨「生活」11個（3.4%），⑩「アルバイト」「バイト」9個（2.8%），⑪「将来」9個（2.8%），⑫「部活」5個（1.5%）の12個のグループに分類された。

　ただし，どのグループにも分類されないその他の自由記述が102件（31.3%）と多かったので，これら102件については自由記述内容を検討して，12個のグループのいずれかに分類を行なった。

　たとえば，①「友達」のグループには，「仲間を増やす」「年齢や性別，国に関わらず交友関係を広げる」のように対人関係に関する記述なども含めた。同様に，②「授業」には「文章力を伸ばす」「本をもっと読む」のように学業や読書などに関する記述，③「サークル」には「トランペット」「インカレ優勝」などの具体的な活動内容に関する記述，⑤「自分」には「何ごとも積極的に！」「消極的な性格をなおす」のように自分の性格や態度に関する記述，⑦「資格」には「簿記3級」「運転免許をとる」のような具体的な資格名の記述，⑨「生活」には「朝早く起きる」「家事をしっかりする」のような普段の生活の習慣に関する記述，⑪「将来」には，「これからの人生の方向性を考えたい」「何系に就職するのかをはっきりさせる」のような職業や就職に関する記述を含めた。

　さらに，②「授業」，④「勉強」「勉学」，⑧「単位」をひとまとめにして「勉学」とした。⑥「英語」，⑦「資格」，⑪「将来」をひとまとめにして「将来」とした。③「サークル」27個，⑩「アルバイト」「バイト」，⑫「部活」をひとまとめにして「活動」とした。

　以上の手順で「大学生活における目標」に関する自由記述内容を整理した結果，表1-1のとおりとなった。最終的に最も多い記述内容は「勉学」96個（29.4%），次いで「将来」56個（17.2%），以下「活動」55個（16.9%），「友人」48個（14.7%），「自分」36個（11.0%），「生活」35個（10.7%）と続いていた。

表1-1　大学生活で目標としたいこと（自由記述結果のまとめ）

「勉学」（授業，勉強，単位）	96個	29.4%
「将来」（英語，資格，将来）	56個	17.2%
「活動」（サークル，アルバイト，部活）	55個	16.9%
「友人」（友達，友人）	48個	14.7%
「自分」	36個	11.0%
「生活」	35個	10.7%

「勉学」「将来」「活動」「友人」「自分」「生活」の6側面について，大学生の実際の自由記述の表現をもとに15項目ずつ計90項目の予備尺度を作成した。

予備尺度の作成にあたっては，重複した内容の自由記述を整理し，できるだけ一般的な表現の自由記述を質問項目として残すようにした。たとえば，「友達を多くつくる」「友人を多く作る」「たくさん友達をつくる」「友達をたくさんつくる！」のような自由記述があったが，この重複を整理するにあたってはこれらのうちどの表現とも重なる部分が多い「友達を多くつくる」を採用した。

このような形で整理した6側面15項目の計90項目を本章末のAppendixに示したので，参照していただきたい。

3　研究2：本調査

1) 目的と方法

研究1で収集した質問項目を用いて，就職活動を行なった大学4年生を対象に調査を実施し，大学生の就職活動ととくに関連が深いライフタスクを特定し，質問項目を厳選する。最終的に，大学生を対象としたキャリアガイダンスの効果測定用の尺度を開発することを目的とする。また，開発された尺度の妥当性の検討を行なう。

本調査の概要を説明する。

(1) 調査回答者

就職活動を行なった（または就職活動中の）全国の大学4年生1,851名

(男性926名，女性925名)。なお，調査時点（11月）で就職活動中の者は228名であった。調査回答者は調査会社のインターネットモニタを通じて全国から募集した。モニタによる全国規模の調査であったことから，地域によっておおむね偏りはなかった。

(2) 質問項目
①キャリアガイダンスの効果測定のための質問項目予備尺度

研究2では，研究1で作成した予備尺度90項目について，次の2つの側面から評定を求めた。

ひとつは「大学生活の中で，以下に示す事がらについて，就職活動の結果とどの程度関係があると思いますか」という質問であり，「関係ある」「少し関係ある」「あまり関係ない」「関係ない」の4件法で回答を求めた。

もうひとつは「大学生活の中で，以下に示す事がらについて，あなたご自身は大学生活を通じてどの程度うまくできたと思いますか」という質問であり，「十分できた」「多少できた」「あまりできなかった」「全くできなかった」の4件法で回答を求めた。この2つの側面から設問を行なった理由は，就職活動と関連があるか否か，大学生活を通じてうまくできるか否かの2つの観点から，キャリアガイダンスの効果測定のための質問項目を厳選したいと考えたことによる。

②妥当性を検討するための質問項目群

質問項目を厳選した後，それら項目の妥当性を検討するために，「就職活動に関する質問」および「大学での学業成績に関する質問」を行なった。

これら2つの質問項目群を設けた理由は，大学生のキャリアガイダンスの効果を考えるにあたって，最終的に就職活動の結果に結びつくこと，かつ日常の学業に良い影響があることが重要であると考えられたためである。すなわち，本研究で開発した尺度の得点から，就職活動の結果および学業成績の良好さを，ある程度，予測できるといった結果が得られた場合，大学生のキャリアガイダンスの効果を測定する尺度として一定の妥当性を示せるものと考えた。

以下に2つの質問の具体的な内容について述べる。

まず，就職活動に関する質問項目では，「就職活動の活動量」「第一志望企

業への内定の有無」「内定先企業に対する満足度」の3つの側面から検討を行なった。まず,「就職活動の活動量」を指標とした理由は,就職活動の是非は何よりも就職活動に対する積極性によって示されると考えたことによる。とくに,就職活動の結果は企業の採用行動他,学生の側でコントロールできない要因を含めてさまざまな外的要因から影響を受けるが,少なくとも学生本人が積極的に就職活動に取り組むことが就職活動に良い結果をもたらすことは自明であると考えた。そこで,資料請求,エントリーシートの送付,会社説明会出席,筆記試験,面接,内定取得など一連の就職活動を何社に対して行なったのか,その企業数を指標とした。つぎに,「第一志望企業への内定の有無」を指標とした理由は,大学生の就職活動の是非は第一志望企業の内定をとることができたか否かに端的に示されると考えたことによる。さらに「内定先企業に対する満足度」を指標とした理由は,かりに就職活動における活動量が少なかったとしても,また第一志望の企業に内定を獲得することができなかったとしても,本人が満足できる企業に就職していれば,それは就職活動を上首尾に終えたことになると言いうるであろうという考え方から指標とした。

つぎに,大学での学業成績に関する質問項目は,「現在の大学での成績について,あてはまるものをお選びください。」という設問でたずねた。「履修した科目の90％以上が優(A)の成績である」「履修した科目の70～80％ぐらいが優(A)の成績である」「履修した科目の50％ぐらいが優(A)の成績である」「履修した科目の20～30％ぐらいが優(A)の成績である」「履修した科目の10％以下が優(A)の成績である」の5件法で回答を求めた。大学生にとって大学における学業に熱心に取り組むことが本分であり,就職活動の是非との関連がみられたとしても,大学の学業を損なうような能力を測定したのでは問題が残る。そこで,本研究の結果,作成された尺度がいかに大学の学業成績と関連するのかについても検討を行なった。

(3) 調査手続き

調査は,2007年11月に,調査会社によるインターネット調査によって行なった。本章においてインターネット調査を使った理由については,序章で説明した。

2）結果1：効果測定尺度の作成

　研究1の予備調査の結果から得られた予備尺度90項目から本尺度項目への選定を以下の手順で行なった（表1-2参照）。

　第一に，就職活動を行なった大学4年生の約8割が就職活動に関係があると回答した上位43項目を選定した。これは，予備調査で大学1年生が大学生活に求める目標のうち，就職活動を経験した大学4年生の回答をもとに，どのような生活目標が就職活動に関係があるのかを特定し，それを手がかりに尺度項目を選定しようとしたためである。

　第二に，就職活動を行なった大学4年生の約8割が就職活動に関連があると回答した項目の中から，大学4年生の約4分の3以上が大学生活を通じてうまくできたと回答した項目を除外し，残りの項目を採用した。これは，大学4年生が，大学生活を通じてほとんどの学生がうまくできるようになると考える項目は，いわば誰でも自然にうまくできるようになると言える項目であり，尺度に含めても個人差の測定に適さないと考えられたためであった。いいかえると，キャリアガイダンスの効果測定のための項目は，何らかのキャリアガイダンスの取り組みによって，本人にどのような変化が生じたかを明らかにする項目であり，大学生活のなかで自然にうまくできるようになる項目ではなく，本人の自覚的な努力によって達成できるか否かが異なる項目である必要があると考えられた。

　第三に，上記の基準で残った20項目（表1-2で四角で囲んだ項目）に対して，複数の手法で因子分析を行ない，残った20項目間の相互の関連性を検討した。因子の抽出得方法は主因子法，主成分法（主成分分析），最尤法，因子の回転方法はバリマックス回転およびプロマックス回転とし，これらの因子抽出方法および因子の回転方法のどの組み合わせでも，おおむね2～3因子が抽出された。また，どの手法の因子分析でもおおむね因子負荷量の高い12項目は共通していた。以上の因子分析の検討結果から，2因子構造をもつ12項目を選定した。表1-3には複数の手法で行なった因子分析結果のうち，主因子法バリマックス回転の結果を示した。

　表1-3の因子分析結果で，因子負荷量の高い項目に着目して因子の解釈を行なった。第1因子は，「将来のビジョンを明確にする（.840）」「将来の

表1-2　予備調査項目のカテゴリーおよび各質問項目に対する回答頻度

予備調査項目の カテゴリー		就職活動に 関係がある	大学生活を通じ てうまくできた
自分1	自分と向き合い自分を知る	96.0%	83.2%
将来14	将来就きたい職業について考える	93.9%	75.1%
勉学7	様々な知識を身につける	93.8%	75.1%
自分8	いろいろなものを見て視野を広げる	93.7%	79.4%
生活6	時間を上手に使う	93.5%	52.5%
生活7	時間の使い方に気をつける	93.0%	58.8%
自分5	何ごとにも積極的に取り組む	93.0%	71.3%
自分14	様々な視点から物事を見られる人間になる	92.8%	73.0%
勉学6	自分のためになる勉強をする	92.6%	74.7%
将来13	これからの人生について考える	92.3%	74.9%
生活8	体調を崩さないようにする	91.1%	74.3%
将来3	将来のことを調べて考える	90.8%	66.7%
自分15	自分が本当にやりたいことを見つける	90.5%	68.9%
将来15	将来に備えて準備する	90.2%	61.8%
将来6	将来具体的に何をやりたいかを見つける	89.9%	60.5%
自分9	多様な分野に興味を持つ	89.4%	77.2%
自分4	手をつけたことは最後までやり通す	89.3%	75.1%
将来12	将来の夢をはっきりさせ目標を立てる	89.0%	58.3%
友人5	年齢の異なる人と交流を持つ	89.0%	77.3%
勉学13	就職や将来に向けた勉強をする	88.2%	60.3%
自分3	今までに経験のない事に取り組む	88.0%	79.6%
友人3	友達を作って自分の価値観を広げる	88.0%	81.3%
将来9	将来のビジョンを明確にする	87.9%	55.9%
生活15	大学生活を充実したものにする	87.6%	76.8%
友人4	信頼できる友人を作る	87.5%	83.5%
自分7	人生に役立つスキルを身につける	87.3%	63.1%
友人9	さまざまな人に出会い人脈を広げる	86.3%	64.6%
自分2	プラス思考で生活する	86.3%	68.0%
友人1	仲の良い友達をつくる	86.1%	86.8%
勉学12	勉強と他の活動を両立させる	85.8%	71.0%
生活14	大学，アルバイト，サークルのバランスをとる	85.5%	69.4%
勉学15	卒業に向けて単位を落とさないようにする	85.3%	83.0%
活動10	アルバイトをしながら社会勉強をする	83.9%	76.4%
自分6	日々の生活をできるだけ楽しむ	83.9%	82.1%
生活3	自立した生活をする	83.7%	61.7%
自分11	今まで経験したことがないことをする	83.3%	79.0%
活動7	アルバイトをして働くことを身につける	82.3%	79.5%
勉学8	本をたくさん読む	82.1%	51.9%
友人10	尊敬する人に会える場に積極的に参加する	82.0%	50.7%
自分13	政治経済に興味を持ち教養の幅を広げる	80.9%	53.7%
活動11	サークルや部活動で仲間に信頼される	80.8%	56.8%
活動2	サークル活動を通じて仲間と仲良くやる	80.1%	57.1%
活動15	学外の様々な活動に熱心に取り組む	77.6%	39.4%

註：予備調査項目のカテゴリーの数字は，本章末のAppendixの数字と対応している。

表1−3　因子分析結果

	1	2
学外の様々な活動に熱心に取り組む	.190	.553
将来のビジョンを明確にする	.840	.246
尊敬する人に会える場に積極的に参加する	.162	.756
将来の夢をはっきりさせ目標を立てる	.834	.255
将来具体的に何をやりたいかを見つける	.819	.235
将来に備えて準備する	.765	.270
人生に役立つスキルを身につける	.412	.540
将来のことを調べて考える	.699	.266
様々な人に出会い人脈を広げる	.155	.746
何ごとにも積極的に取り組む	.363	.605
自分が本当にやりたいことを見つける	.612	.413
様々な視点から物事を見られる人間になる	.376	.535
説明率	33.7%	24.0%

註：上は主因子法（バリマックス回転）。なお，最尤法（プロマックス回転）でもまったく同じ因子構造がみられた。その際の因子間相関は.605。因子負荷量の高い項目（網かけ）でα係数を算出した結果，第Ⅰ因子 α = .920, 第Ⅱ因子 α = .831 であった。

夢をはっきりさせ目標を立てる（.834）」「将来具体的に何をやりたいかを見つける（.819）」など，将来のビジョンや夢，目標などを明確にしたり，見つけたりといった項目の因子負荷量が高かった。そこで第1因子を「ビジョン」因子と命名した。また，第2因子は「尊敬する人に会える場に積極的に参加する（.756）」「さまざまな人に出会い人脈を広げる（.746）」「何ごとにも積極的に取り組む（.605）」など，人に会ったり，さまざまな活動に参加したり，取り組んだりといった項目の因子負荷量が高かった。そこで第2因子を「アクション」因子と命名した。

　実際のキャリアガイダンス場面で活用しやすいようにビジョン項目，アクション項目ともに，それぞれ6項目を単純合計することによって「ビジョン得点」，「アクション得点」を算出し，その値の大きさによって，本人のキャリア意識を示すものとした。なお，単純合計を求めるにあたってビジョン得点，アクション得点の信頼性（内的一貫性）を検証するために，クロンバックのα係数を求めた。その結果，ビジョン得点は.920，アクション得点は.831と高い値であり，信頼性（内的一貫性）は十分に備わっているものと判断した。この尺度を「キャリア意識の発達に関する効果測定テスト（キャリア・アクション・ビジョン・テスト：CAVT）」と命名する。

3）結果2：効果測定尺度の妥当性の検討

本節では，前節で作成された尺度の妥当性を検討する。具体的には，①実際に大学生の就職活動の是非を予測するか，②大学生の学業成績といかに関連するかを検討する。

第一に，「①実際に大学生の就職活動の是非を予測するか」については，「就職活動の活動量」「第一志望企業への内定の有無」「内定先企業に対する満足度」の3つの側面から検討を行なった。

まず，就職活動の活動量について検討を行なった。アクション得点，ビジョン得点それぞれについて，中央値を基準に上位50％，下位50％に群分けを行ない，前者を高群，後者を低群に設定した。この両群別に「資料請求」「エントリーシートの送付」「会社説明会出席」「筆記試験」「面接」「内定取得」などの一連の就職活動を何社に対して行なったのかの平均値を求め，統計的な検定（マン・ホイットニーのU検定）を行なった。その結果，アクション得点では「資料請求」「エントリーシートの送付」「会社説明会出席」「筆記試験」「面接」「内定取得」のすべてについて高群・低群間に1％水準で統計的に有意な差がみられた（表1-4参照）。また，ビジョン得点では「エントリーシートの提出数」「会社説明会出席数」「筆記試験」「面接数」「内定取得数」で高群・低群間に1％水準で統計的に有意な差がみられた。いずれの場合も有意差がみられた箇所は，アクション得点およびビジョン得点の高群の方が低群よりも値が大きく，アクション得点およびビジョン得点が高い方が就職活動における活動量が多いことが示された。

表1-4 アクション得点・ビジョン得点の低群・高群による就職活動量の違い

	アクション得点			ビジョン得点		
	低群 ($n=962$)	高群 ($n=889$)	sig.	低群 ($n=880$)	高群 ($n=971$)	sig.
資料請求数	17.4社	23.2社	**	18.2社	21.9社	
エントリーシートの提出数	12.2社	16.3社	**	13.4社	14.9社	**
会社説明会出席数	13.2社	17.2社	**	14.2社	15.9社	
筆記試験	6.9社	9.1社	**	7.3社	8.6社	**
面接数	6.5社	8.4社	**	6.8社	7.9社	**
内定取得数	1.2社	1.7社	**	1.2社	1.6社	**

註：マンホイットニーのU検定，**$p<.01$

図1−1　就職活動の状況別のアクション得点，ビジョン得点の平均値

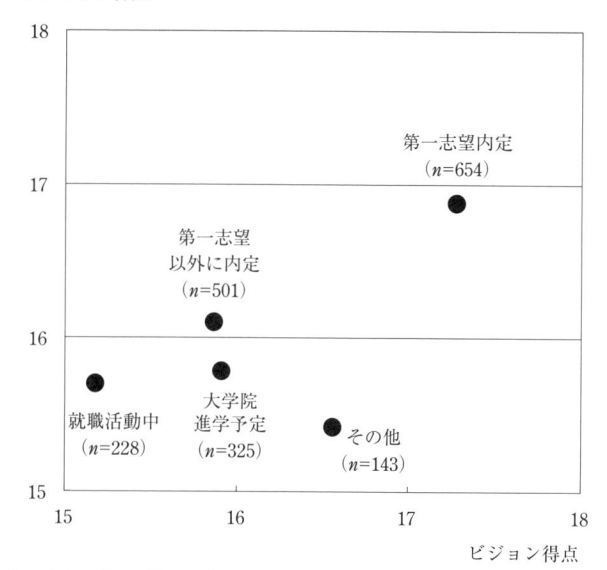

アクション得点プロット：
- 第一志望内定（$n=654$）：アクション得点約16.8、ビジョン得点約17.3
- 第一志望以外に内定（$n=501$）：アクション得点約16.1、ビジョン得点約15.9
- 就職活動中（$n=228$）：アクション得点約15.6、ビジョン得点約15.2
- 大学院進学予定（$n=325$）：アクション得点約15.6、ビジョン得点約15.9
- その他（$n=143$）：アクション得点約15.5、ビジョン得点約16.5

註：なお，「その他」の内訳は，自由回答欄の記述内容から，進路未定のまま就職活動をやめた学生，留学予定者，留年決定者，教員・公務員試験等に向けた浪人志望者などが該当すると推測される。

　つぎに，第一志望企業への内定の有無については，アクション得点，ビジョン得点の平均値を，就職活動の状況（第一志望内定，第一志望以外に内定，大学院進学予定，就職活動中，その他）別に求め，2次元上にプロットした。図1−1はその結果である。図1−1から明らかなとおり，「第一志望内定」が他に比べてアクション得点，ビジョン得点ともに値が高かった。なお，分散分析の結果は，アクション得点，ビジョン得点ともに統計的に有意であった（$F(4,1850) = 13.06$, $p<.01$；$F(4,1850) = 7.66$, $p<.01$）。Bonferroni 法による多重比較の結果，どちらの得点でも「第一志望内定」が他に比べて値が高いことが示された。

　さらに，内定先企業に対する満足感について検討を行なった。まず，アクション得点の高群・低群およびビジョン得点の高群・低群を組み合わせて，アクション得点・ビジョン得点による4群を設けた。この4群で，内定先企業に対する満足感がどのような割合になっているのかを図1−2に示した。

図1-2 アクション得点およびビジョン得点の高群・低群別の就職内定先に対する満足感

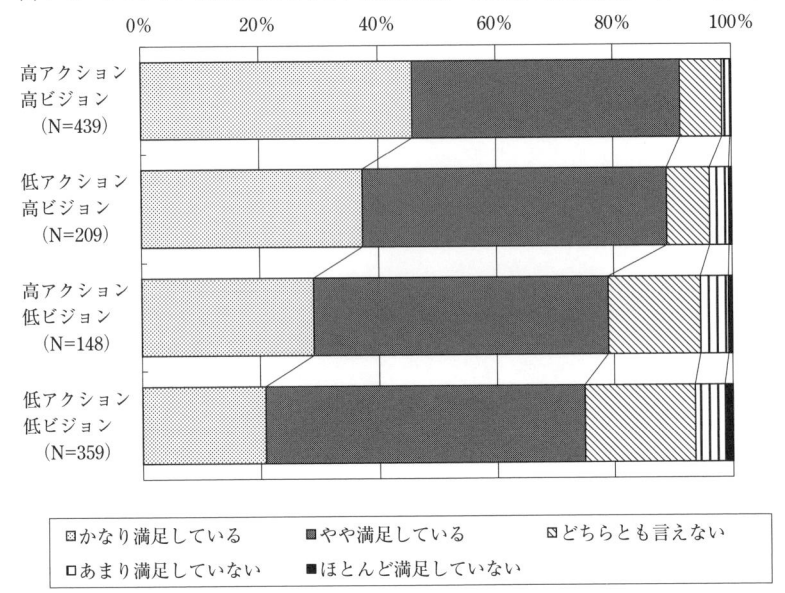

高アクション
高ビジョン
(N=439)

低アクション
高ビジョン
(N=209)

高アクション
低ビジョン
(N=148)

低アクション
低ビジョン
(N=359)

□かなり満足している　■やや満足している　□どちらとも言えない
□あまり満足していない　■ほとんど満足していない

χ^2検定の結果，4群による満足感の違いは統計的に有意であり（$\chi^2(12)$ = 81.84, $p<.01$），「高アクション・高ビジョン」群がもっとも満足度が高く，以下「低アクション・高ビジョン」群，「高アクション・低ビジョン」群，「低アクション・低ビジョン」群と続いていた。アクション得点・ビジョン得点ともに高い学生が就職先の内定先に対して満足しているという結果が示された。

第二に，「②大学生の学業成績といかに関連するか」についてであるが，大学における学業成績に関する自己評定（90％以上が優（A），70～80％以上が優（A），50％が優（A），20～30％以上が優（A），10％以下が優（A））別にアクション得点・ビジョン得点の平均値を求め，2次元上プロットした。図1-3はその結果である。図1-3から明らかなとおり，「90％以上が優（A）」が他に比べてアクション得点，ビジョン得点ともに値が高かった。以下，学業成績の自己評定順に右上から左下に直線的に分布していた。なお，分散分析の結果は，アクション得点，ビジョン得点ともに統計的に有意であり（$F(4,1850) = 14.87$, $p<.01$; $F(4,1850) = 9.83$, $p<.01$），Bonferroni法に

図1-3　学業成績（自己評定）別のアクション得点，ビジョン得点の平均値

アクション得点

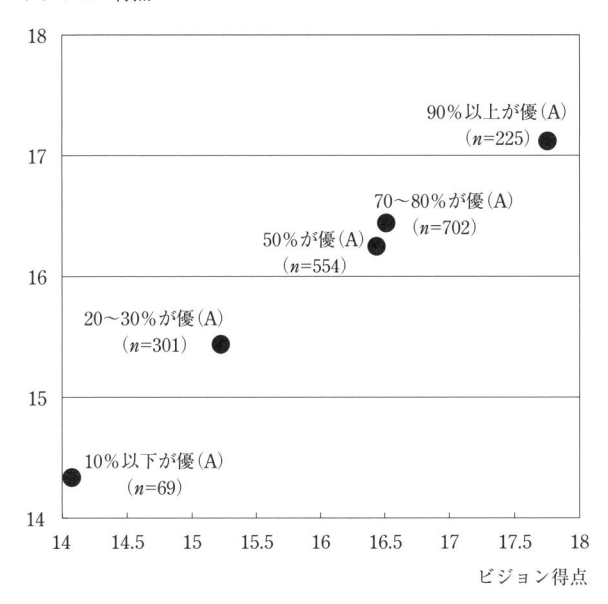

（グラフ：横軸 ビジョン得点，縦軸 アクション得点）
- 90％以上が優（A）（n=225）
- 70～80％が優（A）（n=702）
- 50％が優（A）（n=554）
- 20～30％が優（A）（n=301）
- 10％以下が優（A）（n=69）

よる多重比較の結果も，アクション得点では「70～80％以上が優（A）」と「50％が優（A）」との差以外ではすべて統計的に有意であった。ビジョン得点では「90％以上が優（A）」「70～80％以上が優（A）」と「20～30％以上が優（A）」「10％以下が優（A）」との間に統計的に有意な差が示されていた。以上の結果から，大学生の学業成績とアクション得点，ビジョン得点には密接な関連があり，アクション得点，ビジョン得点が高いほど，学業成績も概して良いということが示されたと言える。

4　考　察

1）結果のまとめ

本研究では，研究1の予備調査をもとに予備尺度90項目を作成し，研究2においてビジョン項目6項目，アクション項目6項目の計12項目に厳選

した。本書では，この尺度を「キャリア意識の発達に関する効果測定テスト（キャリア・アクション・ビジョン・テスト：CAVT）」と命名した。これら12項目は，①大学1年生が大学生活で実現したいと考えている目標の代表的なものから，②大学4年生が就職活動にとくに関連が深いと評定した項目であり，③2因子という単純な構造をもつ12項目を選定できたことになる。

また，これら12項目に対する回答結果は，実際の就職活動の結果および大学における学業成績との間に高い相関関係がみられた。大学生のキャリアガイダンスの効果として，就職活動の結果や日頃の学業に結びつくことに良い影響が想定されることは重要であるが，本尺度の得点が高い場合，就職活動の結果および学業成績のいずれもが良好である可能性が高いことが示された。

これらの結果から，大学生のキャリアガイダンスの効果測定のための尺度として活用可能な妥当性が一定以上，備わっているものと判断した。

2）本研究で開発された尺度について

以上の結果に関して，ここでは以下の3点を考察したい。

第一に，本研究の結果から，大学生の卒業時の就職ととくに関連が深いのは，将来に向けた夢や目標，やりたいことなどを明確にすることと定義される「ビジョン」であり，かつ人に会ったり，さまざまな活動に参加したりすること定義される「アクション」であることが示された。

すなわち，大学におけるキャリアガイダンスの取り組みは，明確なビジョンをもち，積極的にアクションをとれるようになったか否かを測定すれば，その効果を示すことができる可能性があると言える。

実際，キャリアガイダンスの効果は，さまざまなレベルから捉えることができるとはいえ，集約すれば明確なビジョンをもち，積極的にアクションすることであるという結果は，われわれの日常感覚からもそれほど大きく外れない結果である。今回，われわれの一連の研究によって，われわれの常識的な見方が，あらためて実証データによって支持されたと言えるであろう。

第二に，本研究の結果，キャリアガイダンスの効果測定のための質問項目を12項目に厳選できたことも有意義であったと考える。

大学におけるキャリアガイダンスの取り組みは，大学の授業時間その他の限られた時間に行なわれることが多く，効果測定にあまりに時間をかけては，本来のキャリアガイダンスの取り組みそのものができなくなる。したがって，実用上，キャリアガイダンスの効果測定のための尺度は，可能な限り項目数が少ないことが望ましく，必要十分な項目に厳選すべきである。

　その点，本研究では12項目まで厳選しており，短時間で実施可能である。その項目内容は，大学生のライフタスクに関する自由記述をもとに作成したものであり，大学生の生活実感に即したものとなっている。また，理論面ではおもに心理学におけるキャリア自己効力感研究を基礎としたが，一般に自己効力感はさまざまな介入によって変化させやすく，かつ将来の行動の予測力が強いことから注目された概念であり，大学におけるキャリアガイダンスの効果測定用の尺度の理論的背景としては適切であったと思われる。その結果，実際に大学生4年生の就職活動状況との関連も明確にみられたものと考えられる。

　第三に，本研究で開発された尺度の妥当性を検討する過程で，いくつか興味深い結果が示されたので考察したい。

　まず，本研究の結果に限ってみた場合，第一志望に内定をとるということと，第一志望以外に内定をとるということには心理面で大きな違いがあるという点である。図1-1に示したように，第一志望に内定をとった学生はアクション得点，ビジョン得点ともに高いが，第一志望以外に内定をとった学生は，まだ就職活動中の学生，就職ではなく大学院進学を予定している学生と値の傾向が類似している。本研究で開発された尺度は，たんに内定をとれるか否かではなく，自分が志望している企業に内定がとれるか否かを予測可能な尺度であったとも言えるであろう。

　また，図1-2では，「低アクション・高ビジョン」の学生の方が「高アクション・低ビジョン」の学生よりも就職内定先に満足している割合が高かった。この結果のみを考察すれば，端的に，ビジョン得点が高い学生の方がアクション得点が高い学生よりも満足感が高いと解釈することができる。なぜこのような結果が得られるのかについて，本研究からは推測の域をでないが，ある程度，就職までのプロセスが固定化されている大学生の就職活動では多

かれ少なかれとれるアクションは大同小異であり，むしろビジョンの明確さによって大きく満足感が異なるといった解釈が可能であると思われる。

さらに，アクション得点，ビジョン得点が学業成績と直線的な関連がみられたことからは，現在の大学生にとって本研究で言うアクション，ビジョンと就職の是非と学業成績とは相互に関連し合っており，普段の大学における学業で優秀な成績を収めることが将来の就職にとっても有益であるということをうかがわせる結果となった。

3）今後の課題

本研究で開発された尺度には，今後の検討を要するいくつかの課題も残るので以下に3点述べたい。

第一に，本研究で作成した尺度は，大学生が就職活動に関連の深いと考えるライフタスクに対する自己効力感という側面から測定を行なうものである。しかし，当然ながら，キャリアガイダンスの効果測定には，自己効力感だけではなく，さまざまな観点が考えうる。さまざまなタイプの効果測定研究を，今後も継続的に必要に応じて行なっていく必要があるであろう。とくに，キャリアガイダンスの効果測定に関する海外の研究では，知識，スキル，態度といった個人の心理的側面に対する短期的な効果以外に，教育，労働市場，雇用，経済といった社会的・経済的な長期的な効果なども指摘されている（Bysshe, Hughes, Bowes 2002; Killeen 1996; Whiston & Buck 2008）。より社会経済的な側面に対するキャリアガイダンスの長期的な効果などを測定する試みも重要となろう。

ただし，キャリアガイダンスの効果測定に関する先行研究が，従来，個人の心理面に対する短期的な効果に着目してきた重要な理由として，最終的にはキャリアガイダンスに何らかの意味で長期的な効果を期待するとしても，その前提として，少なくとも個々の学生の心理的側面に対する短期的な効果が得られていなければ，その後の長期的な効果を期待しようがないという視点があったと推測される。こうした考え方にもとづけば，キャリアガイダンスの効果測定は介入直後に心理的な効果が得られたかどうかについて実証的な知見を蓄積するのが現段階では重要な研究課題となるものと思われる。

第二に，本研究では，大学生の就職活動を上首尾に行なうことを一応の基準として尺度の妥当性を検証した。しかし，この点については若干の議論がある。本研究では，大学のキャリアガイダンスが事実上，就職に向けたガイダンスであることが多いことや，大学生にとって就職は直近の進路課題であり，何よりも大学生が重視すべき進路課題であると考えて検討を行なった。しかし，卒業時の就職のみを重視せず，卒業後のキャリア全体を考えさせるのが大学のキャリアガイダンスであると考える場合はあろう。そうした考え方をとる場合，本研究で開発された尺度には一定の限界があると言わざるを得ない。ただし，良かれ悪しかれ，新規学卒一括採用が最大の特徴である日本の大学生の就職において，大学卒業時の初職の選択はきわめて重要であり，大学卒業時の就職を上首尾に行なえるようにすることは，大学のキャリアガイダンスが考慮すべき最大のことであるように思われる。その意味では，大学生の就職活動を妥当性を検証するひとつの基準としたことは，それほど不適切ではなかったと考える。

　第三に，本研究で開発された尺度は，厳密に言えば，大学4年生が大学生活を振り返った結果にもとづいて作成されたものである。そのため，将来，実際に就職活動その他のキャリア選択行動をうまくとることができるのかを厳密な意味で検討したものではない。また，実際にキャリアガイダンスの取り組みに参加した学生はどの程度，アクション得点，ビジョン得点が高まるのか，さらに，両得点が高まることが実際に将来の就職活動その他のキャリア選択行動に結びつくのかを直接検討したものではない。その意味で，本研究で開発された尺度は，厳密な意味で学生に対するキャリアガイダンスの効果を測定するものなのか，また学生の将来を予測しうるものなのかについて，いまだ知見を提示し得ていないとも言える。この点については，後続の章でさらに深い検討がなされている。本書の別の研究群をご参照いただきたい。

　　　　　　　　　　　　　　　　　（下村英雄・八幡成美・梅崎　修・田澤　実）

Appendix

【勉学】
1. 大学の授業には必ず出席する
2. 大学の授業に遅刻しない
3. 大学の授業をきちんと聞く
4. 大学の授業で良い成績をとる
5. 大学のゼミに積極的に参加する
6. 自分のためになる勉強をする
7. 様々な知識を身につける
8. 本をたくさん読む
9. 毎日こつこつ勉強する
10. 大学で必要な基礎力をつける
11. 授業を自分のものにする
12. 勉強と他の活動を両立させる
13. 就職や将来に向けた勉強をする
14. 単位をできるだけ多くとる
15. 卒業に向けて単位を落とさないようにする

【活動】
1. サークル活動などで良い思い出を作る
2. サークル活動を通じて仲間と仲良くやる
3. サークルに積極的に参加する
4. サークルや部活動に打ち込む
5. サークルで成果を残す
6. サークルで自分が夢中になれることを見つける
7. アルバイトをして働くことを身につける
8. 豊富なアルバイト経験を得る
9. アルバイトでお金を稼ぐ
10. アルバイトをしながら社会勉強をする
11. サークルや部活動で仲間に信頼される
12. 海外旅行をする
13. 海外旅行に行くためのお金を貯める
14. ボランティアや NPO などで活動する
15. 学外の様々な活動に熱心に取り組む

【友人】
1. 仲の良い友達をつくる
2. 友達を多くつくる
3. 友達を作って自分の価値観を広げる
4. 信頼できる友人を作る
5. 年齢の異なる人と交流を持つ

6. 親友と呼べる友達を作る
  7. 年齢や性別，国籍に関わらず交友関係を広げる
  8. 他の学部の学生とも仲良くなる
  9. 様々な人に出会い人脈を広げる
 10. 尊敬する人に会える場に積極的に参加する
 11. 昔からの友人を大切にする
 12. 一生つきあえるような友人を作る
 13. 気の合う友人と楽しくやる
 14. サークルやアルバイトなどで交友関係を広げる
 15. サークルに入って友達をたくさん作る

【自分】
  1. 自分と向き合い自分を知る
  2. プラス思考で生活する
  3. 今までに経験のない事に取り組む
  4. 手をつけたことは最後までやり通す
  5. 何ごとにも積極的に取り組む
  6. 日々の生活をできるだけ楽しむ
  7. 人生に役立つスキルを身につける
  8. いろいろなものを見て視野を広げる
  9. 多様な分野に興味を持つ
 10. 良い思い出をたくさん作る
 11. 今まで経験したことがないことをする
 12. 周囲に流されない
 13. 政治経済に興味を持ち教養の幅を広げる
 14. 様々な視点から物事を見られる人間になる
 15. 自分が本当にやりたいことを見つける

【生活】
  1. 規則正しい生活をする
  2. 楽しく生活する
  3. 自立した生活をする
  4. 早寝早起きをする
  5. 生活のリズムを乱さないようにする
  6. 時間を上手に使う
  7. 時間の使い方に気をつける
  8. 体調を崩さないようにする
  9. 健康のために運動をする
 10. 家事をしっかりやる
 11. 自炊や掃除を怠けずにこなす
 12. 料理をできるようにする
 13. 健康に気づかい体力を保つ

14. 大学，アルバイト，サークルのバランスをとる
  15. 大学生活を充実したものにする

【将来】
  1. 英語やその他の語学力を身につける
  2. 様々な資格について情報収集する
  3. 将来のことを調べて考える
  4. 英語（外国語）を話せるようにする
  5. 様々な検定を受験し，資格を得る
  6. 将来，具体的に何をやりたいかを見つける
  7. 英語（外国語）の会話の力をつける
  8. 資格をとるための勉強を始める
  9. 将来のビジョンを明確にする
 10. 語学を幅広く勉強する
 11. 資格や試験のための勉強をする
 12. 将来の夢をはっきりさせ目標を立てる
 13. これからの人生について考える
 14. 将来就きたい職業について考える
 15. 将来に備えて準備する

第2章

体験型学習の効果
CAVTを使った効果測定の試み

1　問題の所在

　大学におけるキャリア教育は，大学入学から大学生活も視野に入れ，学生が主体的にキャリアを考え，大学で学ぶことを中心に大学生活を構築していくための支援であることが指摘されている（五十嵐 2008）。

　五十嵐（2008）によれば，その実践としては，①学問的体系の構築，②専門教育（あるいは高等教育）として質が問われており，さらに大学によっては，③資格取得，④課外活動や学外活動，なども加わる場合がある。特に課外活動や学外活動を積極的に利用した実習形式の授業は増えてきている。

　学外活動による実習形式の授業としては，職場体験（インターンシップ）が代表的である。たとえば，高井・高木（2007）や澤田（2008）など先行研究では，大学におけるインターンシップ実習の事例が紹介され，職場という実践共同体に参加する学生の学習過程が「正統的周辺参加」（Lave and Wenger 1991）という概念を使って詳細に検討されている。インターンシップは，既成の実践共同体に後から参加する体験であり，かつ学習であるが，別事例としては実践共同体を学生自身が作り上げるボランティア活動などの実習形式の授業も存在する。同じ実習形式の授業でも，その内容には違いがあり，その教育効果にも違いがあると考えれば，現在，事例研究の蓄積が求められていると言えよう。

　ところで，大学生の実習授業を扱った先行研究では，プログラムの紹介と学生の語りや記述が検討されることが多かったが，尺度を使った効果測定が行なわれることは少なかった。そこで本章では，キャリア教育の一実践事例を取り上げ，先行研究と同じくその具体的内容を検討しつつも，その効果も

測定したい。効果測定を行なうことによって，同じ実習であっても効果がある場合とない場合を比較検討できるので，両者の比較をしながら学びの過程を検証したい。

　A大学C学部では，2007年度より「現代的教育ニーズ取組支援プログラム（現代GP）」の支援を受けて，「キャリア相談事前指導」「キャリア相談実習」という参加型の実習授業を開始した。この場合の「キャリア相談」とは，狭義の「キャリアカウンセリング」ではなく，広い意味で「他者の生き方＝キャリア」をサポートする活動である。この授業では，他者へのサポート活動を通じて自身のキャリア意識の向上させることを目的としている。

　本章では，学生がこれらの実習授業においてどのような学びをしているのかについて検証したい。第一に，前章で開発したキャリア意識尺度を使って授業の効果測定を行ないたい。尺度は「キャリア意識の発達に関する効果測定テスト（キャリア・アクション・ビジョン・テスト：以下，CAVT）」である。CAVTは，キャリア相談実習の効果を測定するために開発されたものであるが，さまざまな大学におけるさまざまな実習授業の取り組みを評価するための効果測定尺度として，幅広く使用可能な汎用版のテストである。

　第二に，キャリア相談実習の参加学生に実習後のレポートを義務づけているので，そのレポートの内容を検討する。CAVTによる測定は意識変化の結果しか把握できない。従って変化の過程を把握するため，キャリア意識の向上がみられた学生とみられなかった学生を分け，それぞれのレポート内容を比較検討したい。

　本章の構成は以下のとおりである。つづく第2節では，学外で行なわれる実習系授業における「他者」の役割を理論的に検討し，本章の分析視点を提示する。第3節では，本章が調査対象としたキャリア相談実習のプログラム内容を説明する。第4節では，CAVTによる教育効果の測定結果を説明する。第5節では，実習後に学生が書いたレポートを質的に分析し，教育効果があった学生となかった学生の違いを検討する。第6節は，まとめと今後の課題を述べる。

2　実習授業における「他者」の役割

　本節では，実習授業の効果測定する際の視点を検討しよう。実習授業の特徴は，学外の「他者」と接触し，そのコミュニケーションの過程で意識変化を生み出すことである。自己形成における「他者」の役割の重要性は，古典的研究のなかでも指摘されてきた。

　まず，Cooley（1902, 1909）は，自我の社会性を「鏡に映った自我（looking-glass self）」として表現し，他者に映った自分（他者から見られる自分）を知ることで自我が形成されることを指摘した。また Mead（1934）は，Cooley の議論を具体的に発展させ，「他者」の期待を取り入れることで自我が形成さることを指摘し，その期待を受け入れることを「役割取得（role-taking）」と考えた。その期待＝役割を与える他者を「重要な他者」と定義している。さらに Mead（1934）は，個々具体的な「重要な他者」だけではなく，複数の他者の多様な期待をまとめ上げたものを「一般化された他者」と呼んでいる。つまり，子どもから大人までの発達過程において，人は「他者」の数を時間的にも空間的にも拡大させているのである。とくに大学生の場合，親，友人，学校の先生などの限られた他者の期待からより多様な他者の期待への移行期にあると言えよう。

　なお，他者の効果に対する先行研究もある。まず，溝上（2008）は，自己形成における他者の役割に関する先行研究を整理し，とくに青年期における他者役割の理論的意味を検討した。また，下村（2008）は，他者との付き合いが他者との意見の相違を生み出し，他者と異なる自分の発見に繋がることを指摘し，その相違に気づく経験の蓄積は若者に「確固たる自己」の確立（大人になる）をもたらすと主張する。

　一方，望月（2007）は，高校生を対象としたアンケート調査によって受験校の選択に対して「他者」との関係が影響力を持っていることを検証した。また，京都大学高等教育研究開発推進センター・（財）電通育英会（2009）は，就職活動を行ない，第一志望に内定した学生は同じ大学の友達，同じ大

学の先輩・後輩，恋人・異性の友人に悩みを相談する割合が他の学生に比べて高いことが示している。さらに第5章で述べるように，高校生の就業意識に対して影響を持つ「他者」は高校生が普段所属する同質集団の中ではなく，高校生にとっては異質な集団の中にいることが指摘されている。この結果は，大学生にとっても当てはまる事実と考えられる。

ところで，ここで留意すべきは，他者期待による役割取得はそのまま「学び」に繋がるのではなく，役割コンフリクト（role-conflict）を発生させ，それを乗り越える過程で「学ぶ」と考えられる点である。いいかえれば，そのコンフリクトに対して逃避するならば，「学び」が生まれないと言える。

役割コンフリクトには，1）1つの地位に就くことで異なる期待が向けられる役割内コンフリクト，2）2つ以上の地位に就くことで両立不可能な期待に向かい合う役割間コンフリクト，3）自分自身と役割それ自体とのパーソン・ロール・コンフリクトの三種類がある（船津 1989, 2005）など参照）。大学生の場合，家族や職場における役割期待が限りなく小さいので，はじめての役割期待に戸惑うパーソン・ロール・コンフリクトが発生すると考えられる。

以上の整理を「キャリア相談実習」に当てはまると，この実習授業は，大学生に新たな役割期待を感じさせる試みと言えよう。ところが，近年の大学生は，年々，「豊かな人間関係」を重視する者が減少しており，代わりに，「勉強第一」「ほどほど」を重視する者が増加していることが指摘されている（全国大学生活協同組合連合会 2007）。また，第6章で詳細を述べるが，実習参加学生に対して行なわれた生活調査の研究によれば，同じ大学の同じサークルなどの友人関係を作っていた。友人の同質性が高く，世代が異なる他者との接触自体が少ないと考えられる。

それゆえ，他者の役割取得は自然発生では広がらないと考えられる。「キャリア相談実習」という他者期待の場を作り，実習に参加した学生たちが役割を取得した結果，役割コンフリクトを感じ，それを乗り越えるなかで「学び」が生まれる。この一連の流れが，この授業のひとつの目的であるが，実際全体的に効果があったのかは検証されていない。また，もし効果がなければ，役割コンフリクトの負担が大きすぎたのか，それともそもそも役割を取

得していないかを検証する必要があろう。

3　プログラム紹介

　本節では，研究の対象とした実習授業の内容を説明しよう。A大学C学部の2007，2008年度入学の新入生は「キャリア相談事前指導」を受講したうえで，「キャリア相談実習」を行なう。これらは必修科目であり，初年次教育に位置づけられる。

　C学部では，2003年度の創設以来，学生を主体としたさまざまなサポート活動が自主的に立ち上がってきた。他者をサポートするこうした活動，向社会活動に携わってきた学生は自分自身への信頼感を増し，より積極的，より自主的に自らのキャリアを形成してきたと言えよう。

　しかし，つぎつぎと積極的に自主活動に飛び込んでいく学生がいる一方で，きっかけのないまま最初の一歩が踏み出せない学生も少なくない。本授業では，むしろ活発な学生に対するさらなる支援よりも，不活発な学生に対する支援を第一の目的としてあげている。

　また，この授業は，他の実習形式の授業と比べると，学生が「教える・サポートする役割」から始めるという特徴がある。同じ実習形式授業でも，「教わる・サポートされる立場」から始めるインターンシップとは異なる[1]。

　具体的なスケジュールを図2−1に示す。はじめに「キャリア相談事前指導」において，他者へのキャリア形成支援スキルに関する講義を行ない，それを受けて，「キャリア相談実習」において相談・サポートなどの実習を6時間行なっている。実習を行なった学生は，レポートを提出し，それに教員やキャリア相談アドバイザーがコメントをして返却する。最後に，「成果報告会」で学生は実習の体験を報告しあい，自らの経験を相対化する。

図2-1　キャリア相談事前指導からキャリア相談実習へ

キャリア相談事前指導

・半期の必修授業
・20名前後の少人数で行なう体験型授業
・教員、キャリア相談アドバイザー、先輩サポーターによるチームティーチング形式

```
第1回        ガイダンス
第2～3回     聴き方
第4回        実習例の紹介
第5～6回     自分の意見を言う(アサーション)
第7～8回     グループで話し合う(ファシリテーション)
第9～11回    模擬練習
第12～最終回  「キャリア相談実習」の計画作り,ガイダンス,効果測定(意欲版)
```

↓

キャリア相談実習

・半期の必修授業
・合計6時間の実習
・実習ごとにレポートを書き(主に2時間ごと),最後に成果報告会を行なう

第1回実習(2時間)
↓
レポート執筆,効果測定(意欲版・達成版)
↓
第2回実習(2時間)　　　　　　　　　　　　　　　　
↓　　　　　　　合計6時間の実習　　　　　　　　　　合計6時間の実習
レポート執筆,効果測定(意欲版・達成版)
↓
第3回実習(2時間)
↓
レポート執筆,効果測定(意欲版・達成版)
↓
成果報告会:学生同士で実習内容を共有する

4 量的分析

　本節では，効果測定の指標として採用した CAVT を紹介し，実習前後でどのような変化が現れたかを検討する。

1）CAVT の紹介と効果測定
（1）測定尺度
　CAVT では，「アクション」と「ビジョン」という 2 つの尺度から構成されるテストである。尺度項目を以下に示す。

1. 将来のビジョンを明確にしたい。
2. 学外の様々な活動に熱心に取り組みたい。
3. 将来の夢をはっきりさせ目標を立てたい。
4. 尊敬する人に会える場に積極的に参加したい。
5. 将来，具体的に何をやりたいかを見つけたい。
6. 人生に役立つスキルを身につけたい。
7. 将来に備えて準備したい。
8. 様々な人に出会い人脈を広げたい。
9. 将来のことを調べて考えたい。
10. 何事にも積極的に取り組みたい。
11. 自分が本当にやりたいことを見つけたい。
12. 様々な視点から物事を見られる人間になりたい。

※　上記は CAVT 意欲版である。CAVT 達成版は語尾を「～できた」などに修正している。

　上記のうち，偶数の 6 項目が「アクション」であり，奇数の 6 項目が「ビジョン」である。前者は，将来に向けて，どのくらい熱心に積極的に行動を行なっているかを測定し，後者は，将来に向けて，やりたいことなどをどの

くらい明確にしているか，また，それに向けて準備しているかを測定している。すなわち，学生のキャリア意識・態度を2つの側面から測定したものである。項目に対する評定は，「そう思う」(5) ～「そう思わない」(1) の5件法であった。

　これらの測定尺度による結果をキャリアガイダンスの効果として検討する。なお，この尺度は，第1章で示してきたとおり，妥当性が確認されている。両得点がともに高い者は，学業成績が概して良く，就職活動における活動量が多く，就職先の内定先に満足していることが明らかになっている。

　(2) 対象者

　A大学C学部における2007年度入学生，2008年度入学生であった。分析の対象は，「キャリア相談実習」のレポートを提出したことがあり，回答に欠損がなかった者352名（男性134名，女性218名）であった。大多数が1～2年であった（実習開始時における学年の内訳は，1年生138名，2年生211名，3年生3名）。

　(3) 調査時期

　2008年1月～2009年8月であった。キャリア相談事前指導を受けた学生は翌セメスターにキャリア相談実習を6時間終えるように促された。そのため，一定数の学生は上記の期間のなかでも半年ほどの間に実習を行なったが，学生のなかにはそれ以上の期間をかけて実習を行なう者もいた。

　(4) 手続き

　キャリア相談実習を行なった者がレポートを提出する際に，上記のCAVTに回答を依頼した。

　対象者はキャリア相談実習が始まる前（主にキャリア相談事前指導の最終回の際）にCAVTの意欲版（語尾が「～したい」という項目）に回答し，その後，第1回の実習の後に，CAVT意欲版，CAVT達成版（語尾が「～できた」という項目）の両方に回答した。以降，第2回の実習，第3回の実習後も同様に行なった。

　学生の実習時間は6時間であり，1時間または2時間で1通のレポートを書くように求められた。多くの者が3通（第1回は1～2時間目，第2回は3～4時間目，第3回は5～6時間目に該当）のレポートを提出した[2]。

2）効果測定結果

まず,「アクション」項目,「ビジョン」項目それぞれに対して合計を求め,項目数で除した。これらをそれぞれアクション（意欲）得点,ビジョン（意欲）得点,アクション（達成）得点,ビジョン（達成）得点とした。理論上,最小値が1,最大値が5となる[3]。

アクション（意欲）得点,ビジョン（意欲）得点については第0回を事前,各学生の実習終了回（第2回～第6回のいずれか）を事後とした。アクション（達成）得点,ビジョン（達成）得点については第1回を事前,各学生の実習終了回（第2回～第6回）を事後とした。

実習前後のアクション（意欲）得点,ビジョン（意欲）得点,アクション（達成）得点,ビジョン（達成）得点の平均と標準偏差を表2-1に示す。

すべての得点が4.02～4.73というように中点の3以上であった。実習前後の得点ごとに相関係数を求めたところ,$r=.32～.69$（すべて$p<.001$）であった。実習前後の各得点の差を t 検定によって検討したところ,すべての得点において有意な差がみられた（それぞれ,$t(351)=8.01$,$p<.001$,$t(351)=10.42$,$p<.001$,$t(351)=13.51$,$p<.001$,$t(351)=4.95$,$p<.001$）。このことは,実習を通じて,キャリア形成に向けた積極的な活動をしたいという意欲や将来に対する展望を明確にしたいという意欲が高まり,かつ,それらが達成できたと感じるようになったことを示唆している[4]。

表2-1　実習前後のアクション得点,ビジョン得点の平均と標準偏差

	事　前		事　後	
	平均値	（標準偏差）	平均値	（標準偏差）
アクション（意欲）	4.39	(0.52)	4.73	(0.40)
ビジョン（意欲）	4.53	(0.51)	4.68	(0.46)
アクション（達成）	4.02	(0.61)	4.28	(0.60)
ビジョン（達成）	3.18	(0.85)	3.55	(0.86)

註：1）アクション（意欲）得点,ビジョン（意欲）得点については第0回を事前,各学生の実習終了回（第2回～第6回）を事後とした。
　　2）アクション（達成）得点,ビジョン（達成）得点については第1回を事前,各学生の実習終了回（第2回～第6回）を事後とした。

5 質的分析:学びの過程

前節では,キャリア相談実習を通じて,学生は,将来のための活動をしたいという気持ちや,将来の見通しを持ちたいという気持ちを高めることが明らかになった。しかしながら,すべての学生がこのように意欲が高まったわけではない。そこで本節では,個人の学びの過程を検討するために,アクション(意欲)得点,ビジョン(意欲)得点の伸びに注目して分析することにする。

まず,アクション(意欲)得点,ビジョン(意欲)得点において,事後得点から事前得点を引いた得点を求めた。それぞれアクション(意欲)伸び得点,ビジョン(意欲)伸び得点とした。これらの得点の高低の組み合わせから4群を構成した。アクション(意欲)伸び得点,ビジョン(意欲)伸び得点が共に0よりも高い群を「アクション伸びあり・ビジョン伸びあり群」,アクション(意欲)伸び得点は0より高いがビジョン(意欲)伸び得点は0以下である群を「アクション伸びあり・ビジョン伸びなし群」,アクション(意欲)伸び得点は0以下であるがビジョン(意欲)伸び得点は0よりも高い群を「アクション伸びなし・ビジョン伸びあり群」,両得点がともに0以下である群を「アクション伸びなし・ビジョン伸びなし群」とした。これら4群の度数等を表2-2に示す。「アクション伸びあり・ビジョン伸びあり群」が最も多く,全体の40%以上を占めていることがわかる。また,「アクション伸びなし・ビジョン伸びあり群」が最も少なく,全体の5%程度であった。

表2-2 アクション得点,ビジョン得点の伸びあり,なしの分類と度数等

	度数	(%)
アクション伸びあり・ビジョン伸びあり	147	(41.76)
アクション伸びあり・ビジョン伸びなし	99	(28.13)
アクション伸びなし・ビジョン伸びあり	19	(5.40)
アクション伸びなし・ビジョン伸びなし	87	(24.72)
合 計	352	

以下には，個人の学びの過程を検討するために，各回のアクション（意欲）得点，ビジョン（意欲）得点の推移と学生のレポート本文を抽出する。ここでは，「アクション伸びあり・ビジョン伸びあり群」と「アクション伸びなし・ビジョン伸びなし群」を比較することにする。

1）アクション伸びあり・ビジョン伸びあり群

　まず，「アクション伸びあり・ビジョン伸びあり群」の例として女性Aのデータを取り上げる。女性Aのアクション（意欲）得点，ビジョン（意欲）得点の推移を図2-2に示す。実習を重ねるごとに，両得点が上昇していることが分かる。

　女性Aの第1回の実習は児童館での事前指導であった。第1回のレポートを表2-3に示す。子どもから呼び捨てにされたらきちんと注意するようにと児童館の職員から話を聞いてなるほどと思い（1～3行目），本番当日にパネルシアターをやると認識していた（4～5行目）。実習先で関わる子どもを見学しているときに，子どもが自分に対して興味関心があるようであると分かり本番へ向けてモチベーションを高めていた（6～11行目）。事前指導

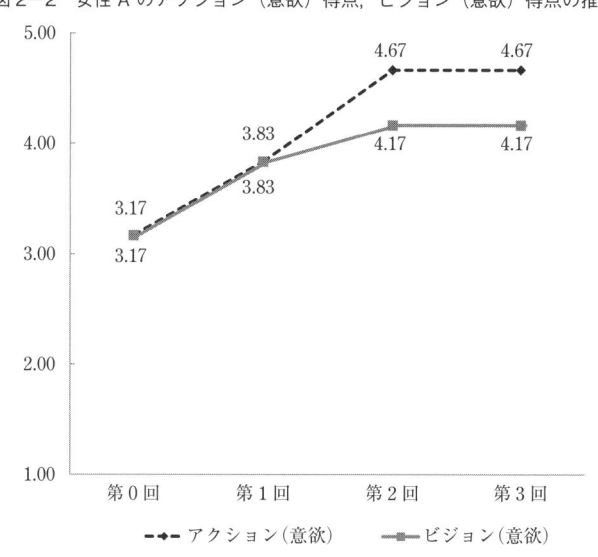

図2-2　女性Aのアクション（意欲）得点，ビジョン（意欲）得点の推移

第2章　体験型学習の効果

表2-3　女性Aの第1回のレポート（児童館での事前指導）

1	子供たちと接する際に気をつけなければならないことを聞いて，いくつかなるほどと思うこ
2	とがあった。とくに呼び捨てに関しての注意は，許してしまいがちだが大切なことだと思っ
3	た。
4	実習本番で自分は二人でパネルシアターをやることになったため，いかにテンポよくかつ照
5	れを出さずにできるかにかかっていると思った。
6	幼児クラスの見学では，見学しているだけでも珍しいのか，子供たちからの視線を感じるこ
7	とがたびたびあった。まだ積極的に寄ってくるというほどではなかったが，様子を伺ってい
8	るような感じがあり，話しかけたり笑いかけたりすると，近くに寄ってきてくれたり，遠く
9	からでも笑い返してくれたりした。初めて見る人に対する警戒心もあるが，逆に興味関心も
10	あるようだった。実際に子供たちと触れ合うことで実習本番に向けてモチベーションを高め
11	ることができた。

註：数字は行数を示す。以下の図表も同様。

でしっかりと実習における自分の役割を認識したと考えられる。

女性Aの第2回の実習は児童館の幼児クラブにおけるサポート活動であった。第2回のレポートを表2-4に示す。

女性Aは，2歳の子どもを相手にして，第1回では注意の仕方等は学んでいたものの，最初のうちは接し方に戸惑っていた（12行目）。実習先において自分の役割についての葛藤があったと思われる。目線を合わせて話しかけるなどして，子どもといくらか打ち解けることができて，自分の呼びかけに元気よく答えてくれた子どももいた（13～15行目）。その後，一緒に工作をするときに，子どもの個性の違いを感じ（17～20行目），周りにいたお母さんや児童館の職員が，その個性をつぶさないように，かつ，してはいけな

表2-4　女性Aの第2回のレポート（児童館の幼児クラブでサポート活動）

12	まだ2歳の子供たちということで，どう接すればいいのかはじめはこちらも戸惑ったし，子
13	供たちも落ち着かない様子だったが，目線を合わせて話しかけるうちにいくらか打ち解ける
14	ことができた。そんな中でパネルシアターを行なったときには，こちらからの呼びかけにも
15	元気よく答えてくれる子の多くは女の子で，まだ2歳ではあるものの女の子の方が精神的な
16	成長が早いということを実感できた。
17	また工作をする際にはまだ落ち着きがなくほかの子と遊ぼうとしたり，お母さんに甘えてい
18	る子もいたが，何度も呼びかけて一緒にやると，興味を持ってくれるようになり，さらに面
19	白さを見つけると逆にそれだけに熱中するようになっていた。幼いながらもはっきりとした
20	性格，個性の違いが出ているのを感じ，その個性を潰さないように，かつしてはいけないこ
21	とをきちんと教えていくことが幼い子供と接するうえで大切なことだと思った。そうしたこ
22	とをお母さん方や先生方はきちんと意識しているように感じ，自分でも今後意識を持って接
23	するようにしたいと思った。

表2-5　女性Aの第3回のレポート（児童館で小学生（1～3年中心）たちの遊びの相手）

24	相手が小学生の場合は，活発な時期だからか子供たちの方から積極的に遊びに誘ってくれて，
25	なじみやすい印象だった。しかし，まだ小学生ということもあり，ふだん当たり前に使って
26	いる単語が通じないときもあり，それをわかってもらえるように，簡単な言葉に言い換える
27	のは意外と難しかった。いくつか仲良しグループができているようだったが，その中でも必
28	ずしもやりたいことが同じではなく，小さな衝突もあり，一つのことが終わるまで待つ子も
29	いれば，いったん諦めて別の場所に行ってしまう子もいた。そういった子のフォローをすべ
30	きなのか，自分たちで解決するのを見守るべきなのか少し迷ったりもした。
31	それぞれの個性や意見を尊重しつつ，まとまりを大切にすることや相手のことを考え思いや
32	ることもきちんと教えなければならず，その難しさと大切さを感じた。また，やはり同じ目
33	線で歩み寄り，それぞれに平等に接することが大切なのだと思った。実際に触れ合わなけれ
34	ば分からないことがたくさんあった。今回の実習で学んださまざまなことを今後に活かして
35	いきたいと思う。

いことを教えていくことが大切にしているようだと感じ取り，自分もそうしていきたいと考えている（20～23行目）。

　女性Aの第3回の実習は児童館での小学生との遊びであった。第3回のレポートを表2-5に示す。

　第3回は小学生の相手であった。第2回の時にはいかに自分が接していくかを考えていたが，今回は小学生の方から遊びへの誘いがあって，なじみやすいと思っていた（24～25行目）。そのなかでも，日ごろ使う言葉を簡単なものに変換して話すことの難しさを感じていた（25～27行目）。子どもグループができているなかで，自分が介入するか，子どもたちが自力で解決するのを待つか迷うなど（27～30行目），サポートする相手の力を引き出すことを意識することができていると言えよう。そして最終的に，個性や意見を尊重し，それぞれに平等に接することの重要性を認識していた（31～34行目）。実習での経験を今後に生かしていきたいという意欲も出てきていた（34～35行目）。総じて実習を通じて成長をしたといえよう。

　以上より，女性Aは実習を通じて，実習における役割を取得し，葛藤を経験しながらも学びにつながっていったことがうかがえる。

2）アクション伸びなし・ビジョン伸びなし群

　つぎに，「アクション伸びなし・ビジョン伸びなし群」の例として男性Bのデータを取り上げる。男性Bのアクション（意欲）得点，ビジョン（意

図2-3 男性Bのアクション（意欲）得点，ビジョン（意欲）得点の推移

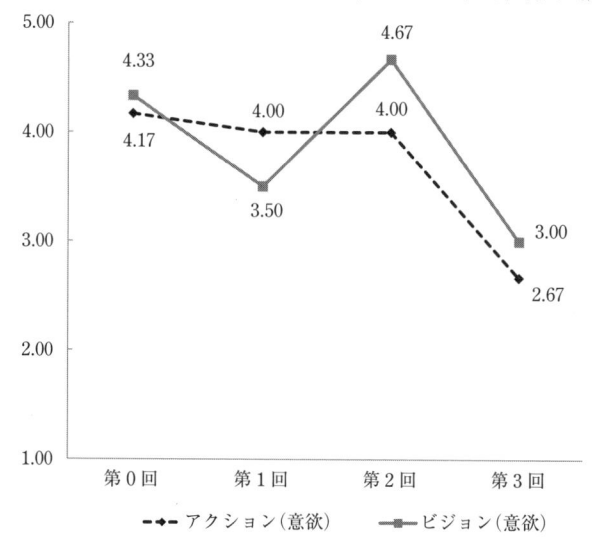

（縦軸：1.00～5.00）
第0回：アクション（意欲）4.17，ビジョン（意欲）4.33
第1回：アクション（意欲）4.00，ビジョン（意欲）3.50
第2回：アクション（意欲）4.00，ビジョン（意欲）4.67
第3回：アクション（意欲）2.67，ビジョン（意欲）3.00

--◆-- アクション（意欲）　　—■— ビジョン（意欲）

欲）得点の推移を図2-3に示す。男性Bは第0回においてすでに高い得点（アクション（意欲）が4.17，ビジョン（意欲）が4.33）であるので，分析においては注意を要するが，両得点が第0回から第3回にかけて減少しているのが分かる。とくに第2回から第3回での減少が大きい。

男性Bの第1回の実習は新入生の合宿サポーターとしての事前準備であった。第1回のレポートを表2-6に示す。一緒にサポートするメンバーを集めるところから始めるなど（1～2行目），スムーズな活動へ向けては苦労したようである。紹介用の写真撮影，開会式，閉会式の内容確認などを行ない，さまざまに考えられるケースを想定して準備をした（6～8行目）。

表2-6 男性Bの第1回のレポート（新入生の合宿サポーター，事前準備）

1	新入生合宿のサポーターとして約4カ月間この活動に携わってきました。初めはなかなかメ
2	ンバーが集まらなかったため，メンバーを集めることから始めました。来年度は合宿サポー
3	ターに携わることの魅力をもっとアピールするとメンバーも早く集まることができ，スムー
4	ズに活動をスタートすることができると思いました。先生紹介のために使う写真の撮影は先
5	生方との日程の調整が難航し結局ものすごい時間がかかりました。ここをスムーズにするだ
6	けでも相当時間を削ることができたと思います。開会式，閉会式についてはそれほどおおき
7	な問題なく決定することができました。一度に300人以上が動く企画なので，少しのミスが
8	命取りになると思い，常に考えられるケースを想定しながら準備を進めていきました。

54　第Ⅰ部　何をもってキャリア教育の効果があったとするのか？

表2−7　男性Bの第2回のレポート（新入生の合宿サポーター，本番）

9	合宿本番の前日に何人かサポーターを現地に前泊させ，最終チェックを行ないました。それ
10	のおかげで当日の準備が格段に減り，スムーズに進めることができました。やはり合宿で一
11	番力を入れたのは，誘導です。300人近くの生徒を何度も移動させなければならないので，
12	移動時ごとにトランシーバーで状況を確認しました。開会式，閉会式はとくに大きな問題は
13	ありませんでした。しかし，終了後の移動がうまくいかず，生徒たちを待たせてしまいまし
14	た。一度にこんな多くの生徒，仲間，先生方と関わる機会はそうそうないと思います。自分
15	にとって本当にいい体験になりました。仲間たちと意見を出し合い，考え，発展させてい
16	く。こういうことは絶対に社会に出ても役に立つと思います。合宿サポーターとして活動で
17	きたことを誇りに思います。

　男性Bの第2回の実習は新入生の合宿サポーターであった。第2回のレポートを表2−7に示す。合宿で一番力を入れたのは，誘導であると認識している（10〜11行目）。300人近くの大規模集団の誘導であるため，移動時ごとにトランシーバーを用いてサポーター同士で連絡を取り合っていた（11〜12行目）。開会式，閉会式はとくに大きな問題はなかったものの，終了後の移動で待たせてしまったことを反省している（13〜14行目）。多くの人とかかわる機会があり，意見を出して発展させた経験は将来に出ても役立つと思い，活動したことを誇りに思うなど肯定的に捉えている（14〜17行目）。実際に第2回終了時にはビジョン（意欲）得点は上昇していた（図2−3）。

　男性Bは，第1回〜第2回の新入生合宿のサポーターの実習では実習における役割を取得し，実習中に上記のような葛藤を経験しつつも，人とかかわりながら意見を発展させた。その経験をもとに将来の見通しを明確にしたいという意欲にもつながる学びができたと思われる。

　男性Bの第3回の実習は新入生への施設案内であった。第3回のレポートを表2−8に示す。男性Bは，第2回の実習では大規模集団の誘導に力を入れたと認識していたが，第3回では誘導が最も苦労したと認識していた（18〜20行目）。説明の時の相手の反応は記述があるものの（20〜21行目），誘導時における相手の反応の記述や誘導でこうすれば良かったという反省点の記述はなかった。前回の実習で大規模集団を相手にしたときは誘導ができたのに，今回の小規模集団ではできなかったという経験からか，アクション（意欲）得点，ビジョン（意欲）得点は大きく減少していた（図2−3）。

　以上より，男性Bは，第1回，第2回の実習では一定の学びが得られた

表2-8 男性Bの第3回のレポート（合宿後の授業サポート）

18	基礎ゼミに訪問し，新入生と構内のさまざまな場所や，学部に関係の深い施設を回り，解説
19	をしました。20人ほどの新入生と一緒に限られた時間で構内を回ることの難しさを感じま
20	した。なかなか自分の思うように新入生が動いてくれなかったです。やっぱり誘導が一番の
21	ネックになりました。しかし，説明のときは真剣に話を聞いてくれた生徒が多く，質問など
22	もたくさん出てきてやりがいを感じました。実は自分自身も知らない施設もあったりして，
23	私にとっても勉強になった実習でした。

ものの，第3回の実習では役割の負担が一人で行なうには大きすぎた可能性などが考えられるであろう。実習における役割との間での葛藤も起きず，学びにつながる成長がなかったものと考えられる。いわゆる，実習は行なったものの失敗経験が強く印象に残ってしまった例と言えよう。

6 結　語

　本章では，キャリア相談実習という実習授業の効果を検討するため，キャリア意識の発達に関する効果測定テスト（CAVT）による効果測定と学生のレポートの分析を行なった。分析結果は以下の2点である。
　第一に，実習前後でCAVTの特性を比較した結果，キャリア相談実習を通じて学生のキャリア意識は高くなったことを確認した。具体的には，将来のための活動をしたいという気持ちや，将来の見通しを持ちたいという気持ちを高めることが明らかになった。また，実習を通じてこれらが達成できたと感じるようになったことが明らかになった。
　通常，大規模大学ではキャリア教育科目は必修ではない。インターンシップをはじめ，キャリアセンターが提供するプログラムも，参加は学生の任意である。しかし，必修でない場合，上西（2007）の指摘する「動けない学生への対応」へは十分でないといえよう。上西（2007）はキャリア支援の背景のひとつに，「動けない学生への対応」があるとし，以下のように述べている。

　「動けない」学生，「乗ってこない」学生，「打たれ弱い」学生など，い

ろいろな言い方がされるが，そのような学生はそもそも大学が提供する就職支援行事に参加せず，相談にも来ない可能性があり，たとえ就職支援行事に参加しても，情報を取捨選択して吟味し，判断し，自らの行動にいかしていくだけの準備を欠いていれば，いたずらに混乱して自信をなくしたりすることにもなりかねない。(中略) そのような学生には，就職支援の前に，就職支援を有効に活用できるだけの能力形成が求められるのであり，それは大学3年生の秋以降の就職支援で対応できる課題ではない。(上西 2007: 15)

　その点で，「キャリア相談実習」は，1年次および2年次に履修することが多い必修授業であるため，いわゆる底上げ機能が期待できる。実習によって得た感情面での高ぶりをのちの大学生活（ボランティア活動や，その後のインターンなど）へのエネルギーに転化していくことが重要であろう。
　第二に，上記のような，将来のための活動をしたいという気持ちや，将来の見通しを持ちたいという気持ちが両方とも上昇した例と両方とも低下した例を比較検討した。その結果，実習における役割を適切に取得できた場合は葛藤を経験しながらも学びにつながることが考えられるものの，役割の負担が本人の能力を超えて大きすぎた場合は学びにつながらないことがあることを示した。このことは，実習とはただ行なえばよいということではなく，実習に臨むにあたって，十分に役割取得が可能なような事前指導が必要であること，また，実習中に役割コンフリクトを抱えた際に適切なアドバイスを行ないながら実習を通じた個人の学びに応じた事後指導が必要であることを物語っていると言えよう。
　最後に，今後の課題を三点述べる。第一に，実習先ごとの分析については十分に行なえなかった。とくに，質的調査の事例の追加的分析は今後の課題である。第二に，今回は実習を終えた学生のデータを用いている点には注意が必要である。まだ実習に取り組むことができていない学生は，今回はデータに含まれていない。必修授業としての底上げ機能を検討する際には，追加データを含めて検討する必要があるだろう。第三に，個々の学生に合わせたプログラム再設計および運用レベルでの調整が必要である。新しい実習授業

を開発するには，その授業に対する効果の測定，その測定結果を授業改良に活かすという PDCA サイクルが不可欠であろう。また，川﨑（2005）が指摘するように，教学と事務部門が密接に連携し，キャリア教育をキャリア形成支援の流れのなかに位置づけることも大切である。

註　記
1) C学部では，インターンシップ授業も設置されており，それぞれの特徴を活かしたカリキュラムとなっている。その違い自体の検討は今後の課題である。
2) レポート総数の内訳は，2通66名，3通259名，4通24名，5通1名，6通2名であった。キャリア相談実習は6時間と定められていたが，キャリア相談実習を履修前（キャリア相談事前指導の授業時）に，実習に該当する活動を2時間した者は，キャリア相談実習を4時間で終えることが可能な制度があった。そのため2通（第1回が1〜2時間目，第2回が3〜4時間目）で実習を終えた者が含まれている。
3) 得点化する際には，それぞれの項目の得点を合計する場合と，合計を項目数で除する場合がある。後者の場合，全体的にはどれほどの値であったのかイメージが付きやすいというメリットがある。たとえば，事前のアクション（意欲）得点は，「そう思う (5)」「ややそう思う (4)」「どちらとも言えない (3)」「あまりそう思わない (2)」「そう思わない (1)」の5件法で尋ねており，平均は4.39であった。これは，「ややそう思う (4)」と「そう思う (5)」の間に位置していることを示している。
4) なお，経験した実習回数によって効果が異なる可能性があるが，対象者の大多数が3通に分けたレポート（第1回〜第3回として執筆）であったため，本研究では回数ごとの分析は行わなかった。

（田澤　実・梅崎　修・八幡成美・下村英雄）

第3章

初期キャリアの決定要因
全国の大学4年生の継続調査

1 問題の所在

1）大学設置基準の改正と卒業後の進路状況

　本章の目的は，大学在学中の学びが卒業後の初期キャリアに与える影響を2時点の量的調査から検証することである。

　近年，大学教育に対してその内容や効果を再検討する試みが増えている。大学教育がどのような能力構築に役立っているかについて大学自らが確認し，教育の中身を改良していくという PDCA（plan-do-check-act）のサイクルが求められている。2010年2月には，大学設置基準が改正され，以下の条文が規定された。

> （大学設置基準第42条の2）　大学は，当該大学及び学部等の教育上の目的に応じ，学生が卒業後自らの資質を向上させ，社会的及び職業的自立を図るために必要な能力を，教育課程の実施及び厚生補導を通じて培うことができるよう，大学内の組織間の有機的な連携を図り，適切な体制を整えるものとする

　ところで，上述の条文には，「職業指導」や「キャリアガイダンス」という用語は使われていない。「社会的及び職業的自立を図るために必要な能力」を培うことができるように学内組織の連携や体制整備を求める内容となっている。ただし，この改正は，新聞等のメディアでは職業指導（キャリアガイダンス）が強調して報じられている（【　】内は記事の見出し）。

【職業指導大学・短大で義務化：高離職率に危機感来春から】
学生が社会人として自立して職業に就けるよう大学，短大の教育課程に職業指導（キャリアガイダンス）が11年4月から義務づけられる。
（『毎日新聞』2010年2月25日，26面）

　この大学設置基準の改正は，中央教育審議会による「学士課程教育の構築に向けて（答申）」（2008年12月24日）を契機に，中央教育審議会大学分科会（質保証システム部会）において「教育の質の保証と向上」「機能別分化と大学間連携の促進」「教育研究の充実のための組織・経営の基盤強化」という3つの観点からの議論をふまえている。
　近年の学校基本調査による大学生の就職率の推移を見てみると，2004年3月卒業者から2008年3月卒業者までは上昇し，2009年3月卒業者はわずかに低下している（文部科学省2009）。そして，2010年8月に発表された文部科学省の学校基本調査——平成22年度（速報）によると，2010年3月の大学卒業者のうち，就職率は60.8%（前年度より7.6ポイント低下），卒業者数のうち進学も就職もしていない者（家事の手伝い等，大学院等への進学や就職でもなく進路が未定であることが明らかな者）は16.1%（前年度より4.0ポイント上昇）であった。
　設置基準の改正は，より長期間をかけて議論されてきた流れがある。2010年3月卒業者の就職率が急激に悪化したことそのものは背景にはならないが，結果的に，大学教育内容の見直しが注目された時期と，就職状況の急激な悪化の時期が重なったと言えよう。以上のような理由により，大学在学中の学びと卒業後の進路の関連はあらためて検討する必要があると思われる。

2）初期キャリアをどのように捉えるか

　本研究では，進路選択のなかでも就職活動に注目する。就職活動については，複数の視点からその結果について判断する必要があろう。初期キャリアの第一歩としては，内定が得られるかが重要であり，その内定先の企業規模などの客観的評価や内定企業に対する大学生自身の主観的評価も重要である。
　また，初期キャリアの成否は，就職時点だけでは判断できない。若年者の

初期キャリア研究では，就職後の定着・離職も注目されている。周知のとおり，「7・5・3 離職」と呼ばれる早期離職の問題がある。大卒者の就職後 3 年以内の離職は，卒業後の初期キャリアとして問題視されることが多い（太田 1999; 黒澤・玄田 2001 など参照）。たしかに，転職自体がキャリア形成の失敗とは断言できない。しかし，早期離職はジョブマッチングの失敗であり，再就職できても O.J.T. を基礎とした企業特殊的技能の喪失にも繋がるという問題がある。

　早期離職への影響を分析するには，回想法で質問するか，卒業時点と卒業後の 2 時点の調査をする必要がある。小杉（2007）は卒業 3 年後の全国調査を行ない，定着 - 離職に対する希望を意識レベルで分析しているが，定着 - 離職の行動レベルの分析は不十分であるという課題が残っている。

3）在学中にどのような力を身につけるか

　就職活動の成功と就職後の早期離職防止を考える際に問題になるのが，在学中に学生たちはどのような力を身に付けるかという点である。

　まず，大学教育によって身につく学力や知識が初期キャリアに与える効果が考えられる。松繁編（2004）では，専門科目の優の割合や英語の成績などが，就職結果と初任給，さらにその後の昇進に与える正の効果を明らかにしている。同様に，永野（2004）や平沢（2010）などでも成績の正の効果は検証されている。それゆえ本章でも，第一に成績の効果を分析したい。

　一方，学力以外の学びも考慮すべきであろう。実際に，五十嵐（2008）は，大学におけるキャリア教育は，大学入学から大学生活も視野に入れ，学生が主体的にキャリアを考え，大学で学ぶことを中心に大学生活を構築していくための支援であることを指摘している。これは大学における正課科目による教育だけでなく，大学生活からも学びを得ることができることを示していると言えよう。

　以下のように，五十嵐（2008）はキャリア教育の指標としては具体的な教育活動レベルでの行動や意識に注目すべきであると指摘する。

　　キャリア教育の評価は，当然ながらその目的によって異なる。就職対策

を直接の目的とすれば，就職率や就職後の定着率などが指標となろう。しかし，これらは社会経済情勢や地域性によってもかなり左右される。あくまでも教育評価として，学生の学習活動そのものを評価対象にする。職業観や勤労観を測定することには無理があるため，具体的な教育活動レベルでの行動や意識を数値化することが望ましい。（五十嵐 2008: 114-115）

この点について，第1章において CAVT の開発を行なった。同尺度は，「アクション（6項目。将来に向けて，どのくらい熱心に積極的に行動を行っているか）」と「ビジョン（6項目。将来に向けて，やりたいことなどをどのくらい明確にしているか，また，それに向けて準備しているか）」から構成されている。五十嵐（2008）が述べるところの「具体的な教育活動レベルでの行動や意識」を尋ねていると考えられよう。

アクション，ビジョンの両方が高い者は，学業成績が概して良く，就職活動における活動量が多く，就職先の内定先に満足していることが明らかになっていることから，大学生向けのキャリアガイダンスの効果測定に用いる妥当性が確認されている（第1章）。また，大学における実習授業の効果を検討するため，実習前後で CAVT の得点を比較したところ，実習を通じて学生のキャリア意識が高くなることも示されている（第2章）。ところが，実習前後という在学中における CAVT の効果は検討がされているものの，在学中に得た CAVT が卒業後にどのような影響を与えているのかは検討が行なわれていない。そこで，在学中に得た CAVT の効果の分析も行ないたい。

4）目　　的

本章では，大学において社会的および職業的自立を図るために必要な能力を培うことができたかという観点から，在学中に得た成績と CAVT が初期キャリアに与える影響を検討することを目的とする。

はじめに，分析枠組を図3-1に示す。ここで初期キャリアとして，内定の有無，企業規模，第一志望か否か，内定先への満足度という就職活動結果（time1）と，卒業してから2年目の時点での離職の有無（time2）に注目す

図3-1 本章の分析枠組み

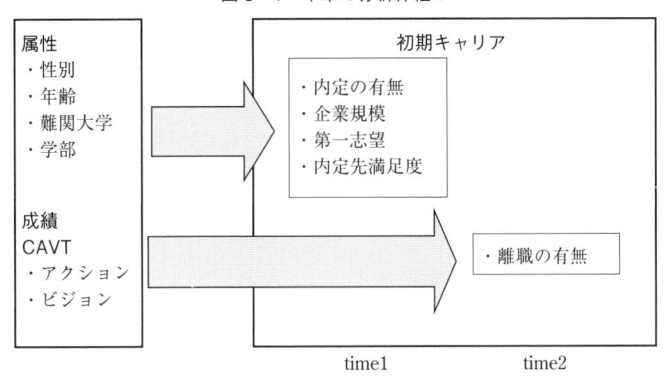

属性
・性別
・年齢
・難関大学
・学部

成績
CAVT
・アクション
・ビジョン

初期キャリア
・内定の有無
・企業規模
・第一志望
・内定先満足度

・離職の有無

time1　　　time2

る。まず，4年生の秋の時点における内定の有無を検証し，内定先企業の規模という客観的評価の指標と，内定先の満足度，第一志望という主観的評価の指標を検証する。つぎに，就職して2年目が終わろうとする時点での離職の有無も含めて初期キャリアを捉えることにする。成績と CAVT がこれらの初期キャリアの指標に与える効果を比較検証したい。とくに CAVT はアクション，ビジョンの2因子構造となっており，それぞれの効果について比較分析が必要であろう。また，属性の影響を考慮するため，分析の際には，大学の銘柄，学部の違いにも注目する。なお，一部 CAVT の妥当性の結果（第1章）と重なる箇所があるが，大学の銘柄，学部等の差を考慮した推定を行なってはいないので，あらためて分析を行なうことにする。

本章の構成は以下のとおりである。つづく第2節では，調査データについて説明する。第3節では，得られた分析結果について説明する。第4節では，考察と今後の課題を述べる。

2　方　　法

1）調査時期

本章では，2時点のインターネット調査を利用した（調査については序章参照）。第1回は大学4年生の就職活動のピーク後であり，第2回は就職し

て2年目である。この時期に離職をしている場合は，早期離職といえるであろう。

2）質問項目

(1) 大学の種類

「あなたの大学の種類をお答えください」という設問を設けた。選択肢は「難関国公立大学」「一般国公立大学」「難関私立大学」「一般私立大学」「その他」であった。第1回の時点で尋ねた。分析に際しては，「難関国公立大学」「難関私立大学」を「難関大学」として扱った。「一般国公立大学」「一般私立大学」を「非難関大学」とした。「その他」は少数であったため分析から除外した。

(2) 大学での学業成績

「現在の大学での成績について，あてはまるものをお選びください。（一つだけ）」と教示し，「【5】履修した科目の90％以上が優（A）の成績である」～「【1】履修した科目の10％以下が優（A）の成績である」の5件法で尋ねた。第1回の時点で尋ねた。

(3) 学 部

「人文科学」「社会科学」「理工農学」「医歯薬」「教育」「その他」の選択肢を設けて尋ねた。第1回の時点で尋ねた。

(4) CAVT 達成版

「以下に示す事がらについて，あなたご自身は大学生活を通じてどの程度うまくできたと思いますか」と教示し，「十分できた」「多少できた」「あまりできなかった」「全くできなかった」の4件法で尋ねた。第1回の時点で尋ねた。

(5) 初期キャリア

第1回の時点で，内定の有無，企業規模，内定先は第一志望であったか，内定先への満足度を，第2回の時点で離職の有無を尋ねた。また，第2回の時点では，現在の状況についても尋ねた。

3）分析の対象者

内定の有無，企業規模，第一志望，内定先満足の分析には第1回のデータを用いた。離職の有無の分析には第1回と第2回の結合データを用いた。

第1回は，「就職活動は終了した」と回答した1,150名に加え「就職活動中」と回答した228名を加えた1,378名を分析の対象とした。ただし，以下の分析で用いる指標の回答に不備があった者は欠損値として扱った。内定の有無については，内定を得た企業数に回答の不備があった者を除いた1,365名のデータを用いた。企業規模については，「就職活動は終了した」と回答した1,150名から企業規模が不明と回答した者を除いた999名のデータを用いた。第一志望，内定先満足については，「就職活動は終了した」と回答した1,150名のデータを用いた。

第2回は，回答が得られた752名の中から以下の2つの条件を満たす448名を分析の対象とした。1）第1回の時点で「就職活動中」または「就職活動は終了した」と回答した者。2）第2回の時点で大学卒業時の4月初めに「就職した（正社員のほかパート・アルバイト等も含む）」と回答した者で初職が「公務員」以外の者。

3 結　果

1）基本統計量

まず，本章で用いる説明変数についての基本統計量を示す。第一に，性別，大学の銘柄，学部の度数等を求めた（表3-1）。性別については，男性が45.86-40.85％，女性が54.14-59.15％とおよそ男女比は同じであった。大学の銘柄については，難関国公立大学が7.04-5.58％，難関私立大学が17.34-15.85％であり，合わせて25％程度が難関大学であった。学部については，人文科学，社会科学，理工農学がそれぞれ約25％と，あわせて75％程度であった。それ以外の学部は比較的少数であった。第二に，年齢，成績，アクション，ビジョンの平均等を求めた（表3-2）。年齢の平均は22.07-22.08歳であり，大学4年生として一般的な傾向を示していた。成績

表3-1 性別，大学の銘柄，学部の度数等

		第1回 (n=1378)		第2回 (n=448)	
		度数	(%)	度数	(%)
性別	男性	632	(45.86)	183	(40.85)
	女性	746	(54.14)	265	(59.15)
大学の銘柄	難関国公立大学	97	(7.04)	25	(5.58)
	一般国公立大学	284	(20.61)	92	(20.54)
	難関私立大学	239	(17.34)	71	(15.85)
	一般私立大学	758	(55.01)	260	(58.04)
学部	人文科学	357	(25.91)	118	(26.34)
	社会科学	356	(25.83)	115	(25.67)
	理工農学	291	(21.12)	104	(23.21)
	医歯薬	65	(4.72)	24	(5.36)
	教育	65	(4.72)	14	(3.13)
	その他	244	(17.71)	73	(16.29)

表3-2 年齢，成績，CAVTの平均等

		平均値	標準偏差	最小値	最大値	度数	信頼性係数
年齢	第1回	22.07	0.78	21	24	1378	
	第2回	22.08	0.79	21	24	448	
成績（優の割合）	第1回	3.37	1.01	1	5	1378	
	第2回	3.42	0.99	1	5	448	
アクション	第1回	16.40	4.02	6	24	1378	0.82
	第2回	16.02	3.88	6	24	448	0.81
ビジョン	第1回	16.41	4.47	6	24	1378	0.91
	第2回	15.88	4.66	6	24	448	0.93

註：1）第2回の年齢は，回答の得られた448名のデータにおける第1回の年齢。
　　2）成績（優の割合）は，「【5】履修した科目の90％以上が優（A）の成績である」～「【1】履修した科目の10％以下が優（A）の成績である」の5件法。

（優の割合）の平均は，中立点の3をやや超えていた。CAVTについては，下位尺度ごとに項目の合計を求め，アクション得点，ビジョン得点とした。信頼性係数（Cronbachのα）は，アクションが$\alpha=0.82-0.81$，ビジョンが$\alpha=0.91-0.93$であった。それぞれの平均は中立点の15をわずかに超える程度であった。一般的に，2時点の縦断データの場合，サンプルの減少により回答者に偏りが生じる可能性がある。しかし，本研究では，第1回と第2回で分布に大きな偏りはないと判断できた。

表3-3 初期キャリアの度数等

		度数	(％)
内定の有無	あり	1177	(86.23)
	なし	188	(13.77)
企業規模	5,000人以上	224	(22.42)
	4,999～300人	74	(7.41)
	2,999～1,000人	184	(18.42)
	999～500人	139	(13.91)
	499～300人	105	(10.51)
	299～100人	150	(15.02)
	99～50人	60	(6.01)
	49～30人	28	(2.80)
	29人以下	35	(3.50)
第一志望	はい	651	(56.61)
	いいえ	499	(43.39)
内定先への満足度	かなり満足している	395	(34.35)
	やや満足している	575	(50.00)
	どちらとも言えない	134	(11.65)
	あまり満足していない	38	(3.30)
	ほとんど満足していない	8	(0.70)
離職	あり	97	(21.65)
	なし	351	(78.35)

　つぎに，被説明変数の基本統計量を示す。初期キャリアの変数の度数等を求めた（表3-3）。内定の有無については，80％以上の者が内定を得ていた。企業規模については，1,000人以上の大企業に就職した者は，合わせると50％程度であった。第一志望については，50％以上の者が，第一志望の企業に内定を得ていた。内定先への満足度については，「かなり満足している」と「やや満足している」を合わせると80％を超えていた。総じて高い満足度であることが分かる。離職の有無については，就職して2年目が終わろうとする時期に約20％の者が離職していた。

　最後に，離職した者，離職していない者それぞれに対して，現在の状況を尋ねた（表3-4）。複数回答している者がいるので，累計パーセントは100％を超えている。離職ありの者で，現在は正社員になっている者は29.90％であった。次いで，パート・アルバイト（26.80％），派遣社員（11.34％）であった。これらに契約社員・嘱託（7.22％）など，現在就労している者を合計すると約80％となった。離職した者の多くは転職をしていることが分

表3-4 離職あり，離職なし別の現在の状況

	離職あり		離職なし	
	度数	（％）	度数	（％）
正社員	29	(29.90)	331	(94.30)
公務員	2	(2.06)		
派遣社員	11	(11.34)	6	(1.71)
契約社員・嘱託	7	(7.22)	5	(1.42)
パート・アルバイト	26	(26.80)	11	(3.13)
自営業・自由業	2	(2.06)	0	(0.00)
就職活動中	12	(12.37)	1	(0.28)
公務員・教員などの資格試験準備中	3	(3.09)	1	(0.28)
進学・留学などの準備中	0	(0.00)	0	(0.00)
大学院在学中	0	(0.00)	0	(0.00)
他大学・他学部に在学中	0	(0.00)	0	(0.00)
専門学校在学中	2	(2.06)	0	(0.00)
専業主婦（夫）・結婚準備中	6	(6.19)	2	(0.57)
無業で特に何もしていない	6	(6.19)		
その他	0	(0.00)	1	(0.28)
合　　計	97		351	

註：1）初職が公務員の者は分析の対象者から除外している。そのため，「離職なし」の「公務員」は空欄にしている。
　　2）分析の対象者は初職に就いた者である。そのため，「離職なし」の「無業で特に何もしていない」は空欄にしている。

かる。これに対し，離職なしの者の場合，正社員が94.30％であった。両者を比較すると，離職した者は，転職することができるものの，離職なしの者と比べると不安定な雇用状態に陥りやすいと解釈できる。

2）成績とCAVTが初期キャリアに与える影響

　成績とCAVTが初期キャリアに与える影響についての検討を以下に行なう。内定の有無，企業規模，第一志望，離職の有無についてはプロビット分析を，内定先満足については重回帰分析を行なう。

　第一に，内定の有無に与える影響を検討するために，内定ありの場合を1として，内定なしの場合に0とする被説明変数を使用したプロビット分析を行なった。結果を表3-5に示す。この推計では，係数が正の場合だと内定を得る確率が増加することを示し，負の場合だと内定を得る確率が減少することを示している。成績が高いこと，医歯薬系の学部や教育系の学部に比べ

表3-5 内定に関するプロビット分析（内定あり＝1，内定なし＝0）

	説明変数	β
	男性	-.039
	年齢	-.195 ***
	難関大学	.136
学部	社会科学	.155
（ベース：人文科学系）	理工農学	.202
	医歯薬	-.483 *
	教育	-.552 **
	その他	-.172
	成績（優の割合）	.152 ***
	アクション	.023 †
	ビジョン	.033 **
	サンプル数	1365
	χ 二乗値	80.751
	-2 対数尤度	1003.781
	擬似決定係数	0.104

†$p<.10$, *$p<.05$, **$p<.01$, ***$p<.001$

て人文科学系の学部であることが内定を得る確率を高めていた。また年齢が高くなると内定を得る確率が減少していた。CAVTの影響を見ると，アクションもビジョンも高いことが内定を得る確率を高めていた。

　第二に，企業規模に与える影響を検討するために，1,000人以上の大企業に就職した場合を1として，それ以外に0とする被説明変数を使用したプロビット分析を行なった。結果を表3-6に示す。成績の影響は見られなかった。難関大学であること，人文科学系の学部に比べて社会科学系の学部であることが，1,000人以上の企業に就職する確率を高めていた。CAVTの影響はアクション，ビジョンともに見られなかった。

　第三に，第一志望に与える影響を検討するために，内定先の企業が第一志望であった場合を1として，第一志望でなかった場合に0となる被説明変数を使用したプロビット分析を行なった。結果を表3-7に示す。成績が高いこと，人文科学系の学部に比べて理工農学系の学部，医歯薬系の学部であることが第一志望の企業に内定を得る確率を高めていた。CAVTの影響を見ると，ビジョンが高いことが第一志望の企業に内定を得る確率を高めていた。

　第四に，内定先の満足度に与える影響を検討するために，内定先の満足度

表3-6 企業規模に関するプロビット分析（1,000人以上の企業規模＝1，1,000人未満の企業規模＝0）

	説明変数	β
	男性	.107
	年齢	.049
	難関大学	.549 ***
学部 （ベース：人文科学系）	社会科学	.233 *
	理工農学	.192
	医歯薬	-.076
	教育	-.052
	その他	.173
	成績（優の割合）	.040
	アクション	.014
	ビジョン	.011
	サンプル数	999
	χ 二乗値	55.516
	-2 対数尤度	1303.788
	擬似決定係数	.072

*$p<.05$, ***$p<.001$

表3-7 第一志望に関するプロビット分析（第一志望である＝1，第一志望ではない＝0）

	説明変数	β
	男性	-.022
	年齢	-.015
	難関大学	-.111
学部 （ベース：人文科学系）	社会科学	-.019
	理工農学	.300 **
	医歯薬	.752 ***
	教育	.211
	その他	.084
	成績（優の割合）	.102 *
	アクション	.008
	ビジョン	.038 ***
	サンプル数	1,150
	χ 二乗値	60.066
	-2 対数尤度	1491.031
	擬似決定係数	0.068

*$p<.05$, **$p<.01$, ***$p<.001$

表3-8 内定先の満足度に関する重回帰分析

	説明変数	β	
	男性	-.029	
	年齢	-.013	
	難関大学	.065	*
学部 (ベース:人文科学系)	社会科学	.079	*
	理工農学	.097	**
	医歯薬	-.012	
	教育	.020	
	その他	.028	
	成績(優の割合)	.070	*
	アクション	.055	
	ビジョン	.245	***
	R^2	.099	***
	サンプル数	1,150	

*$p<.05$,　**$p<.01$,　***$p<.001$

表3-9 離職に関するプロビット分析(離職=1,大学卒業時の4月初めに就職した仕事を続けている=0)

	説明変数	β	
	男性	-.117	
	年齢	.075	
	難関大学	-.480	***
学部 (ベース:人文科学系)	社会科学	-.031	*
	理工農学	-.440	†
	医歯薬	-.660	
	教育	.178	
	その他	.012	
	成績(優の割合)	.038	
	アクション	.041	†
	ビジョン	-.051	**
	サンプル数	448	
	χ二乗値	28.171	
	-2対数尤度	439.958	
	擬似決定係数	0.094	

†$p<.10$,　*$p<.05$,　**$p<.01$,　***$p<.001$

表3-10 成績やCAVTが初期キャリアに与える影響のまとめ

		内定あり	企業規模	第一志望	内定先満足	早期離職防止
	男性					
	年齢	−				
	難関大学		+		+	+
学部	社会科学			+	+	
(ベース：人文科学系)	理工農学		+		+	+
	医歯薬	−			+	+
	教育	−				
	その他					
	成績（優の割合）	+		+	+	
	アクション	+				−
	ビジョン	+		+	+	+

註：1）正の影響が見られた場合に＋を，負の影響が見られた場合に−を記している。
　　2）離職は早期離職防止として影響の正負を反転させて解釈を行なっている。

（「【5】かなり満足している」～「【1】ほとんど満足していない」の5件法）を被説明変数とする重回帰分析を行なった。結果を表3-8に示す。成績が高いこと，難関大学であること，人文科学系の学部に比べて社会科学系の学部，理工農学系の学部であることは，内定先の満足度に正の影響を与えていた。CAVTの影響を見ると，ビジョンが高いことが内定先の満足度に正の影響を与えていた。

　第五に，早期離職に与える影響を検討するために，大学卒業時の4月初めに就職したものの，その後に離職した場合を1として，離職していない場合を0とする被説明変数を使用したプロビット分析を行なった。結果を表3-9に示す。成績の影響は見られなかった。難関大学であること，人文科学系の学部に比べて理工農学系の学部，医歯薬系の学部であることは離職をする確率を減少させていた。CAVTの影響を見ると，ビジョンが高いことが離職する確率を減少させていた。一方で，アクションが高いことが離職する確率を高めていた。

　上記までに示してきた結果をまとめた表を作成した（表3-10）。正の影響が見られた場合に（＋）を，負の影響が見られた場合に（−）を記した。なお，まとめる際には，離職は早期離職防止として影響の正負を反転させて解釈を行なった。

成績が高いことは，内定を得ること，第一志望の企業に内定を得ること，内定先への満足度に正の影響を与えていた。アクション，ビジョンがともに高いことは内定を得ることにつながるものの，総じて，ビジョンを高めることが初期キャリア（内定あり，第一志望，内定先満足，早期離職防止）に良い影響を与えることが明らかになった。ただし，企業規模には，成績が高いこともアクションもビジョンも影響しなかった。一方，アクションが高いことは早期離職する確率を高めていた。

4 考　　察

1）まとめ

本章の目的は，全国の大学4年生のデータより，成績とCAVT（将来に向けて，熱心に積極的に行動することができたと思うこと【アクション】，将来に向けて，やりたいことなどを明確にできたと思い，それに向けた準備ができたと思うこと【ビジョン】）が，初期キャリア（①内定の有無，②企業規模，③第一志望か，④内定先満足，⑤早期離職）にどのような影響を与えるのかについて検討を行なうことであった。

ところで，キャリア教育やガイダンスの効果測定として開発された尺度を多くの実践者や研究者に利用してもらうためには，尺度変数による調査分析結果の蓄積が不可欠である。すでにCAVTを使った在学中のキャリア教育の測定は行なっているが（第2章），本章では，初期キャリアに関して複数の変数を設け，CAVTを含めたさまざまな変数の効果を多面的に検証した。

成績が高いことは，内定を得ること，第一志望の企業に内定を得ること，内定先への満足度に正の影響を与えていた。また，アクションを高めることは内定を得ることにつながるものの早期離職にも正の影響を与えていた。ビジョンを高めることは，内定を得ること，第一志望の企業に内定を得ること，内定先に満足すること，早期離職を防止することにつながっていた。総じて，ビジョンを高めることが初期キャリアに良い影響を与えることが明らかになった。本研究の意義はこの点にある。

2) インプリケーション

まず,ファースト・ステップとして内定を得なければ,それ以降の初期キャリアの指標は有効にならない。この内定を得ることについては,成績もCAVTのアクション,ビジョンもすべてが正の影響を与えていた。これは以下のことを意味する。すなわち,大学の銘柄や学部の影響を統制したうえでも,大学の勉学に励み,良い学業成績を得ることや,正課科目のみに限らず大学生活全般を通じて,将来に向けて,熱心に積極的に行動することができたと思う経験や,将来に向けて,やりたいことなどを明確にできたと思い,それに向けた準備ができたと思う経験を積むことは内定を得ることにつながるということである。

溝上(2009)は,授業に出席しつつ授業外学習,読書,遊びや対人的な活動にも多くの時間を費やす学生タイプが,他の学生タイプに比較しても,知識・技能の習得具合が高いことを示し,対症療法的に社会人基礎力のプログラムを実施するのではなく,正課教育における技能育成を見直しや,正課教育と連携するかたちでどのようなキャリア教育が必要かを考え直すべきと主張する。この指摘は,本研究でも,就職活動を行なった者の初期キャリアに限定していえば,妥当なものであると判断することができる。

一方で,企業規模には,成績もアクションもビジョンも影響しておらず,難関大学であることが影響していた。平沢(2010)が指摘するように,選抜度の高い大学が大企業に有利という構造は昔も今も変わらないのであろう。

第一志望,内定先満足には,成績とビジョンが正の影響を与えていた。大学の勉学に励み,良い学業成績を得て,将来に向けて,やりたいことなどを明確にできたと思い,それに向けた準備ができたと思う経験を積むことは,これらのような主観的評価にも良い影響を与えていることが明らかになった。一方で,これらには,アクションは影響していなかった。

最後に,早期離職防止には,成績は影響しておらず,ビジョンが正の影響を与えていた。一方で,アクションは負の影響を与えていた。労働政策研究・研修機構(2007)は,前職(正社員)を勤続3年未満で離職し,現在は転職して正社員として勤務している者の主な離職理由には「仕事上のストレスが大きい」(25.9%),「給与に不満」(24.9%),「労働時間が長い」(23.9

％），「職場の人間関係がつらい」(19.8％)，「会社の将来性・安定性に期待が持てない」(19.1％）があることを示している。これら5つのうち，ストレス，労働時間，人間関係は入職後の影響が強いため見通しを立てることは難しいものの，給与や会社の将来性・安定性については，就職活動中に調べて一定程度の見通しを持つことは可能である。このように企業の情報を調べることと，将来に対するビジョンを持てたと思うことに関連があるために早期離職しなかったと解釈することが可能だが，この点についてはCAVTと企業を調べる情報源の関連を検討する必要がある。今後の課題としたい。

　また，就職して2年目の時期に離職している者はおおよそ転職をしていると考えることができるものの，離職をしていない者と比較をしても不安定な雇用状態に陥りやすいことが考えられた。上西（2010）は，大卒者の早期離職について，肉体的・精神的に疲弊して離職に至るという場合も多いようであるため，転職せずに無理して就業を続けることが妥当であるかどうかはわからないという見解を示し，新卒者が肉体的・精神的に疲弊して離職に至るような職場に入らないために，事前に職場をよく見極めることの重要性を指摘する。本研究では，客観的評価の指標を，内定の有無，企業規模で捉えたが，それ以外の指標も含めて検討が必要であろう。

　上記までの結果を考慮すると，就職活動を続けるなかで内定が得られる程度の活動はできるバイタリティを示しているものがアクションであると思われる。しかし，内定先に満足感を得ることや第一志望に内定を得るという主観的評価の段階になると，将来に向けて，やりたいことなどを明確にできたと思い，それに向けた準備ができたという見通しが重要になるということを示しているのであろう。とくに注意すべきは，アクションを高めることは内定を得ることにつながるものの，早期離職にもつながるという結果である。ビジョンを伴わず，アクションのみが高い学生は事前に職場をよく見極めずに活動するために，内定時には関心が薄れている企業や，働き続けることが困難な環境の企業に就職している可能性がある。また，ビジョンを構成する項目群は，就職後の初期キャリアにおいても求められる傾向であると考えられるのに対して，アクションを構成する項目群は，就職活動において有効に機能しても，就職後に求められるアクションの機能とは，内容的に異なるこ

とも考えられる。場合によっては，アクション得点が高いがゆえに，入社後に付加すべき新しいアクション機能を身につけられないことも考えられる。しかし，この点を明らかにするためには，在学中の CAVT と入社後の学びの関連を検討する必要がある。今後の課題としたい。

　最後に，CAVT のアクションとビジョンが初期キャリアに与える影響の違いから総じて言えることは，活動量のみで内定を得るパターンの学生は，内定は得るものの，ビジョンも持ち合わせた者と比較した場合，総じて満足しておらず，結果的に早期離職に至りやすいという事実である。

　本研究の特徴は，在学中の学びについて社会変数と心理変数をともに加えたことであり，初期キャリアを就職活動結果の時点とその後 2 年後の時点を含めて捉えたことである。すなわち，在学中の学びと初期キャリアを多元的に捉えたことになる。その結果，内定を得るという初期キャリアのファースト・ステップに有効になる学びであっても，その他の初期キャリアには有効にならないこともあったり，むしろ，負の影響を与えるものがあったりすることが確認できた。すなわち，アクションのみを高めるような教育は内定獲得のみを指標とするならば効果があるように見えても，長期的視野に立った場合，逆効果になりえることを示している。多くのキャリア教育やキャリア支援が内定獲得という目に見える評価に偏ってしまうことを考えると，本研究の発見は，その偏りに留意を促すことになる。

　Niles & Harris-Bowlsbey（2002）が指摘するように，キャリア研究やキャリアに関するサービスにおいても，形成的評価から総括的評価に至るまでのプロセスが重要である。本研究の結果を活かし，PDCA サイクルによる評価を導入し，改善につなげていきたい。

（田澤 実・梅崎 修）

第4章

教育効果の大学間格差
全国の大学4年生と卒業後2年目の継続調査

1 問題の所在

　本章では，全国の大学生を対象に大学4年次と卒業後の2時点の調査を行ない，大学難易度や大学教育が大学生の就職活動や初期キャリアに与える影響を検討する。また，就職活動の分析を踏まえて大学生が大学教育をどのように評価しているかを検討する。分析に際しては，大学入試時点の学力とその後の教育内容の違いを注目して難関大学（銘柄大学）と非難関大学（非銘柄大学）に分けて検証したい。さらに，大学教育に対する評価と大学教育の効果が強い関連性を持ち，なおかつ大学間でその関連性が異なることを考察したい。

　大学生の就職活動に関しては，大学難易度，大学教育，大学生活および就職活動のやり方などのさまざまな視角から就職活動を分析した先行研究がある[1]。とくに，本章と同じく大学難易度や大学教育が大学生の就職活動や初期キャリアに与える影響を分析した先行研究を紹介しよう。

　安部（1997）は，大学の銘柄効果を分析し，入学時点の偏差値の変動が卒業時点の新規大卒就職市場に反映されないことを発見し，大学が入学した学生につけ加えるものが重要であることを指摘している。ただし，ここでのつけ加えるものとは，教育だけでなく，教育以外のもの（たとえばOBネットワーク効果）を共に含んでいる。他方，浦坂（1999）は，安部（1997）の結論を踏まえて，大学教育とOBの個別の効果を確認している。また永野（2004）は，複数の大学まで調査を拡げ，大学ごとの入試難易度をコントロールしたうえで成績の内定獲得に対する正の効果を確認し，そのうえ資料請求企業数や自己分析の良否という就職活動そのものの正の効果を確認して

いる。さらに松繁編（2004）では，成績が就職，所得，昇進・出向などの卒業後キャリアに与える影響を多角的に分析した。この分析では，成績も英語や専門科目なども分けて分析されている。

就職活動のやり方に関しては，教育社会学の分野においても数々の研究が蓄積されている。苅谷・沖津・吉原・近藤・中村（1993）などでは，学校から企業への連続性を制度の側面から検討しており，他の研究結果に先駆けて就職活動におけるOBネットワーク（埋め込まれた関係）の影響を確認している。このような就職活動のやり方は，大学難易度や大学教育の影響を受けながら就職活動に影響を与えていると言えよう。濱中（2007）は，銘柄大学と非銘柄大学に分けて就職活動スケジュールを詳細に調べ，銘柄大学だけで早期開始が早期内定獲得を促すという「標準的な就職活動」が存在することを確認した。

大学間の違いを踏まえると，就職結果も細かく検証する必要がある。永野（2004）の分析結果は，ゼミナール，サークルや部活に参加することにより，大学ランク（大学教育の効果）は就職活動の成果に影響を与えなくなると主張しているが，ここでの就職活動の成果の指標は就職活動の自己評価に限られている。内定の有無や内定先の規模，さらに卒業後の離職まで分析を拡張した場合，大学間の教育効果の違いが生まれる可能性はある。濱中（2007）はその可能性を示唆していると言えよう。また，2000年代は，大学入学者の割合が増大した時期でもある。大卒者の増加は，供給過剰を生み出し，卒業後の就職先の多様化を生み出していると考えられる。全国データによる検証が必要であると言えよう。

くわえて，2000年代に大学教育の内容も大きく変容した。キャリア教育をはじめとして職業への移行を支援する教育は，入試難易度が高い難関大学よりも就職活動に苦労する非難関大学において検討され，なおかつその困難さが指摘されている[2]。大学教育効果の分析においても，大学教育の内容が大学間で異なる可能性に留意すべきであろう。

このような大学教育効果の違いを踏まえれば，大学生本人が大学教育の就職活動に対する影響をどのように認識しているかも，興味深い視点である。すなわち，大学難易度や大学教育という「能力」の形成と学生たちの「能力

観＝教育観」の形成は区別しながら分析すべきである。さらに，「能力」形成から初期キャリアまでの流れが「能力観」の形成に影響を与え，そのような「能力観」の形成が教育内容自体を変えていく可能性があることは，大学教育の検証を行なうにあたって，もっと注目されてもよい分析焦点であろう。このような大学教育をめぐる関連性について考察することも，本章の目的である。

なお，本章のデータは，2007年11月に全国の4年生を対象としたネット調査を実施し，その後2010年2月に同じ調査対象に追跡調査を行なった。全国の大学生に占める各県の割合を反映させる形で収集を行なった。2時点の調査によって，学校から仕事への移行過程を分析できる。就職活動の実態を分析し，その結果に与える要因を分析した研究は多い（佐藤・梅崎・中野・上西 2009, 2010 など参照）。しかし，多くの研究では一大学の卒業生を対象にしたものが多く，全国的な動向や学校間の比較は難しかった。例外的な大規模調査としては，小杉編（2007）などがあげられるが，まだ調査は少ないと言える。新しく調査分析を追加する価値はあると言えよう。

本章の構成は以下のとおりである。つづく第2節では，調査概要を説明し，基本統計量から調査対象者の属性を把握する。第3節では，能力形成が就職活動過程と就職活動結果に与える影響を分析する。第4節では，就職活動後，大学生が大学教育をどのように評価しているかを検討する。第5節では，分析結果の解釈と含意を行なう。

2　調査概要

1）調査方法

本章では，2時点のインターネット調査を利用した（調査については序章参照）。大学4年生の就職活動のピーク後であり，第2回は就職して2年目が終わろうとする時期であった。進学や公務員試験などで就職活動を行なっていない学生を削除した1,383名を分析対象に絞った。第2回では追跡調査を行ない，2年前に就職活動に行なっていた530名を分析対象とした。この

時期に離職をしている場合は，早期離職と言える。

2) 基本統計量

まず，本章で用いる変数についての基本統計量を示す（表4-1参照）。就職活動の結果としては，内定の有無，内定満足度（5件法），内定先の企業規模，離職の有無を使う。企業規模は，実数を質問していないので，以下の選択肢に括弧内の実数を当てはめた（29人以下（15），30～49人（40），50～99人（70），100～299人（200），300～499人（400），500～999人

表4-1　基本統計量

変数			サンプル数	平均	標準偏差	最小値	最大値
就職活動結果	内定の有無（あり：1，なし：0）	全体	1,383	0.85	0.36	0	1
		難関大	336	0.87	0.33	0	1
		非難関大	1,042	0.84	0.37	0	1
	内定先満足度（不満1～5満足）	全体	1,155	4.14	0.80	1	5
		難関大	292	4.25	0.80	1	5
		非難関大	858	4.10	0.79	1	5
	企業規模	全体	1,003	2407.7	2684.7	15	7,000
		難関大	257	3395.0	2863.6	15	7,000
		非難関大	742	2068.2	2532.4	15	7,000
	離職（離職あり：1，離職なし0）	全体	497	0.20	0.40	0	1
		難関大	110	0.11	0.31	0	1
		非難関大	386	0.22	0.41	0	1
教育／就職活動スタイル	成績	全体	1,383	58.96	23.80	5	95
		難関大	336	56.88	25.51	5	95
		非難関大	1,042	59.60	23.23	5	95
	説明会等に参加しはじめた時期	全体	1,331	5.96	2.22	1	10
		難関大	329	6.62	2.09	1	10
		非難関大	997	5.74	2.22	1	10
	エントリーの数	全体	1,369	17.88	20.72	0	300
		難関大	336	24.52	21.96	0	150
		非難関大	1,028	15.71	19.88	0	300
属性	年齢	全体	1,383	22.07	0.78	21	24
		難関大	336	22.19	0.79	21	24
		非難関大	1,042	22.03	0.78	21	24
	性別（女：0，男1）	全体	1,383	0.46	0.50	0	1
		難関大	336	0.49	0.50	0	1
		非難関大	1,042	0.45	0.50	0	1
	大学名（難関大：1，非難関大：0）	全体	1,378	0.24	0.43	0	1

(700), 1,000～2,999 人（2,000），3,000～4,999 人（4,000），5,000 人以上（7,000））。内定の有無や内定先の企業規模は就職活動結果の外的キャリアの指標であり，内定満足度は内的キャリアの指標である。離職の指標は，就職後の2年間を経た外的キャリアの指標と言える。これらの変数の違いを考慮しながら分析を行なう。

大学での教育と就職活動過程に関する変数として，成績，説明会に参加しはじめた時期，エントリー数があげられる。成績については，「現在の大学での成績について，あてはまるものをお選びください。（一つだけ）」と提示し，「【5】履修した科目の 90% 以上が優（A）の成績である」～「【1】履修した科目の 10% 以下が優（A）の成績である」の5件法で尋ねた。それぞれの選択肢を括弧内の数値に読み替えた（5（95%），4（75%），3（50%），2（25%），1（5%））。また，「会社説明会，セミナー等に参加しはじめた時期」の質問も，複数の選択肢を括弧内の数値に置き換えた（3年生春以前（10），3年生夏頃（9），3年生秋頃（8），3年生12月（7），3年生1月（6）3年生2月（5），3年生3月（4），4年生4月（3），4年生5月（2），4年生6月以降（1））。エントリー数は実数を尋ねた。

個人属性に関する変数としては，年齢，性別，大学名，学部があげられる。アンケート調査では，第1回の時点で大学の種類について「あなたの大学の種類をお答えください」という設問を設けており，選択肢は「難関国公立大学」「一般国公立大学」「難関私立大学」「一般私立大学」「その他」であった。分析に際しては，「難関国公立大学」「難関私立大学」を「難関大学」として扱った。「一般国公立大学」「一般私立大学」を「非難関大学」とした。「その他」は少数であったため分析から除外した。

学部は，「人文科学」「社会科学」「理工農学」「医歯薬」「教育」「その他」の選択肢を設けて尋ねた。表4-2に示したように，人文科学，社会科学，理工農学がそれぞれ20～25% に分布しており，所属学部はばらついている。

表4-2 学部構成

学部	全体		難関大		非難関大	
	度数	割合(%)	度数	割合(%)	度数	割合(%)
人文科学	357	25.81	96	28.57	261	25.05
社会科学	357	25.81	129	38.39	227	21.79
理工農学	292	21.11	51	15.18	240	23.03
医歯薬	65	4.70	13	3.87	52	4.99
教育	65	4.70	9	2.68	56	5.37
その他	247	17.86	38	11.31	206	19.77
合計	1,383	100	336	100	1,042	100

3 分析①：能力形成の効果

1) 作業仮説

本節では，能力形成が就職活動過程と就職活動結果に与える影響を分析する。能力形成の指標としては，大学入学時点の能力を示す「難関大学」と大学教育の成果である「成績」があげられる。難関大学に関しては入学時の学力を重視する人的資本仮説と，そもそもの能力，入試に対する学習コストの違いを重視するシグナリング仮説が考えられる。

本章では，就職活動の過程と結果を分けて分析する（図4-1）。能力が採用企業に評価されれば，就職活動の結果はよくなるが，一方で就職活動の過程を媒介して能力が結果に影響を与えている可能性もある。つまり，能力が高い学生は，就職活動も効果的に行なわれ，その結果として良い就職活動の結果が得られるという因果関係も考えられる。能力から就職への因果関係と

図4-1 分析のフレームワーク

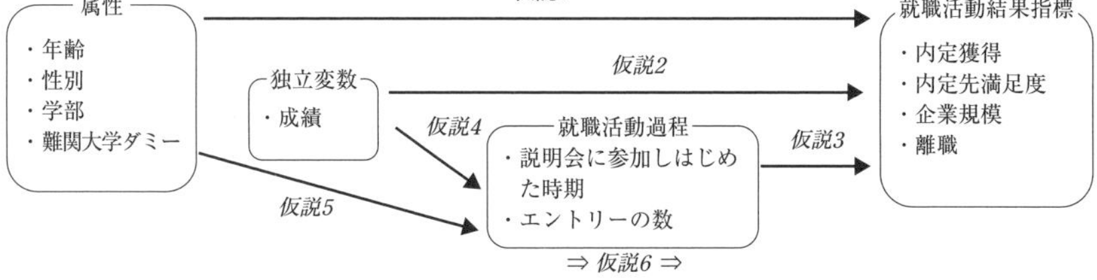

- 属性
  - ・年齢
  - ・性別
  - ・学部
  - ・難関大学ダミー
- 独立変数
  - ・成績
- 就職活動過程
  - ・説明会に参加しはじめた時期
  - ・エントリーの数
- 就職活動結果指標
  - ・内定獲得
  - ・内定先満足度
  - ・企業規模
  - ・離職

仮説1、仮説2、仮説3、仮説4、仮説5、⇒仮説6⇒

して作業仮説1, 2が考えられ，就職活動過程が就職活動結果に与える影響として作業仮説3が考えられる。また，能力の違いが就職活動過程に与える因果関係として作業仮説4, 5が考えられる。最後に，能力が就職活動過程を媒介して，就職活動結果に与える影響として，作業仮説6が考えられる。

■作業仮説1
難関大学であることは，内定獲得，内定先満足度，企業規模に有意な正の影響を及ぼし，離職に有意な負の影響を及ぼす

■作業仮説2
成績が高いことは，内定獲得，内定先満足度，企業規模に有意な正の影響を及ぼし，離職に有意な負の影響を及ぼす

■作業仮説3
説明会に参加しはじめた時期が早いこと，およびエントリー数が多いことは，内定獲得，内定先満足度，企業規模に有意な正の影響を及ぼし，離職に有意な負の影響を及ぼす。

■作業仮説4
成績が高いことは，説明会に参加しはじめた時期，エントリー数に対して有意な正の影響を及ぼす

■作業仮説5
難関大学であることは，説明会に参加しはじめた時期，エントリー数に対して有意な正の影響を及ぼす

■作業仮説6
属性の変数を統制したうえでも，就職活動過程が成績と就職活動結果指標との関係を媒介している

2）推定結果

前項で説明した仮説を分析するために推定は2段階に分けて行なった。はじめに，仮説4，5を検証し，就職活動過程の決定要因を考察する。つぎに，仮説1，2，3，6を検証し，就職活動結果の決定要因を考察する。全サンプルを使った推定と難関大と非難関大にサンプルを分けて推定を行ない，難関大と非難関大における独立変数効果の比較を行なった。

まず，就職活動過程を結果変数にした分析では，ステップ1で難関大ダミーを含む属性変数群からなるモデルを推定し，ステップ2において独立変数である成績を加えたモデルを推定した。ステップ2の独立変数の追加によってモデルの説明力が向上するのかを検証する。

「説明会に参加しはじめた時期」の推定では，全サンプルと非難関大のサンプルにおいて成績を追加したモデルで有意な結果を得た（表4-3）。また，

表4-3 説明会に参加しはじめた時期

就職活動過程① 説明会に参加しはじめた時期	全サンプル ($n=1{,}326$) β	難関大のみ ($n=329$) β	非難関大のみ ($n=997$) β
ステップ1：			
年齢	-.13 *	-.33 **	-.05
性別（男性）	.03	-.10	.08
難関大ダミー	.83 ***		
学部（ベース：人文科学系）			
社会科学	.43 ***	.42	.40 **
理工農学	.06	-.18	.13
医歯薬	-1.79 ***	-3.51 ***	-1.33 ***
教育	.02	-.54	.15
その他	-.07	.05	-.05
$R^2_{(1)}$			
ステップ2：			
成績	.01 ***	.01	.01 ***
$R^2_{(2)}$	.08	.15	.04
$\Delta R^2_{(1\text{-}2)}$	.01 ***	.01	.01 ***
$Prob > F$	.00	.00	.00

$R^2_{(1)}$，$R^2_{(2)}$，はそれぞれ，第1ステップ，第2ステップでの疑似決定係数を示す。
$\Delta R^2_{(1\text{-}2)}$はそれぞれ，第2ステップにおける疑似決定係数の前ステップからの増分を示す。
「説明会等に参加しはじめた時期」は，「【10】3年生の春以前」～「【1】4年生の6月以降」。数値が大きいことが早く始めたことを示す。
*$p<.10$，**$p<.05$，***$p<.01$

「エントリー数」の推定では，全サンプルと難関大のサンプルにおいて成績を追加したモデルで有意な結果が得られた（表4-4）。全サンプルでは，難関大ダミーと成績は有意な正の効果を持っていた。また，難関大と非難関大にサンプルを絞っても，成績は就職活動過程に有意な正の効果を与えていた。しかし，その効果は異なる。非難関大サンプルでは，成績が「説明会に参加しはじめた時期」に対して有意な正の効果を，難関大サンプルでは「エントリー数」に対して有意な正の効果を持っていた。

以上の分析結果をまとめると，表4-5のように示すことができる。就職活動過程に与える成績の効果は大学別に異なるが，そもそも難関大学の学生の方が就職活動に積極的であることがわかる。見方を換えると，非難関大学においては就職活動を早く始めさせることに対して教育が効果を持つと言えよう。なお，エントリー数に関しては，内定が決まった学生はエントリーが

表4-4　エントリー数

就職活動過程②	全サンプル ($n=1,364$)	難関大のみ ($n=336$)	非難関大のみ ($n=1,028$)
エントリーの数	β	β	β
ステップ1：			
年齢	0.15	-.13	.39
性別（男性）	-2.24 *	-3.18	-1.71
難関大ダミー	7.88 ***		
学部（ベース：人文科学系）			
社会科学	0.98	4.17	-.85
理工農学	-5.59 ***	-8.38 **	-5.27 ***
医歯薬	-16.80 ***	-21.73 ***	-15.74 ***
教育	-8.58 ***	-15.15 **	-7.72 ***
その他	-1.20	.96	-1.81
$R^2_{(1)}$			
ステップ2：			
成績	0.05 ***	.09 *	.03
$R^2_{(2)}$	.08	.10	.04
$\Delta R^2_{(1-2)}$	.00 ***	.01 *	.00
$Prob > F$	.00	.00	.00

$R^2_{(1)}$，$R^2_{(2)}$，はそれぞれ，第1ステップ，第2ステップでの疑似決定係数を示す。
$\Delta R^2_{(1-2)}$はそれぞれ，第2ステップにおける疑似決定係数の前ステップからの増分を示す。
「説明会等に参加しはじめた時期」は，「【10】3年生の春以前」～「【1】4年生の6月以降」。数値が大きいことが早く始めたことを示す。
$*p<.10$，$**p<.05$，$***p<.01$

表4-5　仮説4, 5の検証

	時期			エントリー数		
	全サンプル	難関	非難関	全サンプル	難関	非難関
難関ダミー	+	/		+	/	
成績	+		+	+	+	

増えないので，就職活動の戦略というよりも結果と考えることもできる。難関大学の成績の高い学生の方が高い希望を持っているので，かりに内定を得てもエントリーを続けると解釈することも可能であろう。

　つぎに，就職結果に対する推定結果を考察しよう。ステップ1では属性変数群からなるモデルを推定し，続いてステップ2では独立変数である成績を加えて推定し，ステップ3では媒介変数として就職活動過程を追加した。とくに仮説6の就職活動過程の媒介効果を検証したい。

　まず，内定獲得に関しては，全サンプル，非難関大サンプルのすべての推定においてステップ2の独立変数の追加，ステップ3の媒介変数の追加によってモデルの説明力が有意に向上した（表4-6）。ただし，難関大サンプルのステップ2の追加では有意な説明力の向上はなかった。全サンプルの推定では，難関大ダミーが非有意な値であった。難関大であることが内定獲得を有利にするという仮説1は支持されなかった。さらに成績は，ステップ2でもステップ3でも有意で正の値であり，「説明会に参加しはじめた時期」と「エントリー数」もステップ3において有意で正の値であった。仮説2と3が支持された。また，ステップ3によって説明力が有意に向上しているので，仮説6の就職活動過程を媒介した効果も支持された。この結果は，非難関大サンプルでも同様であった。一方，難関大サンプルにおいては，成績が有意な効果を持たず，就職活動過程のみ有意な効果を持つので，仮説3のみが支持された。

　満足度に関しても，全サンプル，非難関大サンプルのすべての推定においてステップ2の独立変数の追加，ステップ3の媒介変数の追加によってモデルの説明力が有意に向上した（表4-7）。ただし，難関大サンプルのステップ2の追加では，有意な説明力向上はなかった。全サンプルにおいて難関大ダミーが正で有意な値であり，仮説1は支持された。成績は，ステップ2で

表 4-6 内定獲得

	全サンプル ($n = 1315$)				難関大のみ ($n = 329$)				非難関大のみ ($n = 986$)			
	(1)		(2)		(3)		(4)		(5)		(6)	
内定獲得	β		β		β		β		β		β	
ステップ1：コントロール変数												
年齢	-.158	***	-.161	***	-.151		-.122		-.160	**	-.173	**
性別（男性）	.074		.108		-.167		-.113		.150		.177	
難関大ダミー	.137		-.037									
学部（ベース：人文科学系）												
社会科学	.180		.112		.410	*	.331		.076		.023	
理工農学	.392	***	.415	***	.325		.421		.381	**	.390	**
医歯薬	-.223		.164		-.322		.324		-.209		.119	
教育	-.179		-.105		-.368		-.135		-.169		-.122	
その他	-.125		-.099		.554		.564		-.245	*	-.219	
$R^2_{(1)}$	.026				.047				.030			
ステップ2：独立変数												
成績			.038				.051				.044	
$R^2_{(2)}$			.007	***			.003				.008	***
$\Delta R^2_{(1-2)}$			.012	***			.003				.014	***
ステップ3：媒介変数												
説明会等に参加し始めた時期			.101	***			.123	***			.093	***
エントリーの数			.014	***			.011	*			.015	***
$R^2_{(3)}$			.099				.119				.101	
$\Delta R^2_{(2-3)}$			.061	***			.068	***			.057	***
Log likelihood	-497.813		-466.220		-111.783		-103.758		-381.598		-358.951	
$Prob > chi\ 2$	.000		.000		.155		.002		.000		.000	

$R^2_{(1)}$, $R^2_{(2)}$, $R^2_{(3)}$ はそれぞれ，第1ステップ，第2ステップ，第3ステップでの疑似決定係数を示す。
$\Delta R^2_{(1-2)}$ および $\Delta R^2_{(2-3)}$ はそれぞれ，第2ステップおよび第3ステップにおける疑似決定係数の前ステップからの増分を示す。
「説明会等に参加し始めた時期」は，「[1] 4年生の6月以前」～「[10] 3年生の春以前」。数値が大きいことが早く始めたことを示す。
$*p<.10$, $**p<.05$, $***p<.01$

第4章 教育効果の大学間格差

表 4-7 内定先満足度

	全サンプル ($n=1127$)		難関大のみ ($n=291$)		非難関大のみ ($n=836$)	
	(1) β	(2) β	(3) β	(4) β	(5) β	(6) β
内定先満足度						
ステップ1：コントロール変数						
年齢	-.020	-.012	-.006	.011	-.010	-.005
性別（男性）	-.063	-.065	-.169	-.162	-.044	-.050
難関大ダミー	.232 ***	.186 **				
学部（ベース：人文科学系）						
社会科学	.125	.099	-.028	-.053	.179	.154
理工農学	.197 **	.196 *	-.021	-.014	.274 **	.271 **
医歯薬	.023	.122	-.230	.014	.131	.190
教育	.067	.053	.062	.061	.119	.101
その他	.039	.036	-.409 *	-.404 *	.179	.172
$R^2_{(1)}$	.006		.009		.004	
ステップ2：独立変数						
成績	.005 ***	.005 ***	-.002	-.002	.008 ***	.007 ***
$R^2_{(2)}$	.011	.011	.009	.009	.015	.015
$\Delta R^2_{(1-2)}$	.005 ***		.000		.012 ***	
ステップ3：媒介変数						
説明会等に参加し始めた時期		.077 ***		.071 *		.076 ***
エントリーの数		-.002		-.001		-.002
$R^2_{(3)}$		.019		.014		.024
$\Delta R^2_{(2-3)}$		.008 ***		.005		.009 ***
Log likelihood	-1230.684	-1220.621	-311.608	-309.961	-910.222	-902.361
$Prob > chi\ 2$	.002	.000	.684	.535	.001	.000

$R^2_{(1)}$、$R^2_{(2)}$、$R^2_{(3)}$ はそれぞれ、第1ステップ、第2ステップ、第3ステップでの擬似決定係数を示す。$\Delta R^2_{(1-2)}$ および $\Delta R^2_{(2-3)}$ はそれぞれ、第2ステップおよび第3ステップにおける擬似決定係数の前ステップからの増分を示す。「説明会等に参加しはじめた時期」は、「[1] 4年生の6月以前」～「[10] 3年生の春以前」。数値が大きいことが早く始めたことを示す。
*$p<.10$, **$p<.05$, ***$p<.01$

もステップ3でも有意で正の値であり，仮説2は支持された。また，就職活動過程に関しては「説明会に参加しはじめた時期」だけが有意で正の値であったので，仮説6の媒介効果は「説明会に参加しはじめた時期」において確認された。この結果は，非難関大サンプルでも同様であった。しかし，難関大サンプルでは，成績の効果が有意ではなく，「説明会に参加しはじめた時期」のみが有意な正の値なので，仮説3のみが部分的に支持された。

企業規模と離職に関しては有意な変数がほとんどない（表4-8，表4-9）。企業規模については変数の追加が説明力を高めるが，離職に関しては変数の追加も説明力を高めない。全サンプルの推定で，難関大ダミーの効果が企業規模で有意で正の値であり，離職で有意で負の値であった。すなわち，企業規模と離職という労働条件に直接的に関わる就職活動の結果指標に関しては，難関大学か否かだけが影響を持っていることが確認された。

就職結果に対する推定結果をまとめると，表4-10のように示すことができる。難関大と非難関大を比べると，成績が就職活動結果に対して正の効果を持つのは，非難関大学における内定獲得と満足度であり，その効果は成績の直接効果だけでなく，就職活動過程を媒介した効果も確認された。そもそも就職活動過程は内定獲得と満足度に正の効果を持つが，企業規模や離職に対しては効果を持たないことも確認された。一方，難関大学であることは，満足度，企業規模，離職に対しては正の効果を持っていた。企業規模と離職という労働条件に直結する結果には難関大学だけしか効果を持っていないことが確認された。

表 4-8　内定先企業規模

	全サンプル ($n=984$)		難関大のみ ($n=257$)		非難関大のみ ($n=727$)	
	(1) β	(2) β	(3) β	(4) β	(5) β	(6) β
ステップ1：コントロール変数						
年齢	140.356	141.768	52.390	68.940	178.012	162.146
性別（男性）	35.730	65.584	266.004	281.709	1.276	58.654
難関大ダミー	1270.778 ***	1165.441 ***				
学部（ベース：人文科学系）						
社会科学	385.890	355.292	788.808 *	766.371 *	168.281	147.240
理工農学	165.462	216.442	553.868	518.804	30.555	95.611
医歯薬	-394.778	-183.892	-1861.782	-1708.118	-201.263	-47.456
教育	21.358	83.231	-264.209	-264.951	-12.191	92.245
その他	3.134	-6.811	-292.120	-286.918	48.071	27.920
$R^2_{(1)}$	.054		.028		.004	
ステップ2：独立変数						
成績		3.942		20.699 ***		-2.138
$R^2_{(2)}$		.055		.057		.004
$\Delta R^2_{(1-2)}$		.001		.030 **		.000
ステップ3：媒介変数						
説明会等に参加し始めた時期		66.876		74.210		54.833
エントリーの数		5.698		-4.821		10.311 *
$R^2_{(3)}$		.060		.060		.013
$\Delta R^2_{(2-3)}$		.005 *		.003 **		.009 **
$Prob > F$	.000	.000	.930	.473	.930	.473

$R^2_{(1)}$，$R^2_{(2)}$，$R^2_{(3)}$はそれぞれ，第1ステップ，第2ステップ，第3ステップでの決定係数を示す。
$\Delta R^2_{(1-2)}$および$\Delta R^2_{(2-3)}$はそれぞれ，第2ステップおよび第3ステップにおける決定係数の前ステップからの増分を示す。
「説明会等に参加しはじめた時期」は，「[10] 4年生の春以降」～「[1] 3年生の6月以前」。数値が大きいことが早く始めたことを示す。
*$p<.10$，**$p<.05$，***$p<.01$

表 4–9　離　職

離職	全サンプル ($n=476$)		難関大のみ ($n=109$)		非難関大のみ ($n=367$)	
	(1) β	(2) β	(3) β	(4) β	(5) β	(6) β
ステップ1：コントロール変数						
年齢	.035	.040	.131	.144	.026	.033
性別（男性）	-.191	-.182	-.562	-.559	-.130	-.123
難関大ダミー	-.508 ***	-.461 **				
学部（ベース：人文科学系）						
社会科学	-.046	-.049	-.452	-.451	.091	.099
理工農学	-.467 **	-.488 **	-.578	-.655	-.433 *	-.433 *
医歯薬	-.815 **	-.921 **			-.711 *	-.795 *
教育	-.009	.006			.073	.094
その他	.017	.001	.157	.111	.030	.026
$R^2_{(1)}$	.045		.069		.029	
ステップ2：独立変数						
成績		.000		.002		.001
$R^2_{(2)}$		.045		.070		.029
$\Delta R^2_{(1-2)}$		.000		.001		.000
ステップ3：媒介変数						
説明会等に参加し始めた時期		.032		.012		.034
エントリーの数		-.002		-.006		-.001
$R^2_{(3)}$		.049		.077		.032
$\Delta R^2_{(2-3)}$		.004		.007		.003
Log likelihood	-224.512	-223.673	-35.130	-34.877	-188.083	-187.490
$Prob > chi2$	.012	.018	.503	.667	.188	.258

$R^2_{(1)}$, $R^2_{(2)}$, $R^2_{(3)}$ はそれぞれ，第1ステップ，第2ステップ，第3ステップでの疑似決定係数を示す。
$\Delta R^2_{(1-2)}$ および $\Delta R^2_{(2-3)}$ はそれぞれ，第2ステップおよび第3ステップにおける疑似決定係数の前ステップからの増分を示す。
「説明会等に参加し始めた時期」は，「[1] 4年生の6月以前」～「[10] 3年生の春以前」。数値が大きいことが早く始めたことを示す。
*$p<.10$，**$p<.05$，***$p<.01$

表4-10 仮説1, 2, 3, 6の検証

	内定獲得			満足度			企業規模			離職		
	全サンプル	難関	非難関	全サンプル	難関	非難関	全サンプル	難関	非難関	全サンプル	難関	非難関
難関ダミー		/	/	+	/	/	+	/	/	−	/	/
成績			+	+		+						
説明会等に参加しはじめた時期	+	+	+	+	+	+						
エントリーの数	+	+	+									
媒介効果の検証	→		→	→		→						

4 分析②:能力観の形成

　本節では,就職活動後,大学生が大学教育をどのように評価しているかを検討する。

　第一に,難関大学と非難関大学で,大学の学業で自らが学んだと思う事柄が異なるのかを検討する。学業で自らが学んだと思う事柄15項目を設けた。具体的には,「大学生活の中で,以下に示す事がらについて,あなたご自身は大学生活を通じてどの程度うまくできたと思いますか」と教示し,「十分できた」〜「全くできなかった」の4件法で尋ねた。この15項目それぞれに対して,t検定を用いて平均値の差を求めた(表4-11)。難関大学においては,「勉強と他の活動を両立させる」「本をたくさん読む」の項目で,非難関大学よりも有意に高かった。一方,非難関大学においては,「卒業に向けて単位を落とさないようにする」「大学の授業には必ず出席する」「大学の授業に遅刻しない」の項目で,難関大学よりも有意に高かった。これらの結果より,難関大学においては,非難関大学よりも学業以外の他の活動との両立や,自ら能動的に学ぶ事柄について,うまくできたと思っており,非難関大学においては,難関大学よりも,授業にきちんと出席し,単位を落とさないようにする事柄についてうまくできたと思っていることがわかる。総じて,難関大学の方が能動的学びであるのに対して,非難関大学の方が受動的学びであることがうかがえる。

表 4-11　大学生活で身につけたこと

	難関 $n=336$		非難関 $n=1,042$		p
	M	(SD)	M	(SD)	
卒業に向けて単位を落とさないようにする	3.18	(0.98)	3.34	(0.84)	**
様々な知識を身につける	3.04	(0.82)	2.95	(0.77)	
勉強と他の活動を両立させる	3.03	(0.88)	2.90	(0.86)	*
自分のためになる勉強をする	3.02	(0.81)	2.98	(0.80)	
大学のゼミに積極的に参加する	2.99	(0.97)	2.96	(0.94)	
大学の授業をきちんと聞く	2.93	(0.89)	2.93	(0.82)	
大学の授業で良い成績をとる	2.91	(0.90)	2.91	(0.80)	
大学の授業には必ず出席する	2.90	(0.97)	3.09	(0.87)	***
大学の授業に遅刻しない	2.88	(0.98)	3.05	(0.87)	**
大学で必要な基礎力をつける	2.79	(0.83)	2.73	(0.77)	
就職や将来に向けた勉強をする	2.79	(0.90)	2.71	(0.86)	
単位をできるだけ多くとる	2.76	(0.99)	2.85	(0.93)	
本をたくさん読む	2.71	(0.97)	2.53	(0.98)	**
授業を自分のものにする	2.54	(0.90)	2.50	(0.84)	
毎日こつこつ勉強する	2.20	(0.98)	2.21	(0.88)	

†p<.10，*p<.05，**p<.01，***p<.001
註：回答は，「【1】全くできなかった」～「【4】十分できた」の4件法。

　第二に，難関大学と非難関大学で，経済産業省の「社会人基礎力」，文部科学省の「職業的発達にかかわる4能力領域」，厚生労働省「若年者就職基礎能力」といった諸能力を身につけることができたと思う評価が異なるのかを検討する。これらの項目それぞれに対して，t検定を用いて平均値の差を求めた（表4-12）。その結果，ほとんどの項目において難関大学の大学生の方が非難関大学に比べて，これらの諸能力を身につけることができたと思う評価が有意に高かった。有意な差が見られなかった項目には，「コミュニケーション能力」「協調性」「自己表現能力」といったコミュニケーションに関するものや，「計算・計数・数学的思考力」「社会人常識」「基本的マナー」といった社会人マナーに関するものなどが見られた。非難関大学においては，これらの力を伸ばすことについては，難関大学に追いつける教育をしている可能性がある。
　第三に，経済産業省の「社会人基礎力」などの諸能力を身につけることができたと思えることと，学業成績の関連を検討する。難関大学と非難関大学ごとに，経済産業省の「社会人基礎力」などの諸能力と学業成績の相関を求

表4−12　能力獲得の評価

	難関大学 $n=336$		非難関大学 $n=1,042$		p
	M	(SD)	M	(SD)	
経済産業省「社会人基礎力」					
物事に進んで取り組む力	3.07	(0.72)	2.95	(0.73)	**
他人に働きかけ巻き込む力	2.84	(0.82)	2.70	(0.81)	**
目的を設定し確実に行動する力	3.08	(0.76)	2.97	(0.75)	**
現状を分析し目的や課題を明らかにする力	3.21	(0.75)	2.99	(0.75)	***
課題の解決に向けたプロセスを明らかにし準備する力	3.10	(0.75)	2.91	(0.74)	***
新しい価値を生み出す力	2.76	(0.82)	2.67	(0.81)	*
自分の意見をわかりやすく伝える力	3.03	(0.80)	2.79	(0.80)	***
相手の意見を丁寧に聴く力	3.31	(0.72)	3.14	(0.74)	***
意見の違いや立場の違いを理解する力	3.31	(0.71)	3.14	(0.74)	***
自分と周囲の人々や物事との関係性を理解する力	3.28	(0.73)	3.08	(0.73)	***
社会のルールや人との約束を守る力	3.28	(0.73)	3.18	(0.76)	**
ストレスの発生源に対応する力	2.86	(0.84)	2.74	(0.81)	**
文部科学省「職業的発達にかかわる4能力領域」					
自他の理解能力	3.16	(0.64)	3.05	(0.67)	***
コミュニケーション能力	3.15	(0.77)	3.09	(0.77)	
情報収集・探索能力	3.29	(0.70)	3.18	(0.71)	***
職業理解能力	3.01	(0.75)	2.90	(0.71)	**
役割把握・認識能力	3.18	(0.70)	3.00	(0.70)	***
計画実行能力	3.09	(0.77)	2.93	(0.75)	***
選択能力	3.06	(0.72)	2.90	(0.71)	***
課題解決能力	3.11	(0.71)	2.92	(0.72)	***
厚生労働省「若年者就職基礎能力」					
意思疎通	3.17	(0.66)	3.02	(0.69)	***
協調性	3.26	(0.74)	3.19	(0.75)	
自己表現能力	3.05	(0.80)	2.97	(0.75)	
責任感	3.31	(0.77)	3.19	(0.76)	
向上心・探求心	3.24	(0.77)	3.13	(0.76)	*
職業人意識・勤労観	2.99	(0.83)	2.92	(0.78)	
読み書き	2.93	(0.83)	2.80	(0.79)	***
計算・計数・数学的思考力	2.64	(0.90)	2.55	(0.84)	
社会人常識	3.11	(0.73)	3.05	(0.72)	
基本的なマナー	3.16	(0.71)	3.14	(0.69)	

$*p<.10$, $**p<.05$, $***p<.01$
註：回答は「【1】全然身についたと思わない」〜「【4】とても身についたと思う」の4件法。

めた（表4−13）。非難関大学と比べると，難関大学の方がサンプルサイズは小さく，全体的に相関係数の値も小さいので，分析結果の解釈には注意を要するが，非難関大学ではすべての項目において有意な関連が認められたのに対し，難関大学では一部の項目にとどまった。もちろん実際に，大学にお

表4-13 成績と能力獲得評価との相関

	難関大学 $n = 336$	非難関大学 $n = 1,042$
経済産業省「社会人基礎力」		
物事に進んで取り組む力	.17 ***	.14 ***
他人に働きかけ巻き込む力	.09	.09 ***
目的を設定し確実に行動する力	.24 ***	.15 ***
現状を分析し目的や課題を明らかにする力	.12 *	.12 ***
課題の解決に向けたプロセスを明らかにし準備する力	.15 ***	.18 ***
新しい価値を生み出す力	.11 *	.11 ***
自分の意見をわかりやすく伝える力	.10 *	.13 ***
相手の意見を丁寧に聴く力	.14 ***	.14 ***
意見の違いや立場の違いを理解する力	.07	.11 ***
自分と周囲の人々や物事との関係性を理解する力	.09	.17 ***
社会のルールや人との約束を守る力	.14 **	.18 ***
ストレスの発生源に対応する力	.05	.10 ***
文部科学省「職業的発達にかかわる4能力領域」		
自他の理解能力	.07	.11 ***
コミュニケーション能力	.10 *	.11 ***
情報収集・探索能力	.14 ***	.13 ***
職業理解能力	.05	.11 ***
役割把握・認識能力	.08	.12 ***
計画実行能力	.19 ***	.19 ***
選択能力	.11 *	.16 ***
課題解決能力	.20 ***	.15 ***
厚生労働省「若年者就職基礎能力」		
意思疎通	.11 *	.10 ***
協調性	.20 ***	.10 ***
自己表現能力	.08	.13 ***
責任感	.15 ***	.13 ***
向上心・探求心	.11 *	.15 ***
職業人意識・勤労観	.08	.13 ***
読み書き	.11 *	.16 ***
計算・計数・数学的思考力	.03	.09 ***
社会人常識	.09 *	.13 ***
基本的なマナー	.05	.13 ***

*$p<.10$, **$p<.05$, ***$p<.01$

いて「社会人基礎力」「職業的発達にかかわる4能力領域」「若年者就職基礎能力」といった力を身につけさせることができるかどうかは別の議論が必要である。しかし，学生自身は，入学時の学力（難関 or 非難関）および入学後の学習成果（成績）によって，これらの能力が身についたと思う程度に差が生まれることが明らかになった。

5 結　語

　本章では，大学4年次と卒業後の2時点の調査を行ない，大学難易度や大学教育が大学生の就職活動や初期キャリアに与える影響を分析し，さらに大学生が大学教育をどのように評価しているかを検討した。能力形成の効果と能力観の形成は相互に強い補完性を持っていることが確認された。分析結果，明らかになったのは，次の4点である。

1) 非難関大学では，大学教育が内定獲得と満足度に正の影響を与えていた。その影響は教育の直接的な効果だけでなく，就職活動過程を媒介した効果も確認された。そもそも就職活動過程は内定獲得と満足度に正の影響を与えるが，企業規模や離職に対しては影響を与えていないことも確認された。
2) 難関大学は，満足度，企業規模に対しては正の影響を持ち，離職に対して負の影響を持っていた。企業規模と離職という労働条件に直結する就職活動結果に対しては難関大学だけが良い影響を与えていた。この結果は，濱中（1998）や平沢（2010）の分析と同じであった。選抜度の高い大学が大企業に有利という構造は昔も今も変わらないと言える。むしろ，この結果は，成績の分析結果と結びつけて考えるべきであろう。難関大学は，そもそも新卒労働市場においては評価されているが，その教育効果は確認できないのに対して，非難関大学では限定的であれ，教育効果が確認できた。
3) 大学別に大学生活を比較すると，総じて難関大学の方が能動的学びであるのに対して，非難関大学の方が受動的学びであると解釈できる。
4) 大学別に大学教育によって身についた能力の評価を比較すると，難関大学の大学生の方がほとんどの能力項目で評価が高かった。評価の差がない能力として「コミュニケーション能力」「協調性」「自己表現能力」といったコミュニケーションに関するものや，「計算・計数・数学的思

考力」「社会人常識」「基本的マナー」といった社会人マナーに関するものがあげられる。非難関大学においては，これらの力を伸ばすことについては，難関大学に追いつける教育をしている可能性がある。そこで，大学別に諸能力と学業成績の相関を求めた結果，非難関大学ではすべての項目において有意な関連が認められたのに対し，難関大学では一部の項目に止まることが確認された。

　以上の分析結果は，難関大学の新卒労働市場における"強さ"を明らかにしているだけでなく，難関大学にはない非難関大学における教育効果の存在も明らかにしている。しかし，この非難関大学における教育効果は，内定獲得や満足度に対する限定的な影響力であるがゆえに，大学教育の困難も示していると言えよう。

　また，教育効果と教育評価に対する分析結果は，それらが相互に影響を与えている可能性を示唆する。たとえば，非難関大学で行なわれている大学教育が，学生を就職活動に対して早く，前向きに動かすことだけが目的であれば，その教育には正の効果がある。そして，そのような教育が学生たちも評価される。しかし，結果として非難関大学において企業規模や離職にも影響を与える教育実践が検討されなくなるかもしれない。すなわち，教育内容と教育評価の間には〈強固な相互補完性〉が存在し，それゆえに非難関大学の教育は成果をあげつつ，その可能性を自ら限定させていると解釈できる。

　しかし，このような相互補完性を分析するには，本章のデータでは不十分である。大学教育内容に対する詳しい情報も残念ながら欠いている。教育内容と教育評価の関係性については，今後の分析課題とし，教育の成功の陰に隠れた〈教育の可能性〉も考察したい。

註　記
1) 大学生の学力とキャリア形成については，小方（2011）の先行研究整理が参考になる。
2) たとえば，労働政策研究・研修機構（2010）は未就職卒業者の多い大学ほど，学生の課題として，「何をしたらいいか分からない」「エントリーシートが書けない」など就職活動のスタート時点からの問題を指摘している。

（梅崎　修・田澤　実）

第Ⅱ部
どのような学生生活がキャリア発達を促すのか？

第5章

人間関係の構築と進路意識
高校生に対するキャリア意識調査

1 問題の所在

1990年代以降,産業構造の急激な変化や雇用の多様化・流動化よって職業キャリアの不透明性が高まっている。これから職業キャリアの選択を行なう若年者にとっては,職業キャリアの将来展望が描き難い時代であろう。また,1990年代以降の景気後退だけでなく,それと同時に日本企業の雇用慣行の特質であった「長期雇用」や「新規学卒採用」が揺らぎはじめている。部分的ではあるが,学校による選抜機能や企業の人材育成機能が低下している[1]。結果的に,多様化や流動化によって一見すると選択肢の数は増えたのだが,その一つひとつの選択肢の確実性は低下しているのである。

将来選択の難易度が増せば,選択する力を学ぶ教育が求められる。若年者に対するキャリア教育とは,若年者のキャリア選択の能力を高め,選択行動の支援をする新しい進路指導と言えよう。そのキャリア教育の必要性が,学校,政府,企業において叫ばれている[2]。キャリア教育の具体的実践としては,インターンシップ,職場見学,およびボランティア活動参加などの学校以外の社会経験があげられる[3]。

しかし,若年者就業に対する数多くの課題は指摘され,具体的な実践が報告されても,実際に若年者がどのような将来展望を持っているのか,そして職業や進路に関してどのような悩みを抱えているかに関して実態把握が進んでいるとは言えない。つまり,キャリア教育の効果という理想が前のめりに語られ過ぎており,若年者の生活と意識に対する素朴な問いと記述的な答えが不足しているのである。

したがって本章では,高校生の学生生活と就業・進路意識の関係を把握す

ることを第一の目的とした。ここで分析する学生生活とは，学校内での活動だけではなく，学校以外の家族や地域における関係や友人との関係も含まれる。とくに高校生が構築しているソーシャルネットワークに関しては詳しい調査を行ない，その実態とソーシャルネットワークが高校生の意識に与える影響を検証したい。

つづく第2節では，ソーシャルネットワークの性質と効果を考察し，若年者就業における先行調査の結果を紹介する。第3節では，本章で扱う調査データの特徴を説明する。第4節では，記述統計量から高校生の意識と学生生活を把握する。第5節では，ソーシャルネットワークの構築が高校生の就業意識と進路意識に与える影響を推定する。第6節は，分析結果のまとめである。

2　ソーシャルネットワークの性質と効果

ソーシャルネットワークに関しては，すでに Putnam（2000）と Granovetter（1973, 1995）などによる先駆的な研究がある[4]。Putnam（2000）によれば，ソーシャルネットワークの構築は人々の間に相互扶助関係，協働関係，信頼関係をつくれるかどうかに影響を与える。すなわち，ソーシャルネットワークの獲得とは，社会関係資本（ソーシャルキャピタル）の有無を意味しており，社会関係資本を獲得できるかどうかは，その後の意識形成や行動にも影響を与えている。一方，Granovetter（1995/1974）は，就職市場におけるソーシャルネットワークの情報伝達機能を考察し，家族や職場同僚などの日常的にも会う頻度が高くなる強い紐帯よりも，普段は頻繁に出会わない人との弱い紐帯の方が就職に対して希少な情報が得られることを検証した。

ソーシャルネットワークには複数の機能があり，それぞれの機能に関して実証研究が蓄積されているが，本章ではソーシャルネットワークの学習機能の側面を重視したい[5]。すなわち，ソーシャルネットワークは「学校教育や文書情報収集とは異なる，他者とのコミュニケーションを通して新しい価値

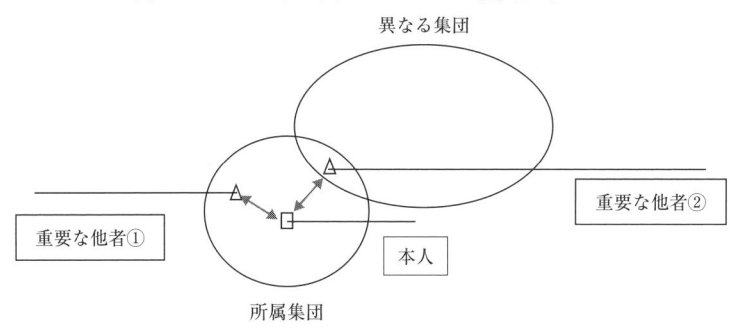

図5-1 ソーシャルネットワークによる価値観の広がり

や情報を出会うきっかけを与えるもの」と考える[6]。そもそも若年者は，成人と比べるとソーシャルネットワークの範囲も狭くその種類も一様なので，ソーシャルネットワークの構築による学習体験の増加は重要だと考えられる。子どもは，家族集団・遊技集団・隣人集団・地域集団・学校集団の順序で所属する通過集団を広げて社会化されていくが（住田 1999），若年者も同じように徐々に所属集団を拡大しながら成長すると言えよう。

では，その成長のきっかけはどのように生まれるのであろうか。その所属集団を広げる役割を果たすのが，未知なる集団に属する「重要な他者」（工藤 2001）である。ソーシャルネットワークの広がりと対話による意識の深まりを概念化したのが，図5-1である。自分の所属している集団内でのソーシャルネットワーク（他者①との交流）も重要であるが，異なる集団との接点となる他者②の方が本人の価値観を広げるきっかけになると考えられる。高校生のように所属集団内（この場合は学校）の同質性が高い場合，「重要な他者」とは所属集団以外の集団に属する「異質な他者」と言えるかもしれない。

なお，個人が獲得しているソーシャルネットワークを測るのは難しいが[7]，いくつかの測定指標が考えられる。まず，友人・知人の人数（量）があげられる。しかし，量だけでは「重要性」や「異質性」を測ることはできない。それゆえ，実際にコミュニケーションをとる回数（密度），心理的重要度（大切さ），さらには本人との文化的，世代的，組織的な距離（異質性）を測る必要があろう。

つぎに，ソーシャルネットワーク構築の観点から若年者の就業意識と就業行動を取り上げた実証研究を紹介しよう。ソーシャルネットワークの重要性は，若年無業者の研究において指摘されてきた。玄田・曲沼（2004）は，無業者は狭いソーシャルネットワークしか構築できていない事実を指摘している。また下村・堀（2004）は，大学生の就職活動期における情報探索行動を分析し，OB/OG というソーシャルネットワークの優位性を確認している。

他方，堀（2004）は，無業者・フリーターに対してヒアリング調査を行ない，10名の事例からソーシャルネットワークと就業の関係を動態的に把握している。堀（2004）によれば，無業者のソーシャルネットワークは，家族以外の人間関係がほとんどない「孤立型」，地元の同年齢で構成された人間関係に所属する「限定型」，人間関係を広げていく志向が強い「拡大型」に分けられ，無業の若者は「孤立型」と「限定型」が多いことを指摘した。また，内田（2007）は，高校三年生に対するアンケート調査から限定されたソーシャルネットワークが職業選択に与える影響を検証し，安定的なホワイトカラーの大人とのネットワークを構築している高校生よりも不安定就労のブルーカラーの大人とのネットワークを構築している高校生のフリーター選択確率は高いことを発見した。さらに樋口（2006）は，ソーシャルネットワークの重要性を指摘しつつも，ソーシャルネットワークが社会移動への有益な効果を持たないことを検証した。これらの研究は，若年者のソーシャルネットワークの閉鎖性に焦点を当て，希少な情報からの遮断が就業を妨げ，その結果としてさらなるソーシャルネットワークの閉鎖性を生むという悪循環を検討している[8]。

くわえて，ソーシャルネットワークは若者の意識にも影響を与えている。久木元（2007）は，ソーシャルネットワークによる相談可能性を検証し，雇用形態は若者の相談ネットワークの数に影響を与え，相談ネットワークの数は若者の結婚意識にも影響を与える可能性を検討している。工藤（2001）は，本研究と同じく高校生のソーシャルネットワークに分析の焦点を当て，ソーシャルネットワークの違いが規範同調的意識や自律的な意識に与える影響を検証している。また望月（2007）は，高校生の入学校選択に対する他者の影響を調べ，受験校の選択には，学校・仲間環境が大きな影響を与えており，

実際の入学校選択に対しては家庭環境が影響を与えていることを検証している。ただし，望月（2007）の調査は，ある大学に入学した大学生に進路選択時を振り返ってもらっているので，進路選択時，もしくは進路選択前に調査票が配布されていないという限界はある。

　本章は，先行研究の成果をふまえて，高校生の生活と意識調査を行なった。とくに，工藤（2001）や望月（2007）で指摘されている「他者の影響」に分析焦点をあて，それらの形成過程も把握したい。そのうえ，高校生が構築しているソーシャルネットワークの微細な差異に焦点を当てつつ，ソーシャルネットワークと就業・進路意識との関係を検証したい。

3　データの特徴

　本章で使用するデータは，高校3校に通学する1，2年生に対して実施された「高校生に対するキャリア意識調査」である（詳しくは序章参照）。調査対象の特徴としては，この3つの高校はある一大学の付属高校であることがあげられる。2校は男子校であり，1校は女子校である。附属高校の大学進学率ほぼ100％であり，余程のことがなければ同じ学校法人の大学に進学できる。その意味では，就職か進学かを悩む学生は少なく，受験勉強をしながら進学先に悩む学生も少ないと言える。

　しかし付属高校生は，目前の受験に対する不安が緩和される分だけ，将来の長期的展望に関しては深く考える可能性もある。また，学部選択には成績が反映されるので，将来の職業希望，学問への興味関心などを考えながら学部選びを行なっているとも言える。他の高校とは状況が大きく異なるが，先行研究で附属高校が取り上げられなかったことを考えると，新しい事例分析を追加する意義はあろう。

4　記述統計による観察

　本節では，記述統計量から高校生の将来展望と学生生活をできるだけ正確に把握しよう。将来の希望，職業や進路に関する悩み，ソーシャルネットワークの順序で分析結果を紹介する。

1）将来の希望
　将来の希望進路に関しては，約9割の学生が大学進学を希望している（表5-1参照）。就職したい業種に関しては，教育（22.3％），マスコミ（19.3％），銀行（15.2％）が上位を占めている（表5-2参照）。教育に関心を集めるのは，高校生にとって身近な大人が教師であり，高校生の現時点での関心が教育を受けることだからかもしれない。マスコミへの強い関心は人気業種として当然とも言えるが，その一方で銀行や政府系機関・公団も高い値を示すので，将来の志向性はいくつかのタイプに分けられる。

2）進路に対する悩み
　進路についての悩みに関しては，「自分がどんな仕事に向いているのかわからない（Q1）」「進路について悩む（Q2）」「進路について相談する相手がいない（Q3）」という質問項目を用いる。表5-3は，4件法それぞれの割合を示した（1 とても感じた～4 全然感じなかった）。Q1に関しては，「とても感じた」と，「少し感じた」がともに約4割であり，高い値である。Q2に関しても，「とても感じた」が約5割，「少し感じた」が約3割であり，高い値である。一方，Q3に関しては，「とても感じた」が約1割，「少し感じた」が2割強であり，それほど高い割合ではない。総じて，相談相手がいる学生は多いが，それでも悩んでいる学生が多いといえる。

3）ソーシャルネットワークの実態
　ソーシャルネットワークの構築に関しては，その量と質を区別して分析す

表5-1 進路希望先

	標本数	割合(%)
大学進学	2,020	90.83
専門学校進学	27	1.21
就職	5	0.22
その他	24	1.08
未定	127	5.71
無回答	21	0.94
合　計	2,224	100

表5-2 就職したい業種(複数回答可)

業　種	割合(%)	業　種	割合(%)	業　種	割合(%)
食品	8.8	造船	0.9	損保	0.9
建設	10.3	自動車	6.7	生保	1.5
住宅	4.6	精密機械	4.5	不動産	3.9
科学	6.1	諸工業	0.5	運輸	2.6
医薬品	9.1	輸送用機器	0.8	サービス	11.4
化粧品	7.6	その他のメーカー	3.6	ソフトウェア・情報処理	7.2
ゴム	1.6	印刷	1.5	旅行	12.5
セメント・セラミックス	0.8	総合商社	5.4	航空	13.8
鉄鋼	1.2	専門商社	3.3	マスコミ	19.3
非鉄金属	0.9	アパレル	8.0	出版	10.4
金属製品	1.8	流通・百貨店	4.7	広告	11.4
機械	6.0	金融	10.6	通信	3.6
プラントエンジニアリング	0.6	銀行	15.2	教育	22.3
電力・エネルギー	3.1	クレジット	1.2	シンクタンク・コンサルタント	1.9
電子・電気機器	7.3	リース	0.4	政府系機関・公団	11.1
重工業	1.3	保険	3.8	この中にはない	14.7
				無回答	4.9

表5-3 進路に関する悩み

	Q1 どんな仕事に向いているのかわからない		Q2 進路について悩む		Q3 進路について相談する相手がいない	
	サンプル数	割合(%)	サンプル数	割合(%)	サンプル数	割合(%)
とても感じた	881	39.61	1,081	48.61	266	11.96
少し感じた	801	36.02	697	31.34	556	25.00
あまり感じなかった	351	15.78	255	11.47	853	38.35
全然感じなかった	163	7.33	160	7.19	513	23.07
無回答	28	1.26	31	1.39	36	1.62
合　計	2,224	100	2,224	100	2,224	100

表5-4 友人の数

質問	学年	平均	標準偏差	サンプル数
学校内で話す人数	1年生 2年生	17.08 16.44	13.10 14.79	1,032 961
学校外で話す人数	1年生 2年生	5.18 4.58	8.87 8.50	1,032 961
頻繁にメールする人数	1年生 2年生	5.72 4.82	6.07 6.38	1,032 961
登録人数	1年生 2年生	99.69 109.03	73.28 74.89	1,032 961

る。また，1年生と2年生の回答を比較することで，1年間の人間関係の広がりを推測する。

(1) ソーシャルネットワークの量

まず，友達の量に関しては毎日話す人数（学内，学外）と携帯で頻繁にメールをする人数と登録人数を調べた。表5-4をみると，高校生の日常の人間関係が量的に把握できる。ただし，頻繁にメールする人数は単にソーシャルネットワークの量を測っているわけではなく，友人・知人との親密度という質的情報でもある。

注目すべきは，携帯の平均登録人数が1年生で100人，2年生で109人と多いのだが，実際に頻繁にメールをする平均人数は1年生で6人，2年生5人で意外と少ないことである。幅広く浅い付き合いと少数の密な付き合いが同居しているといえる。なお，携帯登録が微増しているのは，携帯電話は過去の人間関係の保存機能を持つと考えれば，自然な増加といえる。

ところで，1年生と2年生を比較して，ほとんど格差を発見できないので（むしろ1年生の方が付き合いの量は多い），高校生が日常的につきあう人数は一定であると考えるべきであろう。つまり，高校生は自分の所属集団内の1つのグループ内の人間関係で充足している可能性が高く，他集団との人間関係は少ない。ただし，標準偏差をみればわかるように付き合いの個人差は大きい。広い人間関係を持つ学生と狭い人間関係を持つ学生が存在する。

(2) ソーシャルネットワークの質

つぎに，ソーシャルネットワークの質に関する質問項目を調べる。今回のアンケート調査では，親友の有無と年上の人と話す機会を聞いている。高校

表5-5 親友の有無

学年	親友の有無				合計
	いる	いない	わからない	無回答	
1年生	747 65.81	62 5.46	311 27.4	15 1.32	1,135 100
2年生	713 65.47	66 6.06	275 25.25	35 3.21	1,089 100
合計 割合(%)	1,460 65.65	128 5.76	586 26.35	50 2.25	2,224 100

表5-6 目上の人と話す機会

学年	目上の人と話す機会					合計
	話す機会は多い	話す機会はある	あまり話す機会はない	ほとんど話す機会はない	無回答	
1年生	371 32.69	479.0 42.20	172 15.15	83 7.31	30 2.64	1,135 100
2年生	306 28.10	436 40.04	187 17.17	128 11.75	32 2.94	1,089 100
合計 割合(%)	677 30.44	915 41.14	359 16.14	211 9.49	62 2.79	2,224 100

生にとって進路などの相談ができる親友の存在は重要であろうし，若年者にとっては年上の人と話す機会から刺激を受けると考えられる。表5-5をみると，親友がいるという回答は，1年生，2年生ともに6割強であり高い数値である。その一方で，わからないという答えも一定数いる。他方，「目上の人と話す機会は多い」という回答と「ある」という回答を合わせると，1年生，2年生で約7割である（表5-6参照）。量に関する質問と同様に，1, 2年生で大きな差が確認できない。とくに年上と話す機会が1年生で多いのは，年上のなかに同じ学校の先輩が含まれるからであろう。

つづけて，表5-7と表5-8から具体的な相談相手と話し相手を確認する。悩み事の相談相手として多い順にあげると，母親（26.44%），部活の友達（約23.97%），クラスの友達（20.10%），その他の友人（17.85%）と続く。高校生にとって身近な人が相談相手になっていることがわかる（表5-7参照）。日頃よく話す年上の人は，高校の部活の先輩が飛び抜けており，親戚

表5-7　相談者

相談者	割合(%)
母親	26.44
部活の友達	23.97
クラスの友達	20.10
その他の友人	17.85
悩みを相談する人がいない	17.04
恋人・異性の友人	7.64
兄弟・姉妹	7.19
幼なじみ	6.88
父親	6.29
その他	4.90
無回答	3.64
部活の先輩	3.42
教師	1.48
祖父・祖母	0.76
親戚	0.58

表5-8　目上の人

	よく話をする	たまに話をする	あまり話をしない	まったく話をしない	無回答
高校の部活の先輩	27.1	28.1	12.2	27.3	5.3
親戚のおじさん，おばさん	9.9	10.8	11.2	59.0	9.1
友人の親	8.5	5.8	7.3	71.3	7.1
親の友人	7.7	7.1	7.7	70.5	7.1
地元の幼なじみの先輩	6.7	23.6	23.6	39.9	6.2
趣味を通じて知り合った大人	6.3	15.4	17.6	54.0	6.7
部活以外の高校の先輩	5.8	18.0	23.3	46.2	6.7
兄姉の友人	5.7	18.4	22.0	47.3	6.6
アルバイト先で知り合った先輩	5.6	12.2	18.6	57.3	6.3
アルバイト先で知り合った大人	5.0	10.5	17.3	60.0	7.1
地元の地域活動で知り合った先輩	3.9	6.5	12.9	69.6	7.1
地元の地域活動で知り合った大人	3.6	7.1	12.5	69.7	7.1
地元のボランティアで知り合った大人	2.9	4.4	10.4	74.8	7.5
地元のボランティアで知り合った先輩	2.0	3.6	11.0	76.0	7.4

表5-9　友人関係の量と質

	携帯登録人数			学内で話す人数			学外で話す人数		
	サンプル数	平均	標準偏差	サンプル数	平均	標準偏差	サンプル数	平均	標準偏差
親友いる	1,415	112.32	78.07	1,418	17.71	14.12	1,388	5.29	8.84
親友いない	118	84.92	121.02	123	12.47	14.98	120	4.73	13.18
分からない	541	102.40	118.26	554	16.12	15.81	545	5.30	13.47

のおじさん，おばさんが続く（表5-8参照）。この結果も，高校生の一様な人間関係の一側面といえるが，その一方で，友人の親，親の友人，地元の幼なじみの先輩，趣味を通じて知り合った大人という人を介した人間関係の広がりを手にしている高校生もいることに留意すべきである。

表5-9には，親友の有無を区別して携帯登録人数，学内で話す人数，および学外で話す人数の平均を示した。どの項目においても親友がいる者の方が親友がいない者より友人の人数が多いと解釈できる。この結果から，ソーシャルネットワークの量と質は関連していることがわかる。量と質は同時決定と考えることもできるし，量を増やすことが親友を増やす結果につながると解釈することもできる。

5　就業・進路意識に与える影響

1) 推定モデルの説明

本節では，ソーシャルネットワークが高校生の就業意識に与える影響を推定しよう。「自分がどんな仕事に向いているのかわからない」と「進路について悩む」という質問項目を被説明変数にする。2つの質問は，「1 とても感じた，2 少し感じた，3 あまり感じなかった　4 全然感じなかった」の順序がある選択肢なので，推定には順序プロビット・モデルを採用する。4に近づければ進路や就業に関する悩みは減り，1に近づけば悩みは増える。

つづいて説明変数を説明しよう。はじめに説明変数のリストをあげて，その後で就業意識と進路意識に対する効果を推測する。

・<u>学内で話す人数</u>：（名）
・<u>学外で話す人数</u>：（名）
・<u>頻繁にメールする人数</u>：（名）
・<u>携帯登録人数</u>：（名）
・<u>親友の有無</u>：（0 いる　1 いない　2 わからない）
・<u>目上の人と話す機会</u>：（0 多い　1 ある　2 あまりない　3 ほとんどない）

・学業成績：(0 上　1 やや上　2 真ん中　3 やや下　4 下)
・性別：(0 男　1 女)
・学年：(0 1年生, 1 2年生)

　毎日話す人数（学内）と毎日話す人数（学外），さらに携帯登録人数はソーシャルネットワークの量を測っている。対話の数は就業・進路意識に対して有意な正の値をとると推測できる。
　また，ソーシャルネットワークの質に関する質問も説明変数に加えた。携帯で頻繁にメールをする人数は，単に友人の数だけではなく対話の密度を測った変数であり，密度が高まれば就業意識や進路意識にも正の効果を与えると推測できる。さらに，親友の有無と目上の人と話す機会に関する質問は，それぞれソーシャルネットワークの深さと異質性を測った説明変数である。親友との深い付き合いや年上の人と話す経験は仕事への向き不向きや進路の見通しを気付かせると考えられる。「親友がいる」と「目上の人と話す機会がある」を基準したダミー変数を作成したので，負の値をとると推測される。
　その他，ソーシャルネットワーク以外の説明変数としては学校成績を加えた。成績が高いほど将来の見通しも明るくなると考えられるので，正の効果を持つと推測できる。さらに，コントロール変数として属性に関する性別と学年も説明変数とした。
　なお，推定は，すべての説明変数を投入して推定を行なった後，ステップワイズ法によって説明変数を絞り込むという順序で行なっている[9]。2つの推定式の分析結果を比較しながら解釈を行なう。

2）推定結果とその解釈

　表5-10に示したのは推定結果である。まず，仕事の向き不向きに対する推定結果をみると，ソーシャルネットワークの量に関する説明変数は有意な結果を得られていない。ソーシャルネットワークの質に関する説明変数としては，携帯で頻繁にメールをする人数，親友の有無，「目上の人と話す」が有意な結果を得られた。頻繁にメールする人がおり，親友と呼べる人がおり，目上の人と話す機会が多いほど，仕事の向き不向きに悩んでいない（いいか

表5-10 ソーシャルネットワークの効果

	仕事の向き不向き				進路について悩む			
	β	P>|z|	β	P>|z|	β	P>|z|	β	P>|z|
学内で話す人数	0.001	0.710			-0.004	0.196		
学外で話す人数	-0.000	0.979			0.012	0.016 **	0.009	0.028 **
頻繁メール人数	0.011	0.077 *	0.013	0.01 ***	0.007	0.237		
携帯登録人数	0.000	0.539			-0.001	0.345		
親友いない	-0.491	0.002 ***	-0.489	0.002 ***	-0.320	0.048 **	-0.283	0.072 *
親友わからない	-0.238	0.003 ***	-0.232	0.004 ***	-0.068	0.410		
目上の人と話す	0.005	0.948			0.151	0.076 *		
あまり話さない	-0.203	0.063 *	-0.221	0.023 **	0.126	0.253		
ほとんど話さない	-0.216	0.142	-0.244	0.074 *	-0.045	0.762		
成績やや上	0.091	0.573			-0.098	0.556	-0.160	0.099 *
成績真ん中	0.174	0.241			0.061	0.688		
成績やや下	0.175	0.281			0.083	0.618		
成績下	0.203	0.198			0.114	0.479		
性別ダミー	-0.091	0.306			-0.383	0.000 ***	-0.378	0.000 ***
学年ダミー	-0.044	0.544			-0.111	0.132	-0.125	0.084 *
サンプル数	983		983		983		983	
LR chi2 (15)	39.64		35.57		41.16		32.33	
Prob > chi2	0.0005		0		0.0003		0	
Pseudo R2	0.0164		0.0147		0.018		0.0141	
Log likelihood	-1188.762		-1190.7924		-1125.6677		-1130.0863	

***$p<.01$,　**$p<.05$,　*$p<.10$

えれば,向き不向きを理解している)と言える。

　つぎに,進路意識に対する推定結果をみると,学外で話す人数が正の効果を持って有意である。学外の人と話す機会が多いほど進路に関する悩みは少なくなると言える。また,親友がいる人よりもいない人の方が進路意識に対して負の効果を持つことがわかる。目上の人に関する変数は,ステップワイズ法によって変数選択をすると排除されてしまう。要するに,進路意識に関しては,ソーシャルネットワークの量と質がそれぞれ影響を与えているが,学内友人や携帯登録人数では統計的に有意な結果を得られなかった。なお,成績の一部変数と性別も有意な値を得られた。

　以上より,ソーシャルネットワークの効果を統計的に分析した場合,ネットワークの広がりよりもその深さや異質性の方が高校生の就業・進路意識,とくに就業意識に正の影響を与えていることが確認された。ソーシャルネットワークの量よりも質の影響が大きく,対話の数よりも対話の密度,「同質

表5-11 相談相手の有無

	相談相手の有無			
	β	P>|z|	β	P>|z|
学内で話す人数	-0.000	0.794		
学外で話す人数	0.003	0.511		
頻繁メール人数	0.010	0.091 *		
携帯登録人数	-0.001	0.097 *		
親友いない	-0.272	0.066 *	-0.254	0.146
親友わからない	-0.259	0.001 ***	-0.269	0.077 *
目上の人話す	-0.013	0.868		
あまり話さない	-0.163	0.120		
ほとんど話さない	-0.058	0.674		
成績やや上	-0.150	0.336		
成績真ん中	-0.013	0.928		
成績やや下	-0.060	0.703		
成績下	-0.166	0.274		
性別ダミー	0.135	0.118		
学年ダミー	0.010	0.885		
サンプル数	983		983	
LR chi2 (15)	26.35		13.73	
Prob > chi2	0.0345		0.001	
Pseudo R2	0.0103		0.0054	
Log likelihood	-1265.8721		-1272.1811	

***$p<.01$, **$p<.05$, *$p<.10$

な他者」よりも「異質な他者」との交流が将来の意識，とくに就業意識を高めるという関係が読み取れる。

　くわえて，ソーシャルネットワークの質的側面の重要性を分析するために，相談相手の有無を決める要因を推定する。被説明変数は，「進路について相談する相手がいない」（1 とても感じた～4 全然感じなかった）であり，説明変数は先ほどの2つの推定式と同じである。

　表5-11に示された分析結果にみれば，「親友わからない」（変数選択前は，親友いない）が有意で負の値である。つまり，進路について親友がいれば，進路の相談相手について悩むことは少ないと解釈できる。また，変数選択前の推定では，頻繁にメールする人数は正で有意な値であり，携帯登録人数は有意であったが，推測と異なり負の値であった。なお，ソーシャルネットワークの量に関する説明変数は有意な結果を得られていない。友人が多いだけでは，相談相手が見つかるとは限らないと言える。

6　結　語

　本章では，高校1,2年生のアンケート調査を使って，高校生の生活実態と就業・進路意識の関係を検討した。とくに高校生のソーシャルネットワークについて詳しく分析した。分析から明らかになったことは以下の3点である。

1) 高校生のソーシャルネットワークは，同じ学校や同年代友人を中心に形成されており，成人と比べると狭い人間関係の中にある。しかし，その個人差は大きく，広い付き合いを持つ生徒と狭い付き合いを持つ生徒が同居している。
2) 1年生と2年生を比較した場合，ソーシャルネットワークの量も質も大きな違いがなかった。高校生は自分の所属集団内の1つのグループ内の人間関係で充足している可能性が高く，他集団との人間関係はなかなか生まれない。いいかえれば，他集団との交流をもたらす「重要な他者」の存在の重要性は増すと考えられる。
3) 高校生の職業意識と進路意識を被説明変数とした推定を行なった結果，ソーシャルネットワークの量よりもその質，具体的には密度と深さと異質性が正の影響を持つことが検証された。「同質な他者」よりも「異質な他者」との深い交流が将来の意識，とくに就業意識を高めるという関係が解釈できる。

　以上の分析結果は，高校生を対象としたキャリア教育に貴重な示唆を与えてくれる。キャリア教育は，インターンシップ，職場見学，およびボランティア活動参加などの学校以外の社会経験を目的とした実践が多いが，その経験とは単なるソーシャルネットワークの量的な広がりではなく，「重要な他者」=「異質な他者」との出会いであるべきであろう。そのためにはキャリア教育担当者の工夫が必要であろう。くわえて，すでに少数の高校生は学校以外の場所で「重要な他者」とのネットワークを持っているので，学校側は，

高校生の学外活動を把握しつつ、ソーシャルネットワークの質的充実に対する適切な支援を行なうべきである。

本章の分析はひとつの学校法人の事例に留まる。附属高校の特殊性を明らかにするためにも、他の高校との比較が必要である。進学率、地域、普通科と職業科という高校違いを考慮すべきである。さらに、高校1、2年生の追跡調査を行なえば、高校から大学へ移行した際の意識変化を追うことも可能であろう。今後の調査課題としたい。

註記
1) 1990年以降「学校経由の就職」が変化してきた実態については、本田（2005）や小杉（2005）などの説明が詳しい。
2) 学校におけるキャリア教育の現状に関しては、三村（2004）や児美川（2007）などが参考になる。
3) 具体的取り組みとして堀川（2004）などをあげることができる。
4) ソーシャルネットワークの理論研究に関しては、安田（1997, 2001）や金光（2003）などが詳しい。
5) Ibarra & Deshpande（2007）では、ソーシャルネットワークとキャリア形成に関する研究成果が紹介されており、研究成果を整理して次のような枠組みを提示している。
　キャリアの結果変数としては、昇進、賃金など客観的に観測できるものと仕事の充実度やモチベーションなどの内面的な状態に分かれる。さらに、それらの結果に対するソーシャルネットワークの効果も、1) 情報収集や仕事の割り当てのようにひとつの手段として利用される場合と、2) 心理的な過程が生み出され内面が変化する場合がある。
6) たとえば下村（2008）は、他者との付き合いが他者との意見の相違を生み出し、他者と異なる自分の発見に繋がることを指摘している。そして、その相違に気づく経験の蓄積は若者に「確固たる自己」の確立（大人になる）をもたらす、と主張する。
7) 若者の友人関係は複雑化してきており、実態把握は難しいと言えよう。若者たちが友人関係を選択的に使い分けている実態に関しては、福重（2006）などが詳しい。
8) その他、さまざまな観点からソーシャルネットワークと就業行動の関係を分析した研究が蓄積されている。内田（2005）は、部落出身者のフリーター就業の問題を取り上げ、部落出身者は部落のネットワークという相対的強固なソーシャルネットワークに依存するがゆえに、結果的に非正規社員への就職が増えるという問題をヒアリング調査から発見している。また片瀬（2008）は、高校生の相談ネットワークの男女比較を行ない、男性に比べて女性は、多様な相談ネットワークを構築しており、なおかつ相談ネットワークの違いが就業行動に与える影響も大きいことを発見している。
9) ステップワイズ法は10%の基準で行なっている。

（梅崎　修・田澤　実・八幡成美・下村英雄）

第6章

大学生活と自尊感情
大学1年生に対する継続調査

1 問題の所在

　大学におけるキャリア教育は，新卒学生の就職支援ではなく，大学入学から大学生活も視野に入れ，学生が主体的にキャリアを考え，大学で学ぶことを中心に大学生活を構築していくための支援であることが指摘されている（五十嵐　2008）。

　近年の特徴としては，低学年の大学生も支援の対象となっていることがあげられる。大学の全学的なキャリア支援・キャリア教育担当にアンケートを実施した上西（2006）は，7割以上の大学が低学年からの全学的なキャリア支援・キャリア教育について，具体的な職業を早期に定めるよりも，幅広い見識をそなえ幅広い経験を積ませることが望ましいという方針を持っていることを明らかにしている。実際に，野々村（2001）は，1年次の大学生が達成すべきキャリア発達課題として，①自己の進路適性，大学等への進学目的，入学した学部・学科・課程などを，自己の進路計画に照らして総合的に検討すること，②大学等における生活と勉学の目標について暫定的計画を立てること，③大学生活への適応に務めることをあげている。すなわち，低学年の大学生に対するキャリア教育においては，職業に対する準備よりも，大学生活を有意義に過ごすことが注目されているといえるであろう。

　学生が主体的にキャリアを考え，大学生活のなかで，幅広い見識を備え，経験を積むには，自分自身に対する肯定的感情を持っていることが望ましいと考えられる。このような肯定的感情については，これまで自尊感情の研究が多くなされてきた。Rosenberg（1965）は，自尊感情には2つの異なる内包的意味があるとし，自分を「とてもよい（very good）」と考える場合と

「これでよい（good enough）」と考える場合とを区別する必要があることを指摘している。前者に含まれる概念は完全性や優越感であるが，後者に含まれるのは，自分なりの満足感である。Rosenberg（1986）は，後者の考え方を示している。このように自尊感情には多様な定義があるが，先行研究では自尊感情の高い者は，学業成績が良い（Hattie 1992）ことや対人関係のあり方もよい（Griffin & Bartholomew 1994）ことが示されており，適応の指標と考えられている。

　大学新入生における大学生活と自尊感情の関係を検討する場合，以下の2つの視点が考えられる。一つ目は入学時において自尊感情が高いために大学生活を積極的に過ごすことができるという視点であり，二つ目は，大学生活を積極的に過ごしたことが自尊感情に影響を与えるという視点である。本研究では，後者の視点に立つことにする。理由は以下の2点である。第一に，青年期は，今まで経験しなかった新しい経験に出会いやすく，自己の未熟さを知って，自尊感情が揺れることが多いと考えられるという指摘（溝上 1999）を考慮したためであり，第二に，大学入学時における自尊感情は，高校までのキャリア教育の効果や大学入試結果など，大学生活に入る以前の影響が強いことが考えられ，大学におけるキャリア教育の効果ではないと考えられるためである。大学入学時における自尊感情の高さを規定する要因を検討することも重要であるが，この視点は，大学入学時までの要因によって後の大学生活を説明することになるため，大学に入ったさまざまな大学生を支援するには有益な示唆が見いだせない可能性がある。

　大学生活を積極的に過ごしたことが自尊感情に影響を与えるという視点に近いものとして，自尊感情の安定性（および，自尊感情の揺れ）に着目した研究があげられる。これらの研究では，同一の対象者に複数の時点で自尊感情尺度への回答を依頼し，その得点のばらつき（標準偏差）をもって測定している点が特徴である。我が国の大学生を対象にした研究を取り上げると，自尊感情の安定性（および，自尊感情の揺れ）は，出来事のとらえ方（中間・小塩 2007）や自己概念（原田 2005）との関連があることが明らかになっている。とくに，原田（2005）は，自尊感情が揺れることにより，自己概念を見直し，重要な自己概念を形成する契機にもなりうることを指摘してい

る。しかしながら，これらの研究は，概念間の検討が多く，長期的な大学生活と自尊感情の関連という視点では研究が行なわれていない。大学生活を積極的に過ごしたことが，自尊感情に影響を与えるかどうか検討することは低学年の大学生に対するキャリア教育の理念を実証する意味でも重要であると思われる。

大学生活を積極的に過ごしたことが，自尊感情に影響を与えるかどうか検討するためには，ある一時点だけではなく，複数の時点で調査を行なう必要がある。そこで本研究では，大学生活における達成が自尊感情に与える影響を縦断調査により明らかにすることを目的とする。なお，本研究では，実際にどのような大学生活を行なったのかという行動レベルの達成のみならず，そもそもそれに対する意欲があるか否かにも注目する。

なお，本章の構成は以下のとおりである。つづく第2節では，調査データについて説明する。第3節では，得られた結果について説明する。第4節では，考察と今後の課題を述べる。

2 方　法

1）調査対象者

本章はA大学C学部の1年生の3時点調査である（詳しくは序章を参照）。これらの対象者に社会人試験経路の者は含まれていない。対象者の生まれ年は1985〜1989年であった。回答時の年度で19〜20歳になる者が9割以上を占めていた。ただし，以下に示す3時点のデータすべての回答が得られたのは259名（男性107名，女性152名）であった（詳細は序章を参照）。

2）手続き

対象者の学部の必修授業の時間を用いて質問紙調査を行なった。

3）調査時期

2007年4月（time1），2007年9月（time2），2008年1月（time3）の3時

点で行なった。

4) 調査用紙の作成

(1) 大学生活の意欲と達成

大学生活として,「授業」「アルバイト」「サークル活動」「社会」「資格取得」「友人」「イベント」の7つのカテゴリーを設けた。これらのカテゴリーについて尋ねる質問項目を独自にそれぞれ3項目,合計21項目設けた。time1においては前期の大学生活への意欲を,time2においては前期の大学生活の達成と,後期の大学生活への意欲を,time3においては後期の大学生活の達成を尋ねた。大学生活への意欲については,今後,大学生活で力を入れてやっていきたいと考えていることを尋ねた(「今後力をいれたいもの」の教示に対して,各項目であてはまるものに○をつける形式(複数回答可))。大学生活の達成については,同様の項目で実際にできたことを尋ねた(「この半年(1年)でできたこと」の教示に対して,各項目であてはまるものに○をつける形式(複数回答可))。これらの回答を「ある=1」「ない=0」の2件法とみなして以下の分析を行なった。

(2) 自尊感情尺度

山本・松井・山成(1982)が邦訳したRosenberg(1965)の自尊感情尺度を用いた。この尺度は,「自分に対して肯定的である」などの項目が含まれており,自分に対してこれでよいと感じるような自分自身に対する肯定的感情の程度を測定するとされている。10項目からなり,5件法で評定を求めた。ただし,因子への負荷が極端に低い項目番号8「もっと自分自身を尊敬できるようになりたい」を除いた計9項目の合計得点を自尊感情得点とした[1]。time3の時点で尋ねた。

(3) 属　性

入試経路,入学した大学は第一志望であったか否かを尋ねた。

5) 分析方法

本章における意欲と達成の分析枠組を図6-1に示す。time1における意欲とtime2における達成をもって前期の大学生活における意欲と達成とした。

図6−1 本章の分析枠組み

```
time1              time2              time3
2007年4月           2007年9月           2008年1月
```

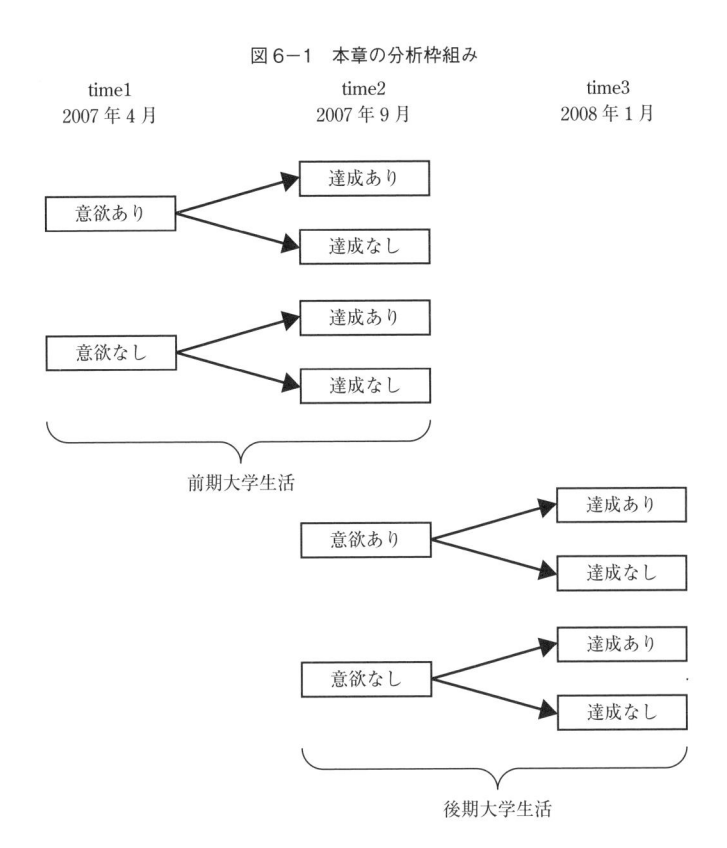

```
                    ┌─→ 達成あり
        意欲あり ────┤
                    └─→ 達成なし

                    ┌─→ 達成あり
        意欲なし ────┤
                    └─→ 達成なし
```

前期大学生活

```
                    ┌─→ 達成あり
        意欲あり ────┤
                    └─→ 達成なし

                    ┌─→ 達成あり
        意欲なし ────┤
                    └─→ 達成なし
```

後期大学生活

time2における意欲とtime3における達成をもって後期の大学生活における意欲と達成とした。まず、基礎統計でこれらの意欲と達成を確認する。その後に、大学生活の達成がtime3の時点における自尊感情に与える影響を検討することにする。

3 結　果

1）属性，自尊感情の基本統計

まず、入試経路、第一志望の度数等を表6−1に示す。一般入試が最も多く、5割以上を占めていた。自己推薦と指定校推薦は合わせて3割程度であ

表6-1 入試経路，第一志望の度数等

		度数	（％）
入試経路	一般	140	(54.05)
	自己推薦	42	(16.22)
	指定校	43	(16.60)
	スポーツ推薦	2	(0.77)
	付属	32	(12.36)
	第一志望である	125	(48.26)
	第一志望ではない	134	(51.70)

表6-2 自尊感情得点の平均等

	平均	標準偏差	最小値	最大値	度数	信頼性係数
自尊感情	28.55	6.91	9	45	259	0.85

り，付属が1割程度であった。現在の大学，学部が第一志望であった者は5割程度であった。

つぎに，自尊感情得点の平均等を表6-2に示す。平均は中点の27を若干上回る28.55であった。

2) 大学生活における意欲と達成

大学生活の7つのカテゴリー（21項目）の平均等を表6-3に示す。各カテゴリーの3項目の中から，大学生が入学直後に最も力を入れたいと回答した割合が高い項目（time1における大学生活への意欲が最も高い項目）をそれぞれひとつ抽出し，以下の分析に用いることにした。

「授業」「サークル」「友人」においては，総じて前期の意欲が高いものの，達成ができた者は数割減少していた。また，後期の意欲は前期ほど高くないものの結果的にそれ以上に達成している傾向が見られた。「アルバイト」のカテゴリーにおいては，前期，後期ともに達成の方が意欲よりも高かった。大学生本人にとってみれば当初思っていたよりもできたと判断していると思われる。「社会」「資格取得」「イベント」においては，前期，後期ともに意欲は高いものの結果的に達成ができた者は半数程度であった。

つぎに，前期の意欲と達成，後期の意欲と達成の組み合わせごとの度数等を求めた。結果を表6-4に示す。「授業」「アルバイト」「サークル」「友人」

表6-3 大学生活における意欲と達成の度数等

カテゴリー	項目	前期意欲 度数（％）	前期達成 度数（％）	後期意欲 度数（％）	後期達成 度数（％）
授業	授業にさぼらず出席をする	225（86.87）	169（65.25）	125（48.26）	149（57.53）
	授業ではきちんとノートをとる	187（72.20）	147（56.76）	110（42.47）	118（45.56）
	授業では積極的に質問をする	55（21.24）	10（3.86）	124（47.88）	13（5.02）
アルバイト	いろいろな種類のアルバイトをする	89（34.36）	37（14.29）	98（37.84）	48（18.53）
	ひとつのアルバイトを継続する	125（48.26）	142（54.83）	102（39.38）	177（68.34）
	アルバイト先の人の信頼を得る	124（47.88）	108（41.70）	113（43.63）	142（54.83）
サークル	サークル活動に積極的に取り組む	143（55.21）	113（43.63）	120（46.33）	116（44.79）
	サークルでまとめ役をする	13（5.02）	34（13.13）	79（30.50）	32（12.36）
	サークルでたくさんの友人をつくる	196（75.68）	125（48.26）	90（34.75）	130（50.19）
社会	社会経済情勢に興味を持つ	181（69.88）	76（29.34）	163（62.93）	79（30.50）
	政治の動きに気を使う	91（35.14）	64（24.71）	162（62.55）	48（18.53）
	国際情勢に気を使う	99（38.22）	42（16.22）	158（61.00）	39（15.06）
資格取得	資格取得のために専門学校，ダブルスクールに通う	16（6.18）	8（3.09）	88（33.98）	11（4.25）
	自分で取れる資格を調べる	164（63.32）	51（19.69）	147（56.76）	67（25.87）
	資格取得に向けて一生懸命勉強する	135（52.12）	25（9.65）	168（64.86）	32（12.36）
友人	友人を大勢つくる	189（72.97）	134（51.74）	123（47.49）	150（57.92）
	何でも話せる友人をもつ	222（85.71）	158（61.00）	102（39.38）	180（69.50）
	相談にのってくれる友人をもつ	194（74.90）	157（60.62）	93（35.91）	182（70.27）
イベント	海外旅行をする	119（45.95）	22（8.49）	173（66.80）	26（10.04）
	ボランティア活動に参加する	51（19.69）	22（8.49）	104（40.15）	22（8.49）
	大学の行事に積極的に参加する	161（62.16）	40（15.44）	146（56.37）	65（25.10）

註：以降の分析に用いた項目に網掛けを施した。

において，最も多い組み合わせは「前期意欲あり，前期達成あり，後期意欲なし，後期達成あり（表中では，○→○→×→○と表記）」であった（19.69～30.89％）。このことは，それぞれにおいて，前期においては意欲があり，実際に達成され，かつ，後期においては，意欲が低下するものの，結果的に達成されている者が多いことを示している。「社会」「資格取得」「イベント」において，最も多い組み合わせは「前期意欲あり，前期達成なし，後期意欲

あり，後期達成なし（表中では，○→×→○→×と表記）」であった（27.41〜32.05％）。このことは，それぞれにおいて，前期と後期ともに意欲は高いものの，達成するのが難しいことを示している。

表6-4 前期の意欲と達成，後期の意欲と達成の組み合わせごとの度数等

前期意欲	前期達成	後期意欲	後期達成	授業 度数（％）	アルバイト 度数（％）	サークル 度数（％）	社会 度数（％）
○	○	○	○	38 (14.67)	20 (7.72)	23 (8.88)	13 (5.02)
○	○	○	×	13 (5.02)	3 (1.16)	6 (2.32)	10 (3.86)
○	○	×	○	79 (30.50)	51 (19.69)	63 (24.32)	26 (10.04)
○	○	×	×	23 (8.88)	5 (1.93)	17 (6.56)	13 (5.02)
○	×	○	○	9 (3.47)	19 (7.34)	15 (5.79)	22 (8.49)
○	×	○	×	49 (18.92)	11 (4.25)	31 (11.97)	83 (32.05)
○	×	×	○	7 (2.70)	8 (3.09)	9 (3.47)	3 (1.16)
○	×	×	×	7 (2.70)	8 (3.09)	32 (12.36)	11 (4.25)
×	○	○	○	4 (1.54)	14 (5.41)	3 (1.16)	1 (0.39)
×	○	○	×	1 (0.39)	2 (0.77)	0 (0.00)	3 (1.16)
×	○	×	○	10 (3.86)	39 (15.06)	9 (3.47)	5 (1.93)
×	○	×	×	1 (0.39)	8 (3.09)	4 (1.54)	5 (1.93)
×	×	○	○	1 (0.39)	11 (4.25)	1 (0.39)	5 (1.93)
×	×	○	×	10 (3.86)	22 (8.49)	11 (4.25)	26 (10.04)
×	×	×	○	1 (0.39)	15 (5.79)	7 (2.70)	4 (1.54)
×	×	×	×	6 (2.32)	23 (8.88)	28 (10.81)	29 (11.20)

前期意欲	前期達成	後期意欲	後期達成	資格取得 度数（％）	友人 度数（％）	イベント 度数（％）
○	○	○	○	6 (2.32)	38 (14.67)	8 (3.09)
○	○	○	×	2 (0.77)	7 (2.70)	2 (0.77)
○	○	×	○	17 (6.56)	80 (30.89)	14 (5.41)
○	○	×	×	13 (5.02)	16 (6.18)	5 (1.93)
○	×	○	○	19 (7.34)	23 (8.88)	22 (8.49)
○	×	○	×	78 (30.12)	23 (8.88)	71 (27.41)
○	×	×	○	6 (2.32)	20 (7.72)	3 (1.16)
○	×	×	×	23 (8.88)	15 (5.79)	36 (13.90)
×	○	○	○	3 (1.16)	3 (1.16)	3 (1.16)
×	○	○	×	0 (0.00)	0 (0.00)	0 (0.00)
×	○	×	○	4 (1.54)	10 (3.86)	3 (1.16)
×	○	×	×	6 (2.32)	4 (1.54)	5 (1.93)
×	×	○	○	7 (2.70)	3 (1.16)	6 (2.32)
×	×	○	×	32 (12.36)	5 (1.93)	34 (13.13)
×	×	×	○	5 (1.93)	3 (1.16)	6 (2.32)
×	×	×	×	38 (14.67)	9 (3.47)	41 (15.83)

3）大学生活の達成が自尊感情に与える影響

time3における自尊感情得点を被説明変数とし，属性，前期の大学生生活における達成，後期の大学生活における達成を説明変数とした重回帰分析（強制投入法）を行なった。結果を表6-5に示す。

指定校等推薦や付属の者は，一般入試の者よりも自尊感情が低く，第一志望以外で入学した者は第一志望で入学した者よりも自尊感情が低かった。1年生の大学生活が終えようとする1月の時点においても，これらの属性が自尊感情に影響を与えていることが明らかとなった。前期において，サークルでたくさんの友人をつくること，何でも話せる友人をもつことを達成できた者は自尊感情が高かった。後期においては，社会，経済に興味を持つことを達成できた者は自尊感情が高かった。前期のような友人に関することの影響は見られなかった。

表6-5 大学生活の達成が自尊感情に与える影響

	説明変数	β
	男性	.086
入試経路	自己推薦ダミー	-.068
（基準：一般入試）	指定校ダミー	-.169 *
	スポーツダミー	.011
	付属ダミー	-.143 *
	第一志望以外	-.152 *
	前期 授業にさぼらず出席をする	.032
	前期 ひとつのアルバイトを継続する	-.037
	前期 サークルでたくさんの友人をつくる	.186 *
	前期 社会，経済情勢に興味を持つ	.070
	前期 自分で取れる資格を調べる	.020
	前期 何でも話せる友人をもつ	.185 **
	前期 大学の行事に積極的に参加する	.009
	後期 授業にさぼらず出席をする	-.099
	後期 ひとつのアルバイトを継続する	.079
	後期 サークルでたくさんの友人をつくる	.037
	後期 社会，経済情勢に興味を持つ	.116 †
	後期 自分で取れる資格を調べる	.067
	後期 何でも話せる友人をもつ	.100
	後期 大学の行事に積極的に参加する	-.063
	R^2	.258 ***
	サンプル数	259

†$p<.10$，*$p<.05$，**$p<.01$，***$p<.001$

4 考　　察

　本章では，1年生の大学生活における達成が自尊感情に与える影響を明らかにするために，3時点における縦断調査を行なった。その結果，以下の三点が明らかとなった。

　第一に，入試経路，第一志望か否かという属性は，1年生の大学生活が終えようとする1月の時点における自尊感情に影響を与えていることが明らかとなった。いいかえると，1年生の大学生活を通しても，これらの属性の影響はなくならなかったということである。浜島（2003）による大学生の意識変容の実証研究によれば，第一志望でなかった者でも，大学生活を通して，大学への愛着や満足度を示す「肯定変化型」が一定数（19.2%）いたことを示していることから，2年生以降になれば，これらの影響がなくなる可能性がある。しかしながら，本研究では，1年生の大学生活期間のみを対象としているため，この点は検討できなかった。今後の課題としたい。

　第二に，前期において，サークルでたくさんの友人をつくることや，何でも話せる友人をもつことが達成できることは，1年生の大学生活が終えようとする1月の時点における自尊感情に正の影響を与えていることが明らかとなった。しかしながら，後期において，同様のことが達成できることは自尊感情に影響を与えていなかった。総じて前期の意欲と比較して，後期の意欲が低いという結果も考慮すると，1年生が前期に友人を作ることと，後期に友人を作ることは質が異なることが考えられる。1年生が友人を作るには時期が重要であるといえるであろう。大学では友人関係の構築も視野に入れて，新入生合宿などのイベントを行なうことがあるが，1年の終わりに自分に肯定的な感情を持つことを狙うならば，前期のうちに行なったほうが良いと言えるかもしれない。

　第三に，後期においては，社会，経済に興味を持つことが達成できた者は自尊感情が高いことが明らかになった。前期においては同様のことは見られなかった。後期にのみ影響が見られたのは，大学生活の慣れや，受けた講義

の回数などが影響していると思われる。

　溝上（2001）は，大学生にとっての学業は，学業の文脈だけでなく，他の文脈との結合によってひとつの意味を作り上げていると指摘する。本研究では学業の文脈と他の文脈との結合について解釈できるような質問項目を含んでいなかったため，この点については，十分な解釈はできかなった。今後の課題としたい。また，本研究の結果は，ある大学のひとつの学部におけるデータを用いている点にも解釈には留意を要する。

　上記のようにいくつかの課題が残ったものの，本研究では，低学年における大学生のキャリア教育の観点から，1年生の前期に友人関係を構築することが重要であることを示すことができた。この点は本研究の意義であると思われる。

註　記
1) 伊藤・小玉（2005，2006）においても，項目8の負荷量が低いことから，この項目を除いた9項目で自尊感情尺度を構成している。

（田澤　実・梅崎　修）

第7章

時間管理とキャリア意識

1 問題の所在

　現代の大学生は，多忙化してきていると言われている。溝上（2004）によれば，最近の学生は授業に足繁く出席し，それ以外のサークル活動，アルバイト，ボランティア活動やインターンシップ，趣味や遊びなどさまざまな活動にも余念がないという。法律家や公務員，会計士などを目指して予備校に通ういわゆる「ダブルスクール」なども含めると，大学生が日々の生活のなかで行なう活動は多岐にわたっているといえよう。

　近年，大学生の生活に関してよく指摘されているのは，学生の授業出席率が上昇してきていることである。文部科学省や大学自体が授業に力を入れるよう動いている面もあるが，授業担当の教員に「出席をとってください」と学生から要望があることすらある。溝上（2004）は，このような「学業中心型キャンパスライフへの転換」は，1990年代以降の経済状況の悪化に伴う就職状況が影響していると指摘する。一時期は1947～49年頃に生まれた「団塊の世代」が定年退職する「2007年問題」の影響もあり，学卒者の就職状況も改善傾向にあった。しかし，2008年の「リーマンショック」以降，再び就職状況が悪化してきている。このような状況下で，大学においてもさまざまなキャリア形成支援，キャリア教育が行なわれている。

　多くの学生は大学3年の秋から大学4年にかけて就職活動を行なう。その間は大学にまともに通えず，何十社もの企業を回る学生もおり，卒業論文にかける時間が無くなってしまうというケースもある。このような状況を受けて現行の就職活動スケジュールの是正を求める声も上がってきている（たとえば，日本学術会議 2010）。しかしながら，不安定な経済状況の下では，進

路選択について低学年のうちから必要以上にあせりを感じてしまう学生は決して少なくないであろう。「学業中心型キャンパスライフ」を志向する学生は増加の一途をたどるのではないだろうか。

　授業の出席率が上がる一方で，「大学での勉強が何の役に立つのか」という疑問をもつ者も多いとされる（溝上 2006）。古典哲学のような教養の授業ではなく，社会に出てからも通用するような，より実践的，専門的な力がつくような授業をしてほしいという学生がどの大学でも増えてきているのだという。この背後には，「やらなきゃいけないことはいっぱいあってただでさえ時間が少ないのだから，ムダになるようなことはなるべくしたくない」という気持ちもあるのだろう。今の社会では，効率よく行動して結果を出すことに価値が与えられており，時間の効率概念に脅かされずに疑問を自覚し，納得がいくまで反芻し続けるということが難しい（馬場 2004）。入学してすぐに資格取得のための講座に参加するといった新入生の姿にもそのような様子が垣間見える。

　冒頭で取り上げたように，近年の学生は授業にしっかり出席し，授業が終わればアルバイトに，資格取得のための予備校など，忙しい毎日を送っている。今の大学生にとっては，限られた時間を何にどれだけ費やすか，どのように分配するかが，より大きな課題となっていると考えられる。

　浜谷（2004）によれば，人間は，自分が体験する時間の流れに意味ある区切りをつけて分節化している。この分節化の仕方は，個人と他者や社会との関係の切り結び方にかかわり，個人的な時間の過ごし方や社会的な状況が個人に及ぼす影響によっても異なってくるという。ここに今の大学生の時間の使い方を研究の中心に据えてみる意義があると考えられる。そこで本章では，今の大学生がどのように大学生活を過ごしているかについて，時間の使い方という観点から分析を試みる。

　時間の使い方に関しては，ベネッセ教育研究開発センター（2009）やNHK放送文化研究所（2006）などが大規模な実態調査を行なっている。生活時間に関するこれらの調査は，人々がどのような活動にどのくらいの時間を費やしているかについてさまざまな示唆を与えてくれるものである。しかしながら，諸活動に費やす時間がその個人の意識とどのように関わっている

のかについては，まだ研究が十分になされていない。先に述べたように，一人一人の大学生は限られた時間を自分なりに配分して，多彩な活動を行なっている。個々の大学生の現状を把握するうえでも，時間の使い方とそれにさまざまな意識がどのように関わっているかを明らかにする必要があるといえる。

　大学生の時間の使い方には，とくにどのような意識が関わっていると考えられるだろうか。

　第一に考えられるのが，職業や学業への意識である。大学生の時間的展望の一般的な傾向は，未来志向的で将来目標への強い欲求に支えられていることが指摘されている（都筑 1999）。先述したように，とくに近年の大学におけるキャリア教育などにより，大学を出てからどのような進路を歩むのかを早いうちから考える機会が増えているといえよう。ここから，日々の時間の使い方と将来展望との関係がより強まっている可能性があると考えられる。進路選択に際しては，自分が就きたい職業について考えるだけでなく，そこに辿り着くためのスケジュール管理や計画性も求められる。これには大学生活を通じてどのような能力が伸びると捉えているのかという意識も重要になるであろう。進路・将来の生活を展望するうえでも，大学生活のなかの時間をいかに使うかは重要になってくる。時間の使い方は，大学生が進路についてどのように考え，進路に関わる行動をどのようにとっているかについての指標のひとつとなると考えられる。

　第二に，自己についての意識である。進路は今後の自分を展望するものであるが，時間の使い方は未来のことだけでなく，過去の自分，現在の自分にもかかわっている。それまでの経験のなかで認識されてきた自分の性格，自分が得手・不得手としているもの，好き嫌いなどによって，個々人が諸活動に費やす時間は異なると考えられる。どのような活動にどのくらいの時間を割くかは，自己形成にもかかわるとされる。浜谷（2004）は，「熱中し没頭する時間・冷静に計画する時間」「自分の世界に沈潜する時間・周囲に開かれ，つながっている時間」というように，一見，相矛盾する時間を往来することが人間の成長につながっているととらえている。

　このような先行研究からの示唆をまとめると，大げさな表現になるが，日

常生活における時間の使い方そのものに，その個人の過去や未来が投影されうるといえるだろう。

　大学生を支援するという観点からも，大学生の時間の使い方とさまざまな意識にどのような関係があるのかを検討していくことには意義があると思われる。「優先順位をつける」「空き時間を活用する」といったことは時間管理のテクニックとしてよくいわれることだが，時間の使い方を改善することで自分の気持ちに余裕が出てくるという面もある。時間の使い方を把握することは，大学生が生活のなかのどのような点で問題を抱えやすいのか，それを改善するにはどのような支援が求められるのかにもつながるであろう。そこで，本研究では大学1年生に焦点を当てる。野々村（2001）は，1年次の大学生が達成すべきキャリア発達課題として，①自己の進路適性，大学等への進学目的，入学した学部・学科・課程などを，自己の進路計画に照らして総合的に検討すること，②大学等における生活と勉学の目標について暫定的計画を立てること，③大学生活への適応に務めることをあげている。すなわち，大学1年生における課題とは，大学で学ぶこと中心に大学生活を有意義に過ごすことが重要である。上述したように，時間の使い方という観点から大学生の進路や自己に対する意識について分析していくことは意義があると考えられる。

　本章では，時間の使い方の違いによって，職業，学業，自己に対する意識が異なるのかどうかを検討することを目的とする。具体的には，大学生活における時間の使い方によって，将来の職業生活についての考え，大学生活を通じて身につくと思う資質・能力，周りの人々から認知されていると思う自分の性格に差がみられるのかどうかを明らかにする。

　本章の構成は以下のとおりである。つづく第2節では，調査内容や質問項目などについて説明する。第3節では，大学生活における時間の使い方によって，将来の職業生活についての考え，大学生活を通じて身につくと思う資質・能力，周りの人々から認知されていると思う自分の性格が異なるのか分析を行なう。最後に第4節では，これらの結果を踏まえてキャリア教育の観点から考察を行なう。

2 方　　法

1）調査手続き
本章ではA大学C学部の1年生を対象に1月に行なわれた調査の使用する（詳しくは序章参照）。学部の必修授業の時間を用いて質問紙調査を行なった。

2）質問項目
以下のような質問項目を設けた。

(1) 1日における時間の使い方

「あなたの大学生活における時間の使い方について，以下の各項目の合計が24 h（時間）になるように数字を割り振って，お答えください（一般的な1日についておおよそどのくらいかをお答えください）」という教示文によって尋ねた。項目は，「大学にいる時間（通学時間含む）」「家で勉強している時間」「家で家族と過ごす時間」「アルバイトをしている時間」「サークル等で活動している時間」「友達と遊んでいる時間」「部屋で一人で過ごす時間」「その他の時間」を設けた。なお，合計が24時間にならない回答は欠損値として扱った。

(2) 将来の職業生活についての考え

「あなたは，将来の職業生活について，どのように考えていますか」という教示文により，後述の表の20項目を尋ねた。「そう思う」～「そう思わない」の4件法で尋ねた。

(3) 大学生活を通じて身につくと思う資質・能力

「あなたは，大学生活を通じて，次のような資質・能力がどの程度身につくと思いますか。あてはまる箇所に○をつけてお答えください」という教示文により，後述の表の24項目を尋ねた。「とても身につくと思う」～「全然身につくと思わない」の4件法で尋ねた。

(4) 性格の認知

「あなたは，周りの人々からどのように思われていると思いますか。以下のそれぞれの項目について，最もあてはまると思うところに○をつけてください」という教示文により，性格を表す形容詞15項目を尋ねた。「かなりそう思われている」～「全くそう思われていない」の5件法で尋ねた。

3 分析結果

1) 各変数の説明

(1) 1日における時間の使い方

大学生活におけるそれぞれの時間ついて，1日あたりの平均等を算出した。その際に，それぞれの項目について「0時間」（その項目について時間を費やしていない）と回答した者が多数いたため，全体の結果のみではなく，「0

表7−1 大学生活における時間の平均等

	全体				
	平均値	標準偏差	最小値	最大値	度数
大学にいる時間（通学時間含む）	6.84	2.27	0	13	213
家で勉強している時間	0.37	0.53	0	2	213
家で家族と過ごす時間	1.19	1.30	0	5	213
アルバイトをしている時間	3.72	2.61	0	12	213
サークル等で活動している時間	1.07	1.56	0	8	213
友達と遊んでいる時間	1.44	1.42	0	6	213
部屋で一人で過ごす時間	1.99	1.63	0	9	213
睡眠時間	6.14	1.70	0	24	213
その他の時間	1.23	1.89	0	13	213

	0時間を除いた場合		
	平均値	標準偏差	度数
大学にいる時間（通学時間含む）	6.94	2.13	210
家で勉強している時間	1.01	0.34	79
家で家族と過ごす時間	1.89	1.17	134
アルバイトをしている時間	4.98	1.68	159
サークル等で活動している時間	2.47	1.48	92
友達と遊んでいる時間	2.23	1.17	138
部屋で一人で過ごす時間	2.34	1.52	181
睡眠時間	6.17	1.65	212
その他の時間	2.45	2.03	107

表7-2 大学生活における時間の度数分布

	大学 度数 (%)	勉強 度数 (%)	家族 度数 (%)	バイト 度数 (%)	サークル 度数 (%)
0時間	3 (1.41)	134 (62.91)	79 (37.09)	54 (25.35)	121 (56.81)
0.1時間~1時間未満	0 (0.00)	12 (5.63)	12 (5.63)	1 (0.47)	1 (0.47)
1時間~2時間未満	1 (0.47)	61 (28.64)	55 (25.82)	0 (0.00)	24 (11.27)
2時間~3時間未満	0 (0.00)	6 (2.82)	29 (13.62)	6 (2.82)	34 (15.96)
3時間~4時間未満	6 (2.82)	0 (0.00)	22 (10.33)	18 (8.45)	14 (6.57)
4時間~5時間未満	14 (6.57)	0 (0.00)	13 (6.10)	38 (17.84)	8 (3.76)
5時間~6時間未満	36 (16.90)	0 (0.00)	3 (1.41)	51 (23.94)	7 (3.29)
6時間~7時間未満	45 (21.13)	0 (0.00)	0 (0.00)	25 (11.74)	3 (1.41)
7時間~8時間未満	27 (12.68)	0 (0.00)	0 (0.00)	5 (2.35)	0 (0.00)
8時間~9時間未満	35 (16.43)	0 (0.00)	0 (0.00)	10 (4.69)	1 (0.47)
9時間~10時間未満	20 (9.39)	0 (0.00)	0 (0.00)	1 (0.47)	0 (0.00)
10時間以上	26 (12.21)	0 (0.00)	0 (0.00)	4 (1.88)	0 (0.00)
計	213	213	213	213	213

	友達 度数 (%)	部屋 度数 (%)	睡眠 度数 (%)	その他 度数 (%)
0時間	75 (35.21)	32 (15.02)	1 (0.47)	106 (49.77)
0.1時間~1時間未満	2 (0.94)	1 (0.47)	0 (0.00)	7 (3.29)
1時間~2時間未満	42 (19.72)	63 (29.58)	0 (0.00)	36 (16.90)
2時間~3時間未満	46 (21.60)	58 (27.23)	0 (0.00)	26 (12.21)
3時間~4時間未満	29 (13.62)	25 (11.74)	0 (0.00)	19 (8.92)
4時間~5時間未満	12 (5.63)	17 (7.98)	12 (5.63)	6 (2.82)
5時間~6時間未満	6 (2.82)	11 (5.16)	44 (20.66)	5 (2.35)
6時間~7時間未満	1 (0.47)	2 (0.94)	101 (47.42)	2 (0.94)
7時間~8時間未満	0 (0.00)	1 (0.47)	30 (14.08)	1 (0.47)
8時間~9時間未満	0 (0.00)	2 (0.94)	19 (8.92)	2 (0.94)
9時間~10時間未満	0 (0.00)	1 (0.47)	3 (1.41)	2 (0.94)
10時間以上	0 (0.00)	0 (0.00)	3 (1.41)	1 (0.47)
計	213	213	213	213

時間」と回答した者を除いた場合についても算出した(表7-1)。全体的には,大学にいる時間が最も多く(およそ6~7時間),次いで,睡眠時間(およそ6時間),アルバイトをしている時間(およそ3~5時間)という順であった(表7-1)。その他の各活動に費やす時間についてはおおむね1~2時間程度であったが,家での勉強については相対的に少なかった。

つぎに,大学生活におけるそれぞれの時間ついての度数分布を求めた(表7-2)。ただし,0時間と回答する者が勉強(62.91%)やサークル(56.81%)においては半数以上であり,家族(37.09%)や友達(35.21%)におい

ては3割程度であった（表7-2）。このように，これらの活動を行なっていない者が一定数いるので解釈に留意を要する。

(2) 将来の職業生活についての考え

各項目の平均等を表7-3に示す。「仕事以外に自分の生きがいをもちたい(3.71)」「安定した職業生活を送りたい(3.56)」「フリーターより正社員で働いたほうがトクだ(3.49)」の項目において相対的に平均が高かった。正社員として安定した生活を送りながらも，仕事以外にも自分の生きがいを持ちたい学生が多いことがわかる。一方で，「やりたい仕事なら正社員，フリーターにこだわらない(1.87)」「できれば仕事はしたくない(1.84)」「今の世の中，食べるのに困らないので定職には就きたくない(1.36)」の項目において相対的に平均が低かった。4件法で尋ねているため，中点が2.5となる。これらの項目は中点の2.5未満であったため，これらの項目についてはそう思っていないということがわかる。総合すると，多くの学生が仕事をしたくないとは思っておらず，やりたい仕事でもフリーターは避けて，定職に就きたいと思っている傾向がうかがえる。

表7-3 将来の職業生活についての考えの平均等

	平均値	標準偏差
仕事以外に自分の生きがいをもちたい	3.71	0.51
安定した職業生活を送りたい	3.56	0.65
フリーターより正社員で働いたほうがトクだ	3.49	0.66
職業生活に役立つ資格を取りたい	3.38	0.71
自分に合わない仕事ならしたくない	3.24	0.76
ひとよりも高い収入を得たい	3.21	0.73
ひとの役に立つ仕事をしたい	3.18	0.81
一つの企業に長く勤めるほうがよい	3.16	0.74
専門的な知識や技術を磨きたい	3.06	0.75
自分に向いている仕事がわからない	2.96	0.89
一つの仕事にとどまらずいろいろな経験をしたい	2.83	0.90
若いうちは仕事よりも自分のやりたいことを優先したい	2.54	0.82
あまりがんばって働かず，のんびり暮らしたい	2.54	0.82
有名になりたい	2.36	0.95
将来のことを考えるより今を楽しく生きたい	2.32	0.80
将来は独立して自分の店や会社を持ちたい	2.14	0.95
将来の生活については考えていない	1.97	0.83
やりたい仕事なら正社員，フリーターにこだわらない	1.87	0.89
できれば仕事はしたくない	1.84	0.96
今の世の中，食べるのに困らないので定職には就きたくない	1.36	0.65

つぎに，これらの20項目に対して主因子法による因子分析を行なった。固有値の変化は3.59, 2.40, 2.18, 1.44, 1.16, 1.12, 0.96, ……というものであった。複数の因子設定で因子分析を行なった結果，4因子が最も妥当であると判断された。どの因子にも負荷量が低かった2項目を除外し，18項目で主因子法・Promax回転による因子分析を行なった（表7-4）。各因子は以下のように解釈された。第1因子は「あまりがんばって働かず，のんびり暮らしたい」「将来の生活については考えていない」など将来の仕事から離れようとする内容の項目が高い正の負荷量を示していたため「職業忌避」因子と命名した。第2因子は「一つの企業に長く勤めるほうがよい（反転項目）」「やりたい仕事なら正社員，フリーターにこだわらない」などやりたい

表7-4　将来の職業生活についての考えの因子分析

	I	II	III	IV
職業忌避 ($a=.71$)				
あまりがんばって働かず，のんびり暮らしたい	.74	−.02	−.07	−.03
将来の生活については考えていない	.64	−.07	−.05	−.06
できれば仕事はしたくない	.62	−.11	.15	−.25
自分に向いている仕事がわからない	.49	−.32	−.13	.08
今の世の中，食べるのに困らないので定職には就きたくない	.44	.37	.01	.04
将来のことを考えるより今を楽しく生きたい	.39	.19	.09	.01
やりたいこと志向 ($a=.64$)				
一つの企業に長く勤めるほうがよい（R）	−.16	.63	.02	−.11
やりたい仕事なら正社員，フリーターにこだわらない	.06	.56	−.18	.20
フリーターより正社員で働いたほうがトクだ（R）	.00	.51	−.22	−.19
安定した職業生活を送りたい（R）	−.30	.47	.13	−.14
若いうちは仕事よりも自分のやりたいことを優先したい	.23	.40	.17	.06
一つの仕事にとどまらずいろいろな経験をしたい	.14	.39	.04	.30
出世願望 ($a=.64$)				
ひとよりも高い収入を得たい	−.04	−.28	.72	−.02
有名になりたい	−.04	.02	.59	.14
将来は独立して自分の店や会社を持ちたい	.12	.26	.55	−.02
専門志向 ($a=.60$)				
ひとの役に立つ仕事をしたい	−.15	−.05	−.08	.80
専門的な知識や技術を磨きたい	−.08	.08	.10	.54
職業生活に役立つ資格を取りたい	.01	−.30	.22	.39

因子間相関	I	II	III	IV
I	—	.24	.18	.23
II		—	.29	.03
III			—	.25
IV				—

註：(R) は反転項目。

仕事をするためならば，転職も含め雇用形態にはこだわらない内容の項目が高い正の負荷量を示していたため，「やりたいこと志向」因子と命名した。第3因子は「ひとよりも高い収入を得たい」「有名になりたい」など名声や収入を重視する内容の項目が高い正の負荷量を示していたため「出世願望」因子と命名した。第4因子は「ひとの役に立つ仕事をしたい」「専門的な知識や技術を磨きたい」など専門性を身につけて人の役に立つ仕事をすることに価値を置く内容の項目が高い正の負荷量を示していたため「専門志向」因子と命名した。

(3) 大学生活を通じて身につくと思う資質・能力

各項目の平均等を表7-5に示す。「コミュニケーション能力（3.46）」「他人とうまくやっていく力（3.31）」「情報収集探索能力（3.29）」の項目において相対的に平均が高かった。対人的なやりとりを行なう力が身につくと思っ

表7-5　大学生活を通じて身につくと思う資質・能力の平均等

	平均値	標準偏差
コミュニケーション能力	3.46	0.61
他人とうまくやっていく力	3.31	0.63
情報収集探索能力	3.29	0.58
幅広い人間力	3.27	0.71
協調性	3.16	0.75
自己表現力	3.14	0.72
選択能力	3.13	0.65
専門的な学問的知識	3.12	0.62
職業意識・勤労観	3.10	0.76
職業理解力	3.08	0.70
課題（問題）解決能力	3.08	0.69
計画実行能力	3.03	0.66
向上心探求心	3.00	0.73
社会人としての常識	2.92	0.75
責任感	2.89	0.84
専門的な職業能力	2.89	0.70
人を思いやる力	2.77	0.82
基礎的な学力	2.76	0.72
基本的なビジネスマナー	2.73	0.81
職業上、必要となる資格	2.65	0.72
忍耐力	2.49	0.88
集中力	2.42	0.82
ITを使いこなす力	2.41	0.82
語学力	2.15	0.86

ている学生が多いことが分かる。一方,「ITを使いこなす力(2.41)」「語学力(2.15)」の項目において相対的に平均が低かった。4件法で尋ねているため,中点が2.5となる。これらの項目は中点の2.5未満であったため,これらの力が大学生活を通じても身につかないととらえている学生が多いことが分かる。ただし,対象者は大学1年生であったため,講義に関する知識や大学生活の見通しに一定の制約がある可能性があるため解釈には留意を要する。

つぎに,これらの24項目に対して主因子法による因子分析を行なった。固有値の変化は8.26,2.30,1.65,1.28,1.14,1.04,0.84,……というものであった。複数の因子設定で因子分析を行なった結果,2因子が最も妥当であると判断された。24項目で主因子法・Promax回転による因子分析を行なった(表7-6)。各因子は以下のように解釈された。第1因子は「他人とう

表7-6 大学生活を通じて身につくと思う資質・能力の因子分析

	I	II
適応力 (α = .84)		
他人とうまくやっていく力	.90	-.23
幅広い人間力	.83	-.17
コミュニケーション能力	.71	-.14
自己表現力	.70	-.03
計画実行能力	.59	.15
情報収集・探索能力	.58	.02
協調性	.58	.08
人を思いやる力	.54	.10
責任感	.49	.21
選択能力	.45	.16
向上心探求心	.45	.28
課題(問題)解決能力	.42	.24
知識・技能 (α = .87)		
基本的なビジネスマナー	-.16	.77
社会人としての常識	-.07	.72
語学力	-.15	.63
専門的な職業能力	.09	.63
ITを使いこなす力	-.16	.59
忍耐力	.11	.53
職業上、必要となる資格	.05	.53
集中力	.12	.52
職業意識・勤労観	.19	.48
専門的な学問的知識	.13	.46
基礎的な学力	.09	.42
因子間相関		.59

まくやっていく力」「幅広い人間力」など人間関係や対人的な適応を示す内容の項目が高い正の負荷量を示していたため「適応力」因子と命名した。第2因子は「基本的なビジネスマナー」「社会人としての常識」など社会人としての知識や技能を示す内容の項目が高い正の負荷量を示していたため「知識・技能」因子と命名した。

(4) 性格の認知

各項目の平均等を表7-7に示す。「いい加減な (3.65)」「陽気な (3.63)」「温和な (3.56)」の項目において相対的に平均が高かった。一方で「短気 (2.56)」「無口な (2.52)」「怒りっぽい (2.51)」の項目において相対的に平均が低かった。5件法で尋ねているため、中点が3となる。これらの項目は中点の3未満であったため、短気や無口や怒りっぽいとは思われていないと学生がとらえていることを意味する。総じて、自分は、周りの人々から明るい人間であると思われている学生が多いことがうかがえる。

15項目について因子分析（主因子法・Promax回転）を行なった結果、以下のような因子パターンが得られた（表7-8）。各因子名については、big fiveに該当するようにして命名した。第1因子は、「不安になりやすい」「心配性」などの項目で構成されていたため「神経症的傾向」と命名した。第2因子は、「話し好き」「無口な（反転項目）」などの項目で構成されていたため「外向性」と命名した。第3因子は「短気（反転項目）」「怒りっぽい（反転項目）」などの項目で構成されていたため「調和性」と命名した。第4因子は「いい加減な（反転項目）」「ルーズな（反転項目）」などの項目で構成されていたため「勤勉性」と命名した。第5因子は、「多才の」「独創的な」

表7-7 性格の認知の平均等

	平均値	標準偏差		平均値	標準偏差
いい加減な	3.65	1.04	進歩的	3.00	0.87
陽気な	3.63	1.02	不安になりやすい	2.96	1.16
温和な	3.56	0.93	悩みがち	2.95	1.19
話し好き	3.51	1.19	多才の	2.62	0.96
ルーズな	3.40	1.14	短気	2.56	1.10
独創的な	3.21	1.02	無口な	2.52	1.19
心配性	3.15	1.13	怒りっぽい	2.51	1.05
怠惰な	3.11	1.05			

表7-8 性格の認知の因子分析

	I	II	III	IV	V
不安症傾向（α=.84）					
不安になりやすい	.89	-.09	-.05	-.04	-.10
心配性	.83	.06	.10	.02	-.10
悩みがち	.73	-.04	.00	.08	.05
外向性（α=.82）					
話し好き	.07	.85	-.09	.06	.05
無口な（R）	-.13	.80	.00	.06	-.19
陽気な	-.01	.71	.06	-.12	.12
調和性（α=.80）					
短気（R）	-.02	.01	.84	.01	-.14
怒りっぽい（R）	-.09	-.01	.80	.09	-.11
温和な	.14	-.03	.69	-.10	.24
勤勉性（α=.77）					
いい加減な（R）	.04	-.04	-.09	.81	-.01
ルーズな（R）	-.03	-.01	-.08	.75	.01
怠惰な（R）	.05	.07	.14	.66	.09
開放性（α=.52）					
多才の	-.13	-.08	.09	.09	.83
独創的な	-.08	-.01	-.05	-.03	.43
進歩的	.22	.23	.06	-.02	.38
因子間相関	I	II	III	IV	V
I	—	-.03	-.25	.07	.22
II		—	-.13	-.09	.30
III			—	.24	-.36
IV				—	-.17
V					—

註：（R）は反転項目。

などの項目で構成されていたため「開放性」と命名した。
(5) 各得点の平均等

「将来の職業生活についての考え」「大学生活を通じて身につくと思う資質・能力」「性格の認知」においては，下位尺度ごとに合計を求め，項目数で除して下位尺度得点を求めた（表7-9）。

「大学生活を通じて身につくと思う資質・能力」においては，4件法で尋ねており，中点は2.5である。「職業忌避（2.17）」と「やりたいこと志向（2.00）」は中点未満であった。これは全体的には，職業を避けようとはしておらず，たとえやりたい仕事内容であっても，安定的な雇用形態にこだわる傾向があることを示している。一方，「出世願望（2.57）」「専門志向（3.20）」

表7-9 各下位尺度得点の平均等

	平均値	標準偏差	最小値	最大値	度数
職業生活についての考え					
職業忌避	2.17	0.53	1.00	4.00	211
やりたいこと志向	2.00	0.46	1.00	3.83	211
出世願望	2.57	0.67	1.00	4.00	212
専門志向	3.20	0.57	1.33	4.00	210
身につくと思う資質・能力					
適応力	2.86	0.43	1.75	3.67	211
知識・技能	2.69	0.49	1.18	4.00	212
性格の認知					
不安症傾向	3.02	1.02	1.00	5.00	212
外向性	3.53	0.97	1.00	5.00	212
調和性	3.50	0.87	1.00	5.00	212
勤勉性	2.98	0.54	1.67	4.00	213
開放性	2.94	0.68	1.00	5.00	213

は中点以上であった。全体的には，職業において専門性を習得し，出世していきたいと思っていることが分かる。

「大学生活を通じて身につくと思う資質・能力」においても，4件法で尋ねており，中点は2.5である。「適応力（2.86）」「知識・技能（2.69）」は中点以上であった。これらの力が大学生活を通じて身につけられると思っていることがわかる。

「性格の認知」においては，5件法で尋ねており，中点は3である。「不安症傾向（3.02）」「勤勉性（2.98）」「開放性（2.94）」は中点付近であったのに対し，「外向性（3.53）」「調和性（3.50）」は相対的に高かった。全体的には，話好きで陽気であり，かつ，気が長くて温和であると自分の性格を認知している者が多いことがわかる。

2）1日における時間の使い方と職業，学業，自己に対する意識の関連

「1日における時間の使い方」と「将来の職業生活についての考え」「身につくと思う資質・能力」「性格の認知」のスピアマン（Spearman）の順位相関係数を求めた（表7-10）。

「大学にいる時間」と「やりたいこと志向（$p=-.15$）」「出世願望（$p=-.16$）」の間には，負の関連が見られた。大学にいる時間が短い者の方がやりたいことを求めたり，出世したいという気持ちを持っていることがうか

表7-10　時間の使い方と職業生活についての考え，身につくと思う資質・能力，性格の認知の
　　　　スピアマン（Spearman）の順位相関係数

	職業生活についての考え				身につくと思う資質・能力	
	職業忌避	やりたいこと志向	出世願望	専門志向	適応力	知識・技能
大学にいる時間（通学時間含む）	.08	-.15 *	-.16 *	-.08	.04	.01
家で勉強している時間	-.14 *	.02	.03	.22 **	.10	.12 †
家で家族と過ごす時間	-.06	-.11	-.19 **	.01	-.07	-.02
アルバイトをしている時間	-.01	.08	.06	.04	-.04	-.03
サークル等で活動している時間	.03	.16 *	.01	-.04	.03	-.01
友達と遊んでいる時間	.03	.12 †	.04	-.04	.11	.07
部屋で一人で過ごす時間	.01	-.05	.09	-.03	-.04	-.03
睡眠時間	-.02	.05	.02	.10	-.04	-.03
その他の時間	-.05	.09	-.05	-.06	.00	-.09

	性格の認知				
	不安症傾向	外向性	調和性	勤勉性	開放性
大学にいる時間（通学時間含む）	-.04	.04	.00	.04	-.12
家で勉強している時間	.12 †	-.04	-.05	.06	.06
家で家族と過ごす時間	.00	-.03	.16 *	-.08	-.18 *
アルバイトをしている時間	.03	.05	-.04	-.01	-.01
サークル等で活動している時間	-.07	.04	.10	-.02	.02
友達と遊んでいる時間	.06	.22 **	-.01	.12 †	.02
部屋で一人で過ごす時間	.03	-.16 *	-.06	-.03	.04
睡眠時間	.00	-.18 *	-.04	.00	.11
その他の時間	-.09	-.01	.13 †	-.04	-.06

**$p<.01$, *$p<.05$, †$p<.10$

がえる。

「家で勉強している時間」と「専門志向（$p=.22$）」「知識・技能（$p=.12$）」の間には，正の関連が見られ，「職業忌避（$p=-.14$）」との間には負の関連が見られた。家で勉強している時間が長い者ほど大学では知識・技能が身につくと思っており，かつ，職業を先延ばしにしたいような傾向は見られず，職業では専門性を活かしたいと思っていることがわかる。ただし，「不安症傾向（$p=.12$）」との間に正の関連も見られたいたことからも，一定程度の不安が学習時間を延ばすことと関連していることもうかがえた。

「家で家族と過ごす時間」と「調和性（$p=.16$）」の間には，正の関連が見られ，「開放性（$p=-.18$）」「出世願望（$p=-.19$）」との間には負の関連が見

られた。家族との時間を長くとる者は，和を大切にする傾向があり，有名になることは求めていない傾向が見られた。

「サークル等で活動している時間」と「やりたいこと志向（$p = .16$）」の間には正の関連が見られた。サークルで長い時間を過ごすものは職業の面でも活動的でありたいと思っていると解釈できよう。

「友達と遊んでいる時間」と「外向性（$p = .22$）」「勤勉性（$p = .12$）」「やりたいこと志向（$p = .16$）」との間には正の関連が見られた。友達と長く遊ぶ者は，話好きでありながらも，一方で，ルーズではなく，職業の面でも活動的でありたいと思っていることが分かる。

「部屋で一人で過ごす時間」と「外向性（$p = -.16$）」との間には，負の関連が見られた。話好きではない者ほど部屋で一人で過ごしていると解釈できよう。

「睡眠時間」と「外向性（$p = -.18$）」との間にも負の関連が見られた。話好きな者は睡眠時間を削ってでも活動的であるのかもしれない。

4　総合的考察

本章の目的は，時間の使い方の違いによって，職業，学業，自己に対する意識が異なるのかどうかを検討することであった。

本章の結果より，大学生の普段の時間の使い方によって，職業に対する意識や大学での学びに対する見方，自己認識が異なることが示唆された。このような知見は，どのような学生がどのような活動をどのくらい行なっているのかということを把握する端緒となり，学生のタイプに合わせた具体的な支援体制を構築することにもつながると考えられる。

時間の使い方と自己に対する認知（性格の認知）の関連については，性格が時間の使い方に影響を与えると解釈することが妥当であろう。あるタイプの性格の持ち主だからこそ，あることについて時間を使う傾向があるという見方である。しかしながら，時間の使い方が性格の認知に影響を与えうるという視点も忘れてはならない。有意義な時間の使い方をすることにより，自

己に対する認知の仕方も変わりうるという解釈である。どのような大学生活がキャリア発達を促すのかを検討するには，このような性格の認知という個人差も考慮する必要があるが，以下には，時間の使い方と職業に対する意識の関連，および，時間の使い方と学業に対する意識の関連について中心に考察していく。

　まず，大学にいる時間が短い者は，相対的に，職業の面でやりたいことを求めたり，出世したいという気持ちが強かった。今回の尋ね方では，大学内にいる時間が授業時間と通学時間のみの者も含まれれば，大学内の図書館等で授業の課題に取り組んだり，自発的な学習に取り組んでいる者も含まれる。また，通学時間にも学生によって幅があるであろう。そのため，大学にいる時間が短いことがそのまま学業や自発的な学習に費やす時間が短い者であると見なすことはできない。このような尋ね方の制約はあるものの，家で勉強している時間が長い者とは異なる結果が示されたことからも，大学にいる時間が短い者は，大学内での学習よりも，大学外でのさまざまな経験を重視しているということが考えられる。

　つぎに，家で勉強している時間が長い者ほど大学では知識・技能が身につくと思っており，かつ，職業を先延ばしにしたいような傾向は見られず，職業では専門性を活かしたいと思っていた。これは，いわば，"大学に対する信頼"があるともいえる。いいかえれば，家で勉強する時間が短い者ほど，相対的に，大学で知識・技能が身につけられるとは思っておらず，かつ，職業を先延ばしにしたい傾向が見られたということである。これは，大学に対する信頼がなく，学習もせず，職業を先延ばしにしたい意識があるということである。大学はこのような信頼を取り戻す必要がある。具体的な取り組みとしては，現在の学びがいかに将来の学びと結びつくのかということを，授業を通じて明示的に説明するなど学業と職業の結びつきを意識したアプローチがあるであろう。

　また，家族との時間を長くとる者は，職業の面で有名になることは求めていなかった。これは親などとの会話を通して，堅実的な職業生活に魅力を感じるようになったとも解釈ができるし，そのようになって欲しいと親から要請を受ける機会が多いことを示しているのかもしれない。ただし，一人暮ら

しや寮生活など，物理的に家族との時間をとることが難しい学生も含まれているので解釈には留意を要する。

最後に，サークル活動や友人との遊びの時間を長くとる者は，職業の面でやりたいこと志向が高かった。本章における「やりたいこと志向」とは，1つの企業に長く勤めるほうがよいとは思っておらず，やりたい仕事なら正社員，フリーターにこだわらず，フリーターより正社員で働いたほうが良いとは思っていない傾向を示すものである。すなわち，やりたいことならば安定的な雇用形態にとらわれずにさまざまな経験をしたいという志向性をあらわすものである。「やりたいこと志向」は，大学生のキャリア意識形成において近年注目された。これは当初，フリーターに特徴的に見られることが指摘された（日本労働研究機構 2000）。しかし，この「やりたいこと志向」は，「好きなことや自分のやりたいことを仕事に結び付ける傾向」として，現代の大学生にも広く支持されており，かつ，「やりたいこと志向」そのものは，青年期固有の課題であり，それに取り組むこと自体が進路の不決断に直結するわけではないことが指摘されている（安達 2004）。一方で，「やりたいこと志向」へのこだわりが自己分析から実際の就職活動への移行困難という不適応状態をもたらすことも指摘されている（大久保 2002）。このように「やりたいこと志向」については賛否両論が指摘されているが，就職間近とは言えない大学1年生の1月の時点であるという本章の対象者の特徴を考慮すると，大学外の活動に積極的に取り組んでいく可能性を秘めたものでもあるため，不適応的であるという解釈はふさわしくないであろう。

ところで，大学における学びとは，勉強している時間のみではなく，大学外でのさまざまな経験やさまざまな大学生活を通じた総合的なものである。多様な大学生活があるなかでも，どの学生にも多くの割合を占めるのが学業である。溝上（2009）は，授業だけで勉強する，あるいは授業外だけで勉強する学生は，大学教育で求められる学習の成果には十分に至らず，授業・授業外のバランスある学習が学生の成長・発展に貢献していることを実証的に示している。また，半澤（2011）が指摘するように，大学におけるキャリア教育は，大学でのさまざまな学びを前提とし，その学びによって，学生の成長・発達に具体的な道筋をつけていくという性質があるであろう。たとえば，

低学年から就職活動に対して不安を持つ者に対しては，まずは学業に力を入れてみてはどうだろうかと提案することは，本章の結果からも一定の効果があると思われる。

　今後の課題としては，以下に述べる三点が挙げられる。第一に，時間の使い方と他の変数の関係の方向性である。本章では，相関分析を中心に行なったが，両者の因果関係については分析できなかった。今後は理論的背景を踏まえながら，変数間の影響について明らかにしていく必要がある。第二に，大学生が「いつ，誰と，どこで，何をしているのか」をより詳しく探っていく必要がある。近年さかんに行なわれている居場所研究においては，居場所の概念が拡大している特徴がある。石本（2009）によれば，居場所という言葉は，一般的には「快感情を伴う場所，時間，人間関係等」を意味することが多いという。時間の使い方について今後分析を進めていくうえでも，このような広い意味での居場所の概念を踏まえて，場所や人間関係をより詳細に区分していくことが求められる。たとえば，大学で過ごしている時間にしても，図書館で勉強していたり，友人と学生食堂で喋っていたりというようにその中身は多様であろう。第三に，各活動についての「個人の世界における意味づけ」（溝上 2001）を明らかにすることである。今回は単純に各活動に費やす時間の長短によって分析を行なったが，今後はその個人にとって重要な活動とそうでない活動について検討してみることも必要であろう。自己評価に関する研究（たとえば，髙坂 2008）でも個人にとっての重要な領域によって自己評価が変わりうることが示唆されている。同じ活動に同じだけの時間を費やしていても，その個人にとってその活動がどれだけ重要であるかによって，異なる様相を見せると考えられる。

（峰尾菜生子・田澤　実・梅崎　修）

第Ⅲ部
就職活動を通じてキャリア意識は変化するのか？

第8章

希望業種の男女間比較
4年間の継続調査

1　問題の所在

　本章は，大学入学時から卒業時点まで4年間の継続調査を実施し，大学生の希望業種における男女間格差の変化を分析した。大学生の性別による意識（ジェンダー意識）がキャリア展望に与える影響は大きいと言えよう。性別による意識の違いは，家庭環境などの大学入学前の経験によって形成されたものでもあり（中西1998など），また実態としての企業側の採用や雇用慣行を反映したものと考えられる。

　男女の就業に対する違いを分析するにあたって焦点を当てたのは，以下の2点である。

　第一に，学生側の意識と企業側の労働条件とのギャップについて検討したい。学生側の意識や企業に対する認識は企業側の実態を反映したものではなく，入学前の経験や大学生活，さらには就職活動中に形成されている可能性がある。とくに学生にとっての就職活動は，大学4年間を通してもっとも大きな環境変化であり，セミナーなどで企業情報を知る機会も広がり，漠然とした希望から選択を伴った希望へと変化を遂げると言えよう。つまり，就業の希望が就職活動に与える影響もあるが，それと同時に就職活動という経験を通して学生の意識も大きく変化するのである。

　第二に，本分析は大学4年間の継続調査であり，なおかつ卒業時点の就職結果をそれまでの希望と比較することができるので，一時点の男女差ではなく，その変化の過程も分析したい。とくに就職活動期に変化の仕方そのものにも男女差がある可能性も確認したい。

　なお，多くの先行研究では，小・中・高校，大学のそれぞれの学校段階で

性別によるキャリア展望の格差を分析してきた。これらの研究では，対象とする学校段階が異なるだけでなく，その調査指標も異なっている。そこで本章では，本分析との違いにも焦点を当てながら先行研究の分析結果を概括しよう。

まず，真鍋（2007）は，小学生，中学生の男女間を比較し，希望職種の変化を分析している。高学年に移行するにしたがって男女差は曖昧になるものの，保育，美容サービス，製造の職種ではより明確な格差が生まれることを指摘している。男女格差には成績の高低も影響を与えており，成績が低いほど格差が生まれることが確認された。

日本労働研究機構（現・独立行政法人労働政策研究・研修機構）（2001）は，中学生と高校生の職業認知を調査し，職業認知に男女差があることを検証している。

吉川（2001）は，高校3年生のアンケート調査を用いて，ジェンダー意識とライフコース選択の関係について男女差および女性（男性）内格差を検証した。男女間で意識の分布構造は異なり，その意識差がライフコース選択に関して影響するのは男子より女子の方が強いことが確認された。

宮田（2009）は，高校2年生の職業希望の分析を通じ，男女とも特定の職業に回答が集中すること，女子は実際に女性が多く参入している職業を希望することなどを確認し，「性役割観にもとづいた『適職』にいまだ制約されている様子がうかがえた」と述べている。

片瀬・元治（2008）は，高校生の意識調査の変化を通じ，進学と職業意識の関連の男女差について調べた。女子高生の志望する専門職を，女性の従業者割合が高い女性職と，非女性職に分け，それぞれのライフコース展望について分析した。女性職を志望する女子高生は従来型の性別役割意識が高かったが，近年は非女性職志望の女子と差がなくなってきていることがわかった。

牛尾（2004）は，大学4年生の就業意識について調べ，ジェンダー意識と昇進意欲について男女差を確認し，キャリア志向性や仕事に対する価値観については男女差が見られないという結果を導いた。

このように，小学生から大学生にいたるまで，就業についての意識には男女差があり，その背景には性別役割分業意識や，実際の労働市場の状況が影

響していると言える。希望する仕事に関する先行研究では，職種による分析が多い。しかし，高学年になればなるほど，職種という区分よりも業種という区分で仕事をイメージするようになると言えよう。進学者も多い高校生の分析では，職種による分析も適しているが，大学生の場合，実際の就職活動を視野に入れると，業種の方がイメージしやすいのだろう。また，本章では，希望の分析とともに，職種未決定で採用が決まる実際の就職活動も分析するので，業種を調査指標にして分析した方が適している。

　業種による希望格差を分析したものとして以下の先行研究がある。まず，高校のキャリア意識調査を分析した唐澤ら（2009）では，男子は第2次産業と第3次産業の業種を希望し，女子は第3次産業を希望する傾向にあり，男子は希望業種のばらつきが大きく，女子はばらつきが小さいことを確認した。さらに，希望業種と将来生活イメージの関連性は男女で大きく異なることがわかり，業種を希望する理由自体に男女格差があるため，希望業種の分布に格差が生まれていることが確認された。

　林ら（2010）は，唐沢らの結果が大学生にもあてはまるかどうかを大学1年生の3時点の調査を用いて確認した。導かれた結果として，男子の公務員希望が女子より高いこと，男子は第2次産業，女子は第3次産業を希望すること，業種と将来生活のイメージが異なり，希望業種の分布に男女格差があることなどがあった。時間の経過とともに希望業種が広がっていることも確認されたが，要因については不明であった。同じく林ら（2011）は大学3年生の調査により，就職活動が始まった時期の希望業種を調べ，高校生や大学1年生と同じ傾向を確認した。林ら（2010, 2011）の研究は，同じ大学生を対象とした調査によるものである。一時点ではなく複数時点の調査であることから，2つの分析結果を繋げると，学生の意識変化を確認できる。しかし，これらは1年次と就職活動開始時の分析結果なので，本章では，さらに卒業時点の就職結果を追加し，1年次，3年次，卒業時点の調査を分析する。

　上記の先行研究の成果を踏まえながら本章では，希望進路の男女格差を分析する。希望進路に影響を与える要因としては，就職後の労働条件もあり，なおかつ企業に対する学生側のイメージもある。そこで本章では，2つの分析を行なう。まず，1) 労働条件が希望進路に与えるという因果関係が発見

できるのかについて確認し，そのうえで，2）労働条件とは別の企業に対するイメージが希望進路に影響を与えるのかどうかを分析する。

なお，本章の構成は以下のとおりである。つづく第2節では，雇用における男女格差をマクロデータから把握する。とくに業種格差を確認する。第3節では，調査概要を説明する。第4節では，大学4年間の希望の変化を分析し，なおかつ就職活動との関連性を検討する。最後に第5節は，分析結果のまとめである。

2 雇用における男女間格差

本節では，調査の分析に入る前に労働条件の男女差を把握しておく。そのうえで本章の調査と分析結果を記したい。企業における労働条件にはさまざまなものがある。賃金，勤続年数，労働時間，昇進昇格などである。以下では，男女間の賃金と勤続年数の格差についてマクロデータを確認する。

1）縮まらない男女格差

厚生労働省の「賃金構造基本統計調査」より，所定内給与額について，1981年から2010年の時系列データを見る。男性の賃金が女性より高いことは約30年間変わっていない[1]（図8-1）。

男女間の賃金格差を確認するために，男性を100とした時の女性の賃金を右目盛りで示した。100に近づくほど男女の賃金格差が小さいことを意味している。1981年には女性の賃金は男性の6割以下であり，その後格差は縮小してきた。2009年に7割に達したものの，依然として男女格差は残っている。

つぎに，同じく厚生労働省の「賃金構造基本統計調査」より，平均勤続年数の1981年から2010年の時系列データを見る（図8-2）。男性の勤続年数は1981年に11.0年，2010年に13.3年と伸びている。また，女性も1981年の6.2年から2010年には8.9年に伸びている。とはいえ，男女の差は5年程度で推移しており，いまだ縮まっていない。

図8-1 男女間賃金格差の推移（1981-2010年）

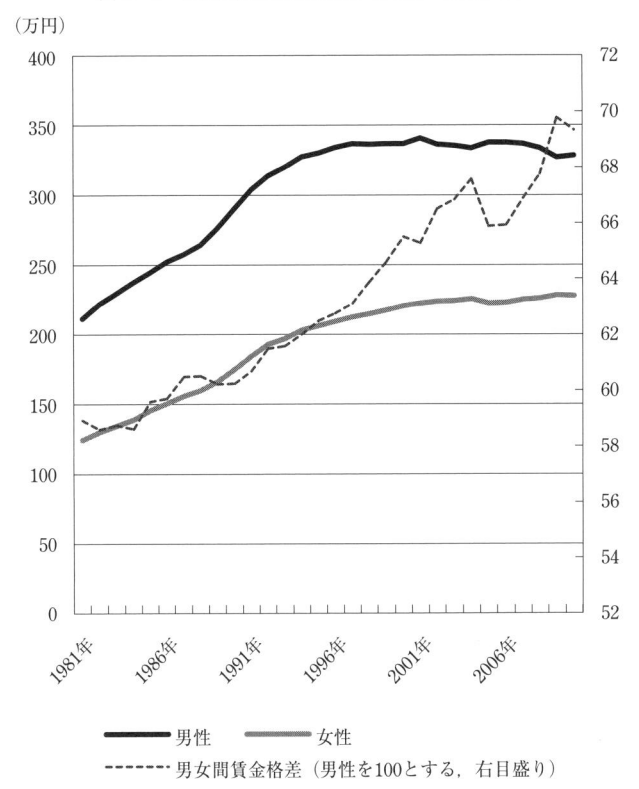

出所：厚生労働省「賃金構造基本統計調査」より筆者作成。

　男女間の格差の推移を，男性を100とした時の女性の勤続年数で確認した。100に近づくほど男女の格差が小さいことを示す。1981年には男性100に対して女性は56であり，その後格差は縮小してきた。2009年に女性は67に達したものの，依然として男女格差が残っている。

2）業種別の比較

　ここで，業種別の労働条件を比較する。労働条件として，給与水準，給与の男女格差，勤続年数，昇進昇格の男女格差，などさまざまな要素が挙げられるが，厚生労働省「平成22年賃金構造基本統計調査」より，30～39歳，

第8章　希望業種の男女間比較　　155

図8-2 男女間勤続年数格差の推移(1981-2010年)

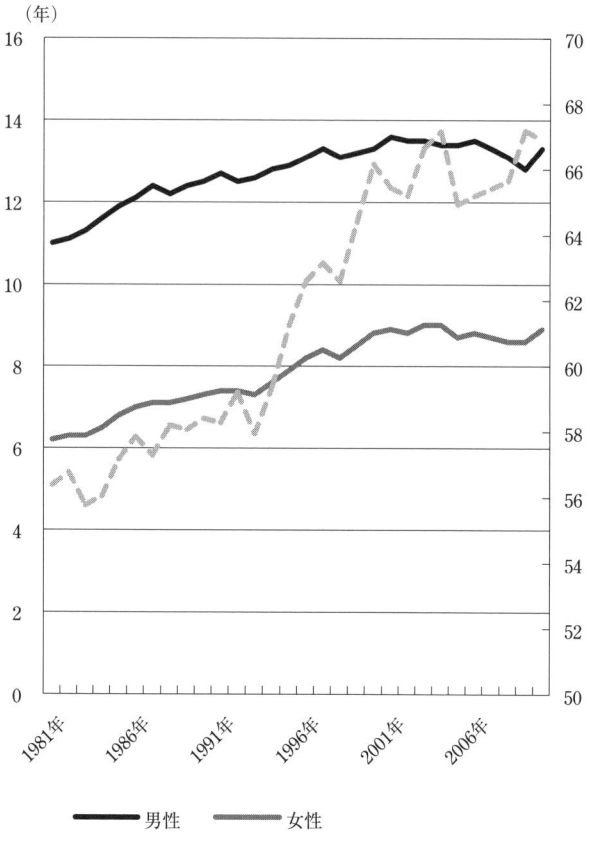

凡例:
― 男性
― 女性
---- 男女間勤続年数格差（男性を100とする，右目盛り）

出所：厚生労働省「賃金構造基本統計調査」より筆者作成。

　30〜59歳の給与の男女間格差，平均勤続年数の男女間格差（男性を1とする）を確認した（表8-1）。業種分類は本研究の分類と必ずしも対応していないが，比較可能な業種を抜粋した。

　労働条件が平均を上回る業種としては，「電気・ガス・熱供給・水道業」，「情報通信業」，「運輸業・郵便業」，「教育・学習支援業」が挙げられる。一方，平均を完全に下回る業種としては，「製造業」「金融・保険」が挙げられる。ただし，これらの業種の順位の違いが，必ずしも学生の人気の順位と同

表 8-1 業種別の労働条件の比較

	給与(30-39歳)	給与(30-59歳)	平均勤続年数(30-39歳)	平均勤続年数(30-59歳)	女子（3年時）希望	
鉱業，採石業，砂利採取業	0.75	0.65	0.99	0.90	鉄鋼，セメント・セラミックス	▲
建設業	0.70	0.62	0.89	0.85	建設	▲
製造業	0.69	0.57	0.91	0.75	食品，化粧品	◎
電気・ガス・熱供給・水道業	0.77	0.72	0.92	0.88	電力・エネルギー	▲
情報通信業	0.78	0.74	0.92	0.89	ソフトウエア・情報処理，通信	○
運輸業，郵便業	0.73	0.70	0.97	0.84	運輸（鉄道・航空）	○
卸売業，小売業	0.76	0.63	0.89	0.72	流通・百貨店	○
金融業，保険業	0.58	0.55	0.85	0.73	銀行，保険	◎
不動産業，物品賃貸業	0.72	0.63	0.99	0.85	不動産	▲
教育，学習支援業	0.80	0.79	1.08	0.97	教育	○
サービス業（他に分類されないもの）	0.77	0.70	0.65	0.65	マスコミ，広告，出版	◎
全業種平均	0.73	0.66	0.92	0.82		

註：全業種平均を上回る業種は太字。
註：◎は人気高，○は普通，▲は不人気
出所：厚生労働省「賃金構造基本統計調査」と「本章調査」より筆者作成。

じとは限らない。そこで次節以降では，ここでの事実確認を前提にして男女間の希望の違いを分析しよう。

3 調査の特徴

本章では，A大学C学部の大学入学から卒業までの継続調査を分析する（詳しくは序章参照）。対象者は上記の大学の1学部（文系）を2011年3月に卒業する4年生であり，1年次に3回，3年次に1回，4年卒業直前に1回の調査を実施した。長期間の複数時点の調査が本データの特徴である。このデータから大学生の4年間の変化を把握することができる。なお，5時点

すべてに回答した学生のみを対象とするパネルデータ分析ではない。留年した学生は除外しており、4年生調査の対象者は、1年生調査の対象者にほぼ含まれている。

4 分析結果

1) 希望から結果への「偏り」
(1) 希望進路の変化

まず、1年生調査と3年生調査を振り返る。「大学卒業後は、どのような進路に進みたいと考えていますか」の問いに複数回答で答え、男女計では民間企業への就職希望がもっとも多い。1年生調査では約8割、3年生調査では9割以上を占める。

男女別に見ると、男子は1年生調査の3時点とも民間企業を志望する者は約7割だが、3年生調査では約9割に増加している(図8-3)。女子の場合、民間企業は1年生の時点から約8割以上、9割台と高い(図8-4)。つまり、1年生では男女で民間企業の志望度に開きがあったが、3年生では男女差がなくなる。民間企業が現実的な進路として考えられていることが確認できる。

ほかの進路はどうか。男子の公務員希望者は1年生調査の平均で約3割存在するが、3年生調査では約1.5割と減少している。同様に、1年生の第1回で20.7%だった教員志望も、3年生調査では6.3%まで減少している。女子の場合、公務員希望、教員希望とも、どの時点をとっても男子より少ない。男子は女子よりも所得の安定性を重視した将来設計を考えていると解釈できる。しかし、公務員も教員も試験準備などの取り組みが必要であることから、学年が進むにつれ、現実的な進路として希望者が減少していくと解釈できる。

なお、4年生調査では、就職先として内定が出た156名(男子58名/女子98名)について、進路を確認した。雇用形態は正社員(正職員)、契約社員(契約職員)を含む。

民間企業に就職と回答した者は男女計で75.0%、男子は65.6%、女子は81.0%であった。公務員は男女計で4.3%、男子6.7%。女子2.8%、教員は

図8-3 希望進路（男子）

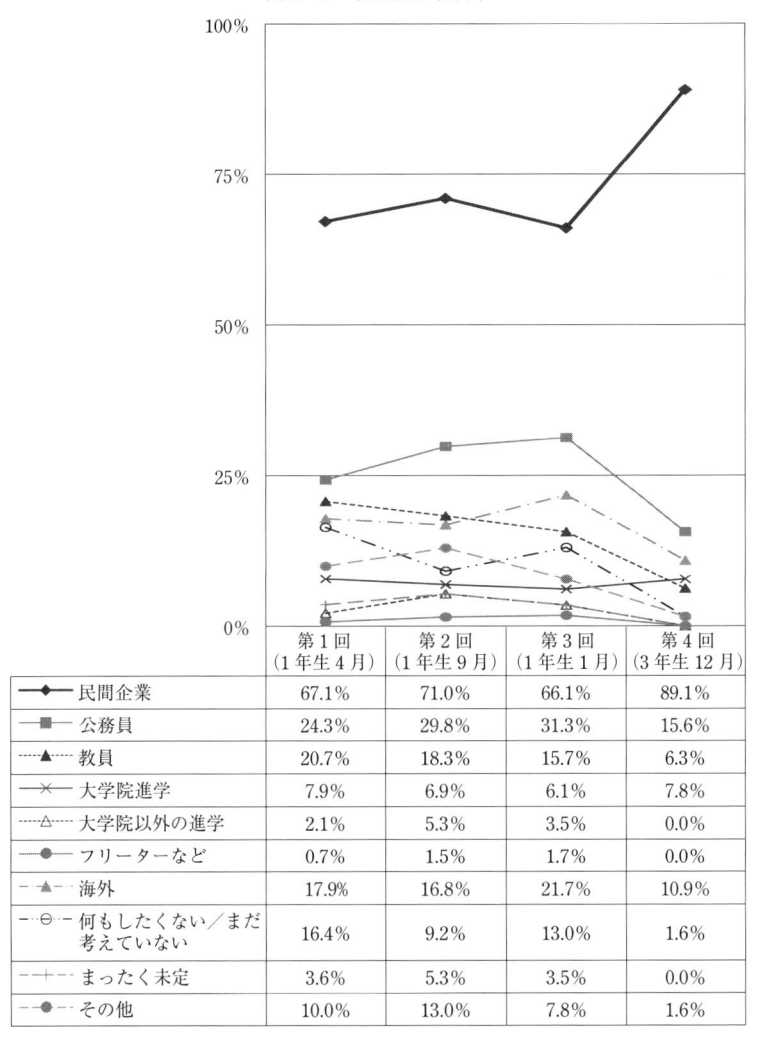

	第1回 (1年生4月)	第2回 (1年生9月)	第3回 (1年生1月)	第4回 (3年生12月)
◆ 民間企業	67.1%	71.0%	66.1%	89.1%
■ 公務員	24.3%	29.8%	31.3%	15.6%
▲ 教員	20.7%	18.3%	15.7%	6.3%
× 大学院進学	7.9%	6.9%	6.1%	7.8%
△ 大学院以外の進学	2.1%	5.3%	3.5%	0.0%
● フリーターなど	0.7%	1.5%	1.7%	0.0%
▲ 海外	17.9%	16.8%	21.7%	10.9%
⊖ 何もしたくない／まだ考えていない	16.4%	9.2%	13.0%	1.6%
+ まったく未定	3.6%	5.3%	3.5%	0.0%
● その他	10.0%	13.0%	7.8%	1.6%

男女計で1.8％，男子1.1％．女子2.1％であった[2]。男女とも，希望と同じく，民間企業への就職が多数を占め，公務員や教員に就職するものは少数である。

(2) 希望業種の変化

このように，希望進路のうちもっとも多いのが民間企業就職である。その

第8章　希望業種の男女間比較　159

図8-4 希望進路（女子）

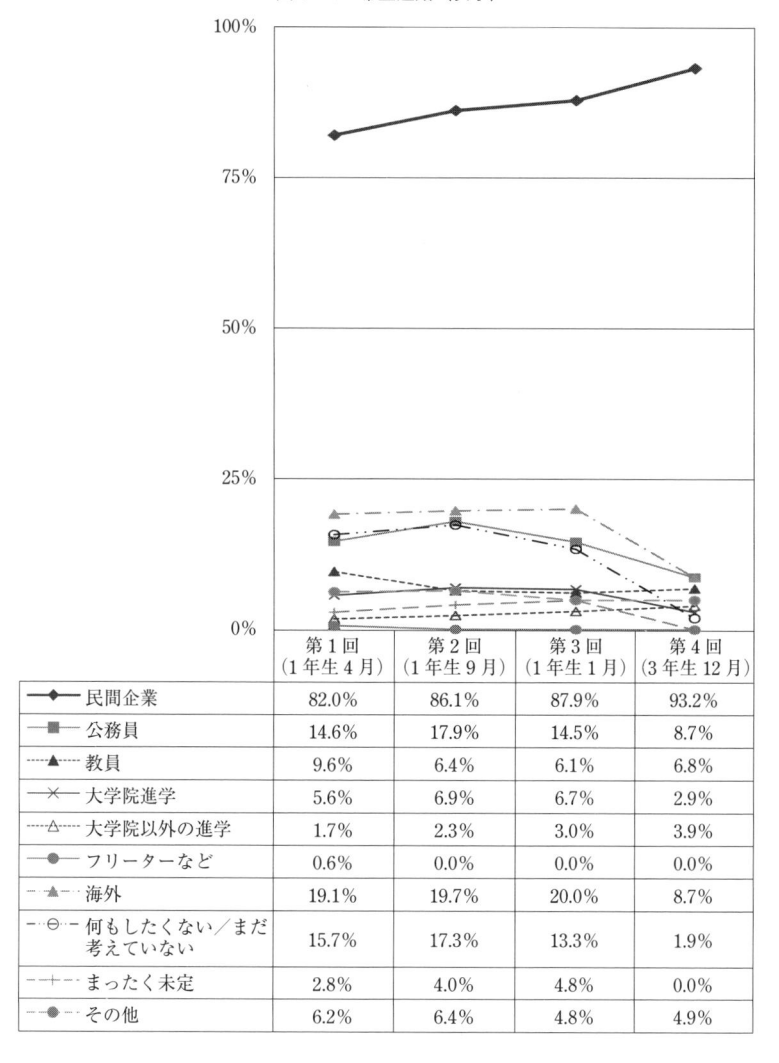

	第1回 (1年生4月)	第2回 (1年生9月)	第3回 (1年生1月)	第4回 (3年生12月)
◆ 民間企業	82.0%	86.1%	87.9%	93.2%
■ 公務員	14.6%	17.9%	14.5%	8.7%
▲ 教員	9.6%	6.4%	6.1%	6.8%
✕ 大学院進学	5.6%	6.9%	6.7%	2.9%
△ 大学院以外の進学	1.7%	2.3%	3.0%	3.9%
● フリーターなど	0.6%	0.0%	0.0%	0.0%
▲ 海外	19.1%	19.7%	20.0%	8.7%
⊖ 何もしたくない／まだ考えていない	15.7%	17.3%	13.3%	1.9%
＋ まったく未定	2.8%	4.0%	4.8%	0.0%
● その他	6.2%	6.4%	4.8%	4.9%

　なかで具体的にどのような業種への希望が高いのかを男女別に比較した。1年生調査，3年生調査ともに，民間企業の就職を考えている者を対象に，44業種のうち希望する業種をいくつでも選択可能とした。結果を表8-2と表8-3に示す。

　1年生調査ではマスコミ，広告の希望が高い。女子のマスコミ希望は5割

近く，広告も約4割，男子は広告が約3割であった。3年生調査では，希望業種の上位が変化しており，男女とも食品や金融の希望が高い。食品希望は，男子が約3割，女子が約5割である。

表8-2と表8-3から男女の希望業種の偏りを比べると，女子学生は製造業を希望することが少ない。

希望の高い業種の1年生1月（%）から3年生12月（%）への推移を見る（小数点以下2桁を四捨五入）。男子は，食品（7.8→32.3），銀行（9.6→24.6），サービス（13.0→20.0），広告（34.8→18.5▲），保険（4.4→16.9），運輸（6.1→16.9）であった。女子は，食品（16.4→46.6），化粧品（24.9→35.0），銀行（11.5→31.1），広告（50.3→31.1▲），マスコミ（49.1→29.1▲），出版（41.2→29.1▲），サービス（21.8→26.2）であった。

一方，3年生の希望者が0％である，いわば不人気な業種もある。男女共通して，諸工業，プラントエンジニアリング，金属製品，セメント・セラミックス，ゴムの各業種である。男子のみ0％は，クレジット・リース，輸送用機器，造船，女子のみ0％は，非鉄金属であった。これらの業種は，1年生調査，3年生調査を通じて希望する学生がほとんどいないという点で共通している。就職活動を通じて希望が増える現象が起こりにくく，そもそも学生に認知されていないのか，認知されたうえで希望がないのかは不明である。

男女に違いが見られたものとして，業種希望の変化の仕方があった。男子は第4回時点で希望の高い業種で，第1〜3回でも希望が高い業種が広告，マスコミ，出版程度であったのに対し，女子は，化粧品，銀行，広告，マスコミ，出版，サービス，アパレル，旅行，教育と，一貫して希望し続けている業種が多かった。

男女に共通して見られたものとして，マスコミなどの業種から，銀行・保険など安定的なイメージがある業種や，食品やサービスなどBtoC業種への希望の変化がある。いわば，"憧れ・難関"業種から，"堅実・身近"業種へシフトしているとも言えよう。

なぜだろうか。その変化の要因として，就職活動を通じてより現実志向になっていることが考えられる。業界研究を進め，エントリーシートの書き方を学ぶうち，ユーザーとして商品やサービスを身近に感じるBtoC業種に目

表8-2 希望業種の推移（男子）

希望業種	第1回 (1年生4月)		第2回 (1年生9月)		第3回 (1年生1月)		第4回 (3年12月)	
	数	割合(%)	数	割合(%)	数	割合(%)	数	割合(%)
食品	13	9.29	11	8.40	9	7.83	21	32.31
銀行	13	9.29	14	10.69	11	9.57	16	24.62
サービス	10	7.14	13	9.92	15	13.04	13	20.00
広告	37	26.43	32	24.43	40	34.78	12	18.46
保険	2	1.43	6	4.58	5	4.35	11	16.92
運輸（鉄道・航空など）	7	5.00	9	6.87	7	6.09	11	16.92
その他のメーカー	7	5.00	3	2.29	6	5.22	10	15.38
通信	3	2.14	9	6.87	8	6.96	10	15.38
専門商社	11	7.86	9	6.87	8	6.96	9	13.85
教育	20	14.29	15	11.45	11	9.57	9	13.85
電力・エネルギー	4	2.86	2	1.53	1	0.87	8	12.31
電子・電気機器	4	2.86	9	6.87	4	3.48	8	12.31
マスコミ	26	18.57	31	23.66	25	21.74	8	12.31
出版	22	15.71	25	19.08	21	18.26	7	10.77
ソフトウエア・情報処理	3	2.14	4	3.05	9	7.83	7	10.77
化学	1	0.71	0	0.00	0	0.00	6	9.23
医薬品	1	0.71	2	1.53	3	2.61	6	9.23
自動車	5	3.57	11	8.40	7	6.09	6	9.23
流通・百貨店	8	5.71	8	6.11	8	6.96	6	9.23
旅行	9	6.43	15	11.45	12	10.43	6	9.23
シンクタンク・コンサルタント	7	5.00	3	2.29	4	3.48	6	9.23
精密機器	3	2.14	2	1.53	3	2.61	5	7.69
総合商社	13	9.29	7	5.34	11	9.57	5	7.69
証券	9	6.43	15	11.45	15	13.04	5	7.69
不動産	3	2.14	4	3.05	4	3.48	5	7.69
政府系機関・公団	5	3.57	7	5.34	5	4.35	5	7.69
住宅	3	2.14	6	4.58	7	6.09	4	6.15
化粧品	1	0.71	2	1.53	1	0.87	4	6.15
アパレル	12	8.57	10	7.63	10	8.70	4	6.15
機械	2	1.43	1	0.76	1	0.87	2	3.08
重工業	0	0.00	2	1.53	1	0.87	2	3.08
印刷	3	2.14	3	2.29	8	6.96	2	3.08
建設	3	2.14	7	5.34	1	0.87	1	1.54
鉄鋼	0	0.00	2	1.53	1	0.87	1	1.54
非鉄金属	0	0.00	0	0.00	1	0.87	1	1.54
ゴム	1	0.71	0	0.00	0	0.00	0	0.00
セメント・セラミックス	0	0.00	0	0.00	1	0.87	0	0.00
金属製品	1	0.71	0	0.00	1	0.87	0	0.00
プラントエンジニアリング	0	0.00	1	0.76	0	0.00	0	0.00
造船	1	0.71	1	0.76	1	0.87	0	0.00
輸送用機器	0	0.00	1	0.76	1	0.87	0	0.00
クレジット	1	0.71	0	0.00	1	0.87	0	0.00
リース	0	0.00	0	0.00	1	0.87	0	0.00
（未定）	23	16.43	21	16.03	15	13.04	6	9.23

=10以上の値　　=5以上10未満の値

註：4時点とも0%の業種を除く。

表8-3　希望業種の推移（女子）

希望業種	第1回 (1年生4月) 数	割合(%)	第2回 (1年生9月) 数	割合(%)	第3回 (1年生1月) 数	割合(%)	第4回 (3年12月) 数	割合(%)
食品	17	9.55	22	12.64	27	16.36	48	46.60
化粧品	31	17.42	37	21.26	41	24.85	36	34.95
銀行	22	12.36	23	13.22	19	11.52	32	31.07
広告	67	37.64	80	45.98	83	50.30	32	31.07
マスコミ	83	46.63	80	45.98	81	49.09	30	29.13
出版	52	29.21	65	37.36	68	41.21	30	29.13
サービス	41	23.03	41	23.56	36	21.82	27	26.21
保険	5	2.81	7	4.02	7	4.24	24	23.30
印刷	3	1.69	8	4.60	7	4.24	23	22.33
その他のメーカー	7	3.93	3	1.72	8	4.85	19	18.45
アパレル	31	17.42	40	22.99	42	25.45	18	17.48
旅行	39	21.91	37	21.26	42	25.45	18	17.48
流通・百貨店	15	8.43	18	10.34	20	12.12	16	15.53
教育	26	14.61	23	13.22	30	18.18	16	15.53
医薬品	2	1.12	3	1.72	5	3.03	15	14.56
専門商社	2	1.12	3	1.72	3	1.82	13	12.62
通信	6	3.37	11	6.32	13	7.88	12	11.65
住宅	3	1.69	12	6.90	12	7.27	11	10.68
総合商社	6	3.37	9	5.17	10	6.06	9	8.74
ソフトウエア・情報処理	4	2.25	5	2.87	3	1.82	9	8.74
運輸（鉄道・航空など）	9	5.06	14	8.05	14	8.48	8	7.77
クレジット	3	1.69	1	0.57	3	1.82	7	6.80
シンクタンク・コンサルタント	4	2.25	7	4.02	6	3.64	6	5.83
化学	0	0.00	2	1.15	0	0.00	5	4.85
不動産	0	0.00	3	1.72	10	6.06	5	4.85
電力・エネルギー	0	0.00	0	0.00	0	0.00	4	3.88
自動車	0	0.00	5	2.87	4	2.42	4	3.88
建設	3	1.69	3	1.72	5	3.03	3	2.91
鉄鋼	0	0.00	0	0.00	0	0.00	3	2.91
電子・電気機器	3	1.69	3	1.72	3	1.82	3	2.91
精密機器	0	0.00	1	0.57	1	0.61	3	2.91
証券	5	2.81	5	2.87	5	3.03	3	2.91
政府系機関・公団	4	2.25	5	2.87	4	2.42	3	2.91
機械	0	0.00	0	0.00	0	0.00	2	1.94
重工業	0	0.00	0	0.00	0	0.00	1	0.97
造船	0	0.00	0	0.00	0	0.00	1	0.97
輸送用機器	0	0.00	0	0.00	0	0.00	1	0.97
リース	1	0.56	1	0.57	0	0.00	1	0.97
プラントエンジニアリング	0	0.00	0	0.00	1	0.61	0	0.00
諸工業	0	0.00	1	0.57	0	0.00	0	0.00
（未定）	17	9.55	26	14.94	19	11.52	2	1.94

▨ ＝10以上の値　　▨ ＝5以上10未満の値

註：4時点とも0％の業種を除く。

がいく可能性がある。就職活動のプロセスにおいて実際に希望した企業名を確認したところ，大手や有名企業の名前が多く挙がっており，希望業種が変化したとしても，選考倍率の高い企業を希望しているとも言える。

(3) 就職結果とのギャップ

民間企業に就職が内定した学生のうち，業種の確認できる 156 名（男子 58／女子 98）を対象に，就職先の業種を確認した（表 8-4）。

男子の 20.7％，女子の 14.3％ が金融，男子の 13.8％，女子の 18.4％ が情報・通信・関連ソフトに就職している。この 2 業種を合計すると全体の約 3 分の 1 を占めている。とくに金融は 3 年生の希望が高かった業種であり，就職結果とのギャップは少ない業種と言えよう。

希望と就職結果を比較すると，ギャップの大きい業界として，食品，教育，マスコミ，旅行，運輸などが挙げられる。3 年生の男子の約 3 割，女子の約

表 8-4　就職先の業種

	人数	割合(％)
情報，通信，同関連ソフト	26	16.7
銀行，信金，信販，証券，生保，損保	26	16.7
マスコミ（テレビ，広告，出版，新聞他）	12	7.7
商社，卸売業	10	6.4
建設，住宅，マンション開発，不動産	9	5.8
電気，情報機器，精密機器，自動車，輸送用機器	7	4.5
ホテル，レジャー	6	3.8
その他サービス	6	3.8
政府系機関，民間団体，NPO	6	3.8
人材	5	3.2
教育	5	3.2
デパート，スーパー，コンビニ，その他小売業	4	2.6
印刷，パルプ，紙	4	2.6
化粧品，医薬品，化学	4	2.6
衣料，繊維	4	2.6
医療，福祉	4	2.6
食品，農林，水産	3	1.9
機械，金属製品	3	1.9
その他メーカー	3	1.9
コンサルタント，シンクタンク	2	1.3
エネルギー（電力，ガス，石油）	2	1.3
海運，空運，倉庫，運輸，鉄道，陸運	2	1.3
外食，中食	2	1.3
その他	1	0.6
ガラス，土石，ゴム製品	0	0.0
鉄鋼，非鉄	0	0.0
合計	156	100

男　子	人数	割合(%)
銀行，信金，信販，証券，生保，損保	12	20.7
情報，通信，同関連ソフト	8	13.8
商社，卸売業	6	10.3
建設，住宅，マンション開発，不動産	5	8.6
マスコミ（テレビ，広告，出版，新聞他）	4	6.9
政府系機関，民間団体，NPO	4	6.9
教育	3	5.2
電気，情報機器，精密機器，自動車，輸送用機器	2	3.4
衣料，繊維	2	3.4
ホテル，レジャー	2	3.4
医療，福祉	2	3.4
デパート，スーパー，コンビニ，その他小売業	1	1.7
食品，農林，水産	1	1.7
印刷，パルプ，紙	1	1.7
機械，金属製品	1	1.7
その他メーカー	1	1.7
海運，空運，倉庫，運輸，鉄道，陸運	1	1.7
人材	1	1.7
その他サービス	1	1.7
コンサルタント，シンクタンク	0	0.0
化粧品，医薬品，化学	0	0.0
ガラス，土石，ゴム製品	0	0.0
鉄鋼，非鉄	0	0.0
エネルギー（電力，ガス，石油）	0	0.0
外食，中食	0	0.0
その他	0	0.0
合　計	58	100

女　子	人数	割合(%)
情報，通信，同関連ソフト	18	18.4
銀行，信金，信販，証券，生保，損保	14	14.3
マスコミ（テレビ，広告，出版，新聞他）	8	8.2
電気，情報機器，精密機器，自動車，輸送用機器	5	5.1
その他サービス	5	5.1
商社，卸売業	4	4.1
建設，住宅，マンション開発，不動産	4	4.1
化粧品，医薬品，化学	4	4.1
人材	4	4.1
ホテル，レジャー	4	4.1
デパート，スーパー，コンビニ，その他小売業	3	3.1
印刷，パルプ，紙	3	3.1
コンサルタント，シンクタンク	2	2.0
食品，農林，水産	2	2.0
衣料，繊維	2	2.0
機械，金属製品	2	2.0
その他メーカー	2	2.0
エネルギー（電力，ガス，石油）	2	2.0
外食，中食	2	2.0
教育	2	2.0
医療，福祉	2	2.0
政府系機関，民間団体，NPO	2	2.0
海運，空運，倉庫，運輸，鉄道，陸運	1	1.0
その他	1	1.0
ガラス，土石，ゴム製品	0	0.0
鉄鋼，非鉄	0	0.0
合　計	98	100

5割が希望した食品業界に就職したのは，男子1％，女子2％とごくわずかである。

2）活動は「偏り」を埋めるのか？

先ほど女子は男子より希望業種が偏っていることを述べた。では，個人はいくつの業種を同時に希望しているのだろうか。ここで，複数回答の希望業種に関する質問を使って分析を行なう。

各時期における希望業種数の平均等を図8-5に示す。1年生の3つの時期（第1回～第3回）においては，およそ3～4つの業種を希望しており，3年生の就職活動開始時期（第4回）においては，およそ4～5つの業種を希望していた。大学生活が経過するほど，その希望業種は増加していく傾向が

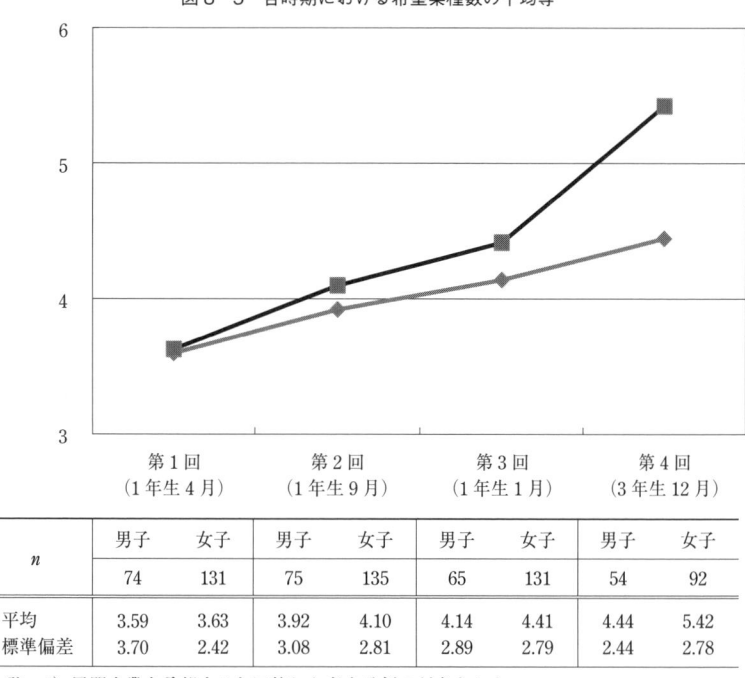

図8-5 各時期における希望業種数の平均等

	第1回 （1年生4月）		第2回 （1年生9月）		第3回 （1年生1月）		第4回 （3年生12月）	
	男子	女子	男子	女子	男子	女子	男子	女子
n	74	131	75	135	65	131	54	92
平均	3.59	3.63	3.92	4.10	4.14	4.41	4.44	5.42
標準偏差	3.70	2.42	3.08	2.81	2.89	2.79	2.44	2.78

註：1）民間企業を希望すると回答した者を分析の対象とした。
　　2）「未定」とだけ回答した者は分析の対象から除外した。
　　3）「未定」だけでなく，他の業種も選択した者は分析の対象とした。

見られた。

　各時期において男女によって希望業種数の違いがあるか検討するために，t検定を行なった。その結果，3年生の就職活動開始時期（第4回）における希望業種数において有意な差が見られた（$t(144)=2.15$, $p<.05$）。このことは，大学3年生の就職活動開始時期において，女子は男子よりも多くの業種を希望していることを意味している。

　平均の推移をみると，男女とも時間の経過とともに増加しており，就職活動を通じてさまざまな業種に興味の幅を広げていると言えるであろう。さらに，男女を比較すると女子の方が増加の幅が大きい。1年生の第1回で男子は3.59業種，女子は3.63業種であったが，3年生では男子4.44業種に対し，女子は5.42業種である。女子の方がより活発である。

　つまり，男子は個人としては不活発であるが，業種は偏らずにばらついており，女子は個人としては活発であるが，業種は偏っているということがわかる。このような男女の違いを説明するモデル図が図8-6である。女子は男子よりも多くの業種を希望している（円が大きい）が，それらの希望が重なっていると考えられる。つまり，女子の方が希望が同質なので，バラツキが小さい（総面積が小さい）と考えられる。

　なお，この男女の特徴を踏まえると，キャリア支援として，不活発を活発にする支援だけでは，女子の偏りをなくすことはできないと言える。

　では，女子の偏りを生み出す要因は何か。2つ考えられる。

　ひとつは，企業側の要因である。現実の社会に女性が活躍できないなどな

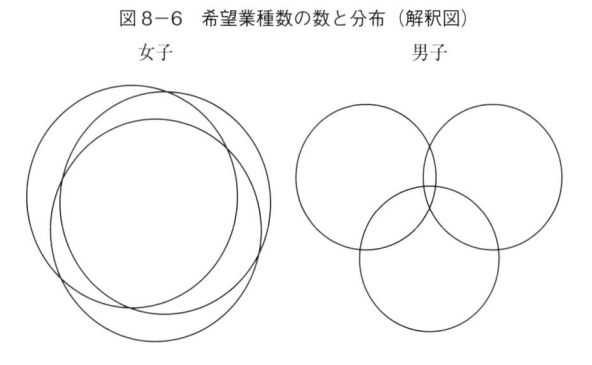

図8-6　希望業種数の数と分布（解釈図）
女子　　　　　　　男子

んらかの差別があり，そのために女子が希望しない業種があるという見方である。もうひとつは，学生側の要因である。現実に差別はないとしても，女性が活躍できないなどの先入観のため，女子が希望しない業種があるという見方である。

　この2つの要因において，キャリア支援の方法は異なる。現実に差別がある場合は，企業向けの施策，女性活用を促す政策などを通じた支援が必要である。個人のジェンダー意識による場合は，その認識のバイアスをとりのぞく支援が求められる。

5　結語：男女別キャリア支援の可能性

　本章では，大学4年間の継続調査を実施し，大学生の希望業種における男女間格差の変化を分析した。分析の結果，明らかになったのは，以下の3点である。

1) 大学生の希望進路や希望業種は大学生活とともに大きく変化することがわかった。大学1年次は，マスコミや広告などの人気業種に希望が集まるが，大学3年後期に就職活動が始まる時期になると，銀行・保険などの業種と食品などのBtoC業種に希望が集まり，二極化してくる。銀行・保険などには，安定的なイメージがあり，BtoC業種などは，BtoB業種に比べて身近に感じやすいのであろう。
2) 希望の偏りを実際の就職先を比較してみると，もともとの人気業種のマスコミ・広告はもちろんであるが，3年後期でもっとも人気があったBtoC業種である食品への就職者は少なく，安定イメージの高い銀行・保険の採用は多いことがわかった。他方，情報・通信・同関連ソフトは，1年次には人気が低く，3年後期に少し上昇していたが，結果的にみると採用が多い業種であった。
3) 上記した希望業種の偏りが男子学生よりも女子学生の方が大きいことがわかった。女子学生の場合，製造業を希望する割合がきわめて少ない。

このような偏りに関して，追加的に希望業種の回答数の変化を分析した。分析の結果，むしろ女子学生は男子学生よりも多くの業種を希望先に挙げる傾向があり，その傾向は大学3年後期の時点でもっとも明確であることが確認された。女子学生が就職活動開始とともに活発化しつつも，全体としては男子学生よりも偏りが大きい理由は，男子学生の場合は希望業種の個人差が大きいのに比べて，女子学生は希望業種を広げる傾向自体が同質だからであると考えられる。

　以上の事実発見は，学生，とくに女子大生の就業希望の偏りが就職活動とともに変化しつつも，その変化自体が限定されたものであることを意味する。したがって今後，この分析結果を踏まえてキャリア支援を検討していくべきと考える。まず，イメージだけに流されないように正確な企業情報や業種情報を提供していく必要がある。業種別の労働条件を比較してみても，学生の希望順位と必ずしも対応しているわけではない。3年後期に一定数の学生が安定業種を希望しているのならば，安定イメージではなく，安定の正確な情報（労働条件）を提供し，または学生たちに情報を読むリテラシーを教える必要があろう。また，性別の大きな違いが明らかになったので，この違いを意識しながら情報提供や相談を行なうキャリア支援が必要となる。
　ただし，希望業種の偏りは，正確な情報提供があっても残り続けるかもしれない。もちろん，希望が偏っていることだけが問題ではない。将来を希望し，挑戦することは若い学生の特権でもある。しかし，その偏りが厳しい選抜を生むのは事実なので，長い就職活動の過程で徐々に希望を変化させることが求められる。佐藤ら（2010）は，希望業種の早めの変化が就職活動の結果に正の影響を与えることを検証している。そうであるならば，就職活動期の支援は，当初の希望を全面的に否定するのではなく，視野を広げる形で偏りをなくしていくものになるべきであろう。発見事実を踏まえたキャリア支援の検討は今後の課題としたい。
　また，本研究は，とある四年制大学の1学部のデータを用いたものであった。今後は，大学の入学難易度による違いの検討や，共学と女子大による違いなどを検討していく必要がある。

註　記
1) 年齢構成，勤続年数，学歴などの構成が男女で異なっており，賃金の格差に影響している。
2) 残りの内訳は男女計で，その他 8.2％，未定 5.2％，フリーターなど 3.0％，大学院進学 2.2％，などであった。

（林絵美子・梅崎　修・田澤　実）

第 9 章

希望進路の変化と内定先満足度
学生インタビュー調査

1 問題の所在

1）大学生の就職活動に関する状況

　2006年3月の大学学部卒業者の就職状況において，低下傾向にあった就職率は，景気回復にともなう雇用状況の改善等を反映しており，大学卒業者で63.7%であり，2005年より4.0%上昇した（内閣府2007）。また，2002年1月の有効求人倍率が過去最低だった0.51倍と比べ2006年3月は1.01倍（厚生労働省2006）と，2倍超まで回復した。1990年代後半の「氷河期」からバブル期並みの求人数になったといわれている（労働政策研究・研修機構2007）。帝国データバンク（2007）によると，景気回復にともない，業容の拡大への対応や団塊世代が大量退職を迎えることによる2007年問題への対応が，正社員比率を上昇させる要因だと示している。これらのことから，この時期における就職環境は，大幅に改善していたことがわかる。

　しかしながら，終身雇用や年功序列型賃金に象徴される従来型の雇用慣行が見直されるなか，かつては，人生の成功のモデルとして「いい大学に入って，いい会社に入る」，すなわち大企業に就職すれば雇用と相対的な高収入が保障され，安定した人生を送ることができるという見方があった。しかし，最近では大企業の方がむしろ終身雇用の見直しを検討しており，このような図式は今後成り立ちにくくなると考えられている（内閣府2007）。また，経済のグローバル化や規制緩和などの進展により，企業は市場での競争力を強化するため，コストの削減や雇用においての即戦力志向の高まりなど，求める人材も明確なキャリアビジョンを持っている学生を要求していることも現実である。

離職状況においては，2003年3月大学卒業者では1年目15.3％，2年目11.0％（1～2年26.3％），3年目9.4％（1～3年35.7％）と，就職後3年間で3割以上が離職している。とくに毎年就職後1年以内に離職する者の割合が高く，これらの青少年労働者の離職理由についてみると，「個人的な理由」が86％と最も高くなっている（内閣府2007）。この点について，入社後のミスマッチという指摘がなされているが，DISCO（2007）は，キャリアの軸が定まっていない若年層が多く，彼らの周りには転職情報があふれていて，他の会社の情報が容易に手に入る環境にあり，「隣の芝生が青く見える」場面も多く，「ほかの選択肢（会社）」がとても近いところにあると指摘している。
　以上のことから，景気の回復により売り手市場となっても，現在の社会状況化において，自分の将来を考えるうえで，自分のキャリアの軸をしっかりと持ち，長期的なキャリアを設計することは重要であるといえる。

2）キャリアデザインとキャリア「RE」デザイン

　キャリアを設計することについてはさまざまな先行研究がある。ここでは，特性因子論的アプローチや意思決定論的アプローチ等について概観した渡辺・ハー（2001）および木村（2003）を参考にしながら考えてみたい。
　特性因子論的なアプローチとは，「人間には個人差があり，職業には職業差がある。両者をうまく合致することが重要であり，そのことが良い職業選択や職業適応でもある」とするもので，マッチングの理論とも呼ばれる。この理論は，現在に至るまでさまざまな個人差の研究とテスト開発などをもたらした。しかし，かりに「自分にはすでに適した職業，進むべき進路や生き方が決められているので，自分はただそれを探せば安心できる」という姿勢で臨むのであれば，それは決して選択への主体的な取り組みではない。自己実現的というよりも決定論的であるためである。また，この理論に対しては，現実の職業選択では，必ずしも「合理的な推論」によって行なわれるとは限らず，情緒的，無意識的というような「合理的」とは言い難い要素によって左右されていることへの考慮が足りないと批判がなされることもある。
　意思決定論的なアプローチとは，個人の特性と職業の要請する条件を適合させるアプローチとは異なり，自分の価値体系を基盤として，選択肢を比較

検討し，勝算の見込みや優劣を積極的に評価する過程を意思決定として重視する。すなわち，意思決定とは自分自身の価値を確認し，明確化し，選択する対象にシステマティックに当てはめていく行動から成り立つと考える。意思決定が大方の場合，心理テストや専門家などの意見で行なわれるのではなく，非常に主観的なもの，すなわち，それぞれの出来事や選択肢を個人がどのように知覚するかに依拠して行なわれるという理念に立っている。

　本章では，就職活動を行なう大学生を対象にして，「自分の描いた人生にある程度の修正をしながら，主体的に何かしらの意味付けをして，自分のキャリアを再度デザインしていくプロセス」に注目したい。上記までの議論を踏まえると，特性因子論的アプローチよりも，意思決定論的アプローチが良いと思われる。

　なお，本章では，便宜的に，自分のキャリアを再度デザインすることをキャリア「RE」デザインと呼ぶことにする。計画修正もあわせて現在の大学生はキャリアをデザインしていくために，どのような将来を描いているのだろうか。

3）大学生のキャリアデザインに関する従来の研究

　大学生において，キャリアデザインが最も顕著に現れるのは進路選択場面であろう。従来の大学生の進路選択研究を学年差に注目してレビューした田澤（2005）によれば，それらは1）低学年の大学生（主に1～3年生）をターゲットにして進路に関する意識を測定しようとする研究，2）大学3年生のみに焦点を当てて調査を行なっている研究，3）就職活動前と後の二点比較により，ある変化を捉えようとする研究，4）就職活動中に起こっている変化に注目するために縦断的調査を行なっている研究，5）大学4年生のみに焦点を当てて調査を行なっている研究，6）大学卒業後に自らの進路選択を回想して，その評価を求める研究に分類できるとしている（図9-1）。そこで田澤（2005）は1）のタイプの研究は多いが，3）～6）のタイプの研究は数少ないことを指摘している。

　本章では，実際に大学生がどのようにキャリアデザインをしたのか，そして就職活動を通してどのように，選択・修正・決定まで，キャリア「RE」

図9-1　学年差に注目した従来の進路選択研究の概観

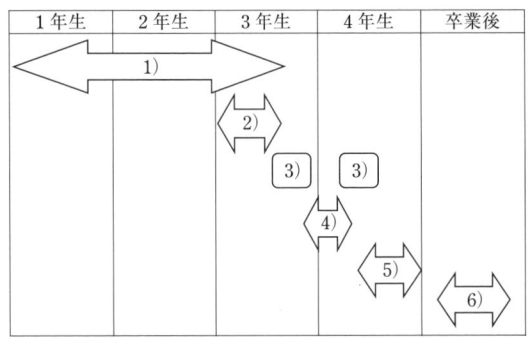

1年生	2年生	3年生	4年生	卒業後
←―― 1) ――→				
		←2)→		
		3)	3)	
		←4)→		
			←5)→	
				←6)→

出所：田澤（2005：190）。

デザインしたのかを検討したい。この研究は田澤（2005）の分類よれば，5）のタイプにあてはまるだろう。田澤（2005）は，5）のタイプの研究の場合，就職活動を終了してしまったという経験により，その前のことを尋ねても回顧的な再構成になる可能性があるため，就職活動終了時において，就職活動をどのように評価しているのかという研究目的にかなうと述べている。

4）安田（1999）による就職活動後の満足度の3つの説とその問題点

キャリア「RE」デザインした後の評価に関わることとして，就職先への満足度があげられるだろう。安田（1999）は，大学生が実際に就職する際には，就職開始時の自らの志望とはかけ離れた就職先に移動させられていようともいなくとも，学生の満足度は変わりないという調査結果を示し，その理由として以下の3種類の解釈があるとしている。

①「志望先変化」説
　就職活動を通じて本人の志望先が変化し，そのため満足度が結果として下がらなかった。
②「内定＝満足」説
　就職活動を通じて本人の志望というものがなくなり，内定さえもらえれば結果としてどの企業であれ満足するようになった。
③「志望＝憧れ」説

就職活動開始時の志望は，「夢」「あこがれ」程度のものであり実際に学生が真剣に志望しているわけではなかった。

　上記の解釈について，①の「志望先変化」説については，本人の志望先が変化したと述べているが，どうして変化したのかがわからない。②の「内定＝満足」説の内定さえもらえれば満足するという解釈は強引すぎではないだろうか。就職活動は本人が何らかの形で納得して終了するものであると考えられるので，これはキャリアデザインの観点でも本人の気持ちを無視した解釈である。③の「志望＝憧れ」説は，確かに就職活動開始時点では，本人の知っている情報が少ないために，はじめは誰もが知っている有名企業を志望しているかもしれない。ただ，「志望＝憧れ」という表現はややニュアンスが違うように思われる。また，満足度が変わらない解釈が3種類だけではなく，他の解釈も考えられないだろうか。

5) 目　　的
　そこで，本章では，キャリアデザイン，キャリア「RE」デザインの観点から，安田（1999）による3つの解釈（大学生が実際に就職する際には，就職開始時の自らの志望とはかけ離れた就職先に移動させられていようともいなくとも，学生の満足度は変わりない理由）に修正を加えることを目的とする。本章の構成は以下のとおりである。つづく第2節では，対象者，手続き，分析の視点を述べる。第3節では，希望進路が一貫している群と希望進路が一貫していない群に分けて結果と考察を述べる。第4節では，総合的な考察を述べる。

2　方　　法

1) 調査概要
（1）調査対象者
東京都内に在学中で，就職活動を終えた大学4年生10名（男性6名，女

性4名）であった。対象者の属性を表9-1に示す。所属学部は文系も理系も含まれた。平均年齢は22.80歳（標準偏差1.79）であった。

(2) 調査期間

2007年7月中旬から11月下旬であった。

(3) 手続き

調査対象者は，進路が決まった大学4年生を募集した。調査に先立ち，対象者からは研究への協力について，たとえば話したくないことは話さなくても良いことなど，インフォームドコンセントを得た。各対象者に，半構造化面接を行なった。主な質問項目は下記のとおりである。

1. 大学1年から3年生まで（就職活動まで）将来をどのように考えていたか
2. 就職活動を始めた際の当初の志望先
3. 仕事選びの軸に関すること
4. 就職活動での変化
5. 入社先の満足度について
6. 当初の志望先を今どう思うか
7. 就職活動を振り返ってどう思うか
8. 将来についてどのように考えているか

各対象者の承諾を得て，ICレコーダーへの録音を行なった。発話をもと

表9-1 対象者の属性

対象者	大学	所属学部	年齢
男性A	私立	キャリアデザイン学部	22
男性B	私立	キャリアデザイン学部	27
男性C	国立	商学部	22
男性D	私立	工学部	22
男性E	私立	法学部	22
男性F	私立	経済学部	25
女性A	私立	キャリアデザイン学部	22
女性B	私立	キャリアデザイン学部	22
女性C	私立	文学部	22
女性D	私立	獣医学部	22

に逐語録が作成された。

2）分析の視点
(1) 分析のための時期設定
キャリアデザイン，キャリア「RE」デザインを考える際には，希望進路の変化を捉える必要がある。そのためには，比較するための時期を設ける必要がある。そこで，以下の3つの時期を設けた。

・就職活動初期：企業にエントリーする前
・就職活動中期：企業にエントリーした時期
・就職活動後期：企業に内定を承諾した時期

(2) 希望進路が「一貫している」／「一貫していない」の判断
就職活動の初期，中期，後期まで一貫して同じ希望進路がある場合と，一貫した希望進路がない場合では，計画修正もあわせたキャリア「RE」デザインには違いがみられることが予想される。そこで，希望進路が一貫している場合と，一貫していない場合は分けて捉えることにした

希望進路が一貫している，一貫していないの判断は，田澤（2003,2004）による以下の5つの希望進路の変化を参考にした。

・拡張型
・断絶型
・絞込型
・単一型
・再現型

図9-2にそれぞれの特徴を示す。拡張型，絞込型，単一型は希望進路が一貫していると，断絶型，再現型は，希望進路が一貫していないと判断できる。

なお，選択肢が1つであるのか，複数であるのかの判断は，対象者自身の

図9-2 5つの希望進路の変化

あなたは，最終的な進路（大学卒業時）を決定するまでに，どのように決まるのが望ましいと思いますか。以下の型の中から，最も自分の考えに近いものをひとつ選んでください。
※希望進路の変化には「自分の考えの変化」と「落選や不合格」という両方が考えられますが，今回は特にどちらかの場合という形で指定はありません。以下の型で，望ましいと思うものをひとつ選んで下さい。

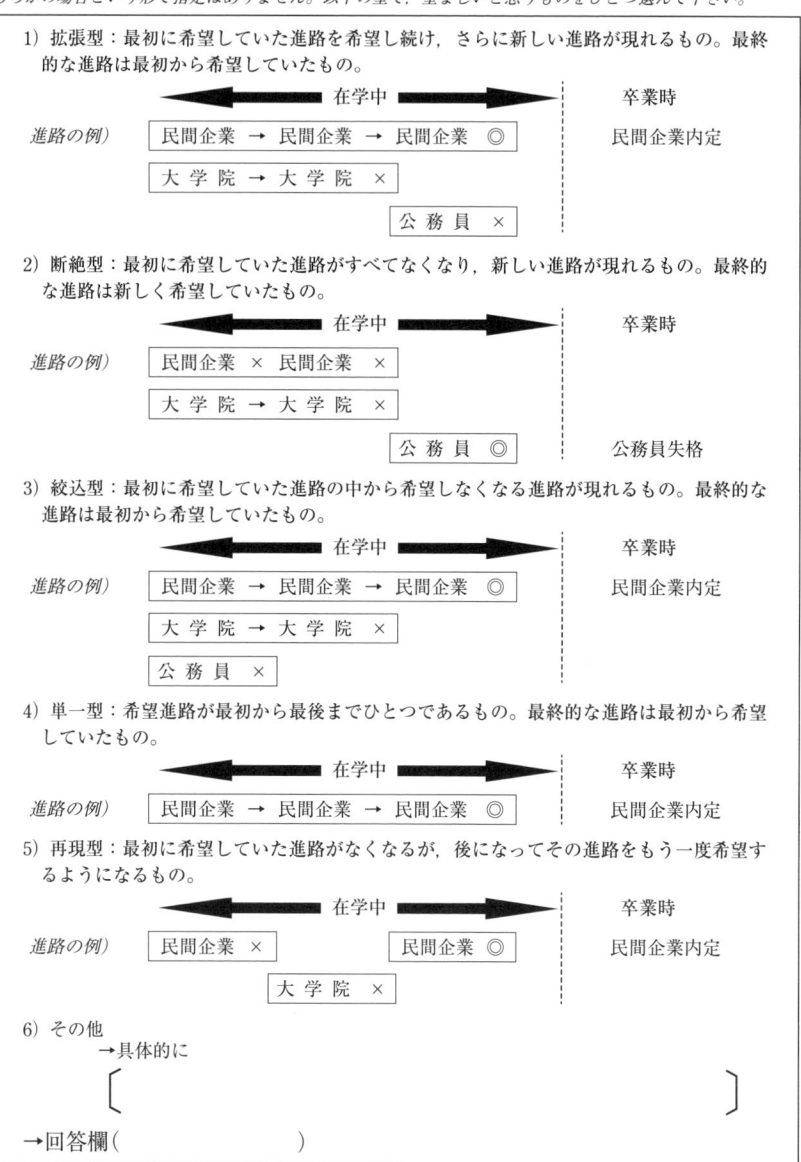

1) 拡張型：最初に希望していた進路を希望し続け，さらに新しい進路が現れるもの。最終的な進路は最初から希望していたもの。

   ←――― 在学中 ―――→　　卒業時
   進路の例）　民間企業 → 民間企業 → 民間企業 ◎　　民間企業内定
   　　　　　　大 学 院 → 大 学 院 ×
   　　　　　　　　　　　　　　　　公 務 員 ×

2) 断絶型：最初に希望していた進路がすべてなくなり，新しい進路が現れるもの。最終的な進路は新しく希望していたもの。

   ←――― 在学中 ―――→　　卒業時
   進路の例）　民間企業 × 民間企業 ×
   　　　　　　大 学 院 → 大 学 院 ×
   　　　　　　　　　　　　　　　　公 務 員 ◎　　公務員失格

3) 絞込型：最初に希望していた進路の中から希望しなくなる進路が現れるもの。最終的な進路は最初から希望していたもの。

   ←――― 在学中 ―――→　　卒業時
   進路の例）　民間企業 → 民間企業 → 民間企業 ◎　　民間企業内定
   　　　　　　大 学 院 → 大 学 院 ×
   　　　　　　公 務 員 ×

4) 単一型：希望進路が最初から最後までひとつであるもの。最終的な進路は最初から希望していたもの。

   ←――― 在学中 ―――→　　卒業時
   進路の例）　民間企業 → 民間企業 → 民間企業 ◎　　民間企業内定

5) 再現型：最初に希望していた進路がなくなるが，後になってその進路をもう一度希望するようになるもの。

   ←――― 在学中 ―――→　　卒業時
   進路の例）　民間企業 ×　　　　　　民間企業 ◎　　民間企業内定
   　　　　　　　　　　　大 学 院 ×

6) その他
   →具体的に
   [　　　　　　　　　　　　　　　　　　　　　　　　　　　　　　　]

   →回答欄（　　　　　　　　）

発言をもとにした。既存の職業分類や業界分類を用いることはしなかった。先述したように，意思決定論的アプローチでは，それぞれの出来事や選択肢を個人がどのように知覚するかに依拠して行なわれるという理念に立っているためである。

3　結果と考察

　全対象者10名の希望進路の変化パターンを図9-3に示す。就職活動初期，中期，後期まで一貫した希望進路がある者は合計5名であった。拡張型2名（男性D，男性F），絞込型3名（男性A，女性C，女性D），単一型0名であった。就職活動初期，中期，後期まで一貫した希望進路がない者は合計5名であった。断絶型5名（男性B，男性C，男性E，女性A，女性B），再現型0名であった。
　希望進路が一貫している群と，一貫していない群では，キャリア「RE」デザインには違いがみられることが予想される。そこで，これら2つを分けて，以下に述べることにする。

1）希望進路が一貫している群
　希望進路が一貫している群は5名（男性D，男性F，男性A，女性C，女性D）であった。
　まず，拡張型に変化した対象者2名（男性D，男性F）の希望進路を表

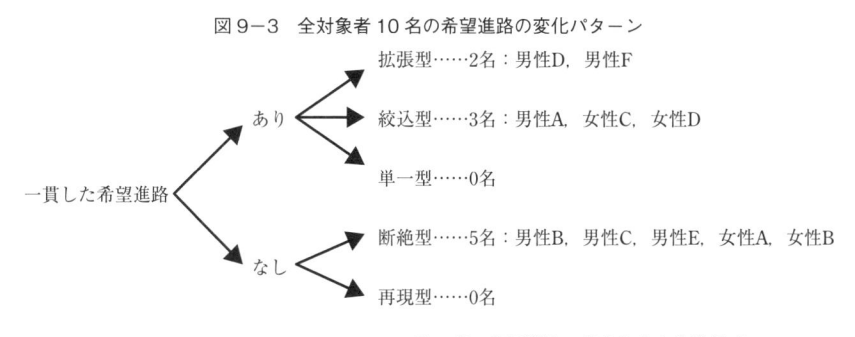

図9-3　全対象者10名の希望進路の変化パターン

一貫した希望進路
- あり
  - 拡張型……2名：男性D，男性F
  - 絞込型……3名：男性A，女性C，女性D
  - 単一型……0名
- なし
  - 断絶型……5名：男性B，男性C，男性E，女性A，女性B
  - 再現型……0名

9-2に示す。男性Dは，証券（ディーラー）を軸としながらも，途中で不動産やコンサルを新たに希望していた。最終的には，就職活動初期から希望していた証券（ディーラー）で採用された。男性Fは，PR会社を軸としながらも，途中で不動産を新たに希望していた。一貫して希望しそのまま希望進路の企業からの内定が出た。

上記2名は，軸としている進路がありながら，就職活動中，その進路が落選した場合を考慮し中期に他の進路も選択しはじめることや，軸となる進路だけでなく，他の進路も見てみたいという興味で受けていることが特徴であった。

つぎに，絞込型に変化した対象者3名（男性A，女性C，女性D）の希望進路を表9-3に示す。

表9-2 対象者の希望進路【拡張型】

	初期	中期	後期
男性D	証券（ディーラー） → 投資信託 → 銀行 →	証券（ディーラー） → 投資信託 銀行 不動産 コンサル 人材	証券（ディーラー）
男性F	PR会社 → 広告 →	PR会社 → 広告 不動産	PR会社

表9-3 対象者の希望進路【絞込型】

	初期	中期	後期
男性A	ガス → 電力 教員 自動車メーカー 家電	ガス → 電力	ガス
女性C	不動産(ディベロッパー) → 住宅メーカー → 人材 → 住設機器 IT 保険	不動産(ディベロッパー) → 住宅メーカー 人材	不動産(ディベロッパー)
女性D	音楽 → 製薬（動物） →	音楽 → 製薬（動物）	音楽

男性Aは，就職活動初期にガス，電力，教員，自動車メーカーなど複数の希望進路があった。最終的には，初期から一貫していたガスに内定した。女性Cは，就職活動初期に，不動産（ディベロッパー），保険，IT，人材，などなど複数の希望進路があった。最終的には，初期から希望していた不動産（ディベロッパー）に内定した。女性Dは，就職活動初期に音楽，製薬（動物）の複数の希望進路があった。最終的には，初期から希望していた音楽に内定した。

　上記3名は，拡張型の2名と同様に，軸としている進路がありながら，落選した場合を考慮して当初から希望進路の候補を選択肢としてあげているものもあった。最初は幅広く興味を持ち，自分の軸を確認するように徐々に自分の適性や，仕事内容などの要因から進路が絞り込まれていくという特徴があった。

　拡張型，絞込型など，初期から後期まで希望進路が一貫している群の特徴は，初期の選択段階において軸となる明確な業種や職種（仕事内容）などが決定していたことであった。また，上記のとおり就職活動中において，他の進路への選択肢を挙げながらも軸とする進路を一貫して希望し続けたこと，また希望進路からの落選などの外的要因もなく，希望どおりの進路に決定したことから，大きなキャリア「RE」デザインは起こらなかったと判断できる。そこで，希望進路が一貫していない残りの5名について詳細に見ていくことにする。

2）希望進路が一貫していない群（断絶型）

　希望進路が一貫していない群は5名（男性B，男性C，男性E，女性A，女性B）であった。希望進路が一貫していないタイプはすべて断絶型として分類ができた。断絶型に変化した対象者の希望進路を表9-4に示す。たとえば，男性Bは途中で食品メーカーを希望しなくなり，最終的な進路は途中から希望した印刷であった。

　以下，断絶型に希望進路が変化した5名（男性B，男性C，男性E，女性A，女性B）を対象者ごとに見ていこう。

　(1)（断絶型）男性Bの場合

表9-4　対象者の希望進路【断絶型】

男性B	食品メーカー	→	食品メーカー **印刷** ビール 商社 証券 人材 メーカー 銀行 信託	→	**印刷**
男性C	商社	→	商社 **不動産(ディベロッパー)** シンクタンク 銀行 コンサル 自動車メーカー 海運	→	**不動産(ディベロッパー)**
男性E	商社	→	商社 **IT(外資)** 銀行 通信 人材	→	**IT(外資)**
女性A	教員 教育	→	教育 **お菓子** 遊具 保育関連 アミューズメント 映像	→	**お菓子**
女性B	警察官		**メガネ** 百貨店 広告 不動産 アパレル	→	**メガネ**

　男性Bの就職活動初期から後期における希望業種の変化を表9-5に示す。男性Bは初期において食品メーカーを希望していたが，最終的に決定したのは中期から希望しはじめた印刷であった。

　男性Bの就職活動初期から後期における発言を表9-6に示す。就職活動初期において，男性Bは，食品メーカー中心に志望した。その理由は，他が分からなかったためであった（5〜7行目）。しかし，インターンシップに

表9-5 男性Bの就職活動初期から後期における希望業種の変化

	初期	中期	後期
男性B	食品メーカー	食品メーカー 印刷 ビール 商社 証券 人材 メーカー 銀行 信託	印刷

表9-6 男性Bの就職活動初期から後期についての発言

【初期】
1 当初の志望先は食品メーカー。就職活動自体は3年の5月の後半かな。グローアップセミナ
2 ーっていう，就職活動のスタートラインに立とうみたいなことをやっていて，(中略) 社員
3 の人が来て，ていうはその人はゼミの先輩の知り合いだったから，で，3年生の今の就活意
4 識の調査をしたいっていうので来たんだけど，その時にそのセミナーを紹介してもらって，
5 友達とじゃあ行ってみようかっていうことで，行ってみたのがきっかけ。(中略) とりあえ
6 ず中心は食品メーカー。(他業種については) この当時は考えてなかったっていうより，他
7 がわかんなかった。8月にビール会社のインターンシップを受けて，その時に，ていうか
8 8月，9月にインターンシップいっぱいやったんですよ。その時に他の大学の就活生とかと
9 仲良くなって，そういった人の話を聞いて，その人が興味持っている業界のいいとことか聞
10 くと自分も興味持って，面白そうだなって思って，セミナーに参加して，そこも自分の志望
11 群に入っていったみたいな。どんどん，ぽこぽこ付いてきた。
【中期】
12 (食品メーカーと他には) 商社，証券，あと人材，あと食品じゃなくてメーカー。(志望度合
13 いの強かったのは) 食品メーカー。あとビール会社だね。会社選びの軸は，5月から12月
14 くらいまでは，食品に携われるところ。あと大手。あと大手。でどっちか適っているのだ
15 ったら行きたいなと思って。この商社とか証券とか人材とかは大手に含まれるから。エント
16 リーシートを出したとこは，食品メーカー，人材，金融 (金融は) 銀行と信託，証券。それ
17 と，商社。と，その他メーカー。このときの軸は，この2つは残ってたのに，1個足されて，
18 自分の特徴が活かせるところ。僕の特徴は，新しい，今あるものに新しいアイデアを足して
19 より価値を高めるっていうところ。こんなのどこだってできるんだ。だから，そんなに絞ら
20 なかったですね。この3つの中でどれが一番軸があったかっていうと，大手です。それがや
21 っぱり最終的に残った軸ですね。(理由は) まず安定志向。会社と一緒に成長する気もない
22 し，会社と一緒に潰れる気もない。安定志向でしょ。それから，あと，やってることが大き
23 いから，ダイナミックに働ける。それと，色んな人がいるから，例え一人変な人がいても，
24 周りの人たちが多分自分の仲間になってくれるだろうなみたいな，逃げ場があるっていうか。
25 こじんまりとした小さなところだったら，自分に合わなかったらやっぱり居場所が辛くなる
26 じゃないですか。
【後期：内定先の満足度】
27 (最終的に内定が出たのは) 人材の《人材業の企業名》と食品商社の《食品業の企業名》。あ
28 とは，《印刷業の企業名》印刷と《ビール会社名》ビールと，《食品関係の企業名》。(この中
29 で内定を承諾した企業名は) 《印刷業の企業名》。(中略) 最終的に迷ったのが，《ビール会社
30 名》ビールと《印刷業の企業名》印刷で，えっとね，色んなことができるっていうことと，

第9章 希望進路の変化と内定先満足度

31	印刷の技術ってこうガッシャン，ガッシャン刷るのから，段々，ウェブとかに変わってきて
32	いて，ウェブデザインもするし，あとは，スイカとかにも使われている。触らないでもピピ
34	ってできるような，ああいうのもやってる。クレジットカードも印刷会社がほとんど作って
35	いる。で，<u>どんどんフィールドが広がっていて，色んなことができるっていうのと，業界ト</u>
36	<u>ップっていうこと</u>。あと，肉体的にきつくないかなって。肉体的にきつくないかなっていう
37	のは，ビール会社だと相当飲むなっていうのと，あと重いものとかも運ぶかなとかって思っ
38	て。(中略)(内定先の満足度について)<u>大変満足ですね。大大満足だね。</u>
	【当初の志望先についてどう思うか】
39	自分の得意分野が食品だから，やっぱり食品の知識とか活かせるところに行った方がよかっ
40	たかなっていうのは，ちょっと思っていました。自分の知識とかも今までのもあるし，みん
41	なと違った5年間を過ごしていたわけじゃないですか。そこをある程度活かせる場が食品関
42	係だから，そういったところに行った方がよかったかなっていう思いと，あと全く別のとこ
43	ろにチャレンジできる，しかもそこそこ優良企業でできるっていうところに希望を見出して
44	いた。だから2つ考え方があって，ワクワクとちょっと後悔みたいな。(中略)全く未知
45	のところで活躍できるとか，未知のものに挑戦できる，今までの自分をリセットできるみたい
46	な感じで，ていうワクワクと。で，今現在考えてみると，この選択は正しかったなって。
47	(中略)本当，食品って難しいと思って。例えば自分が携わってないところでも不正表示と
48	か，リスクがでかいし，あと，まあ企業にもよるけど，お給料が一般的に安いところが多い
49	から。《ビール会社名》ビールと《印刷の企業名》印刷は比べると同じくらいなんだけど，
50	他の食品メーカーとかと比べると，<u>自分が大企業を選んだ基準として安定しているっていう</u>
51	<u>のがあったから，より高い基準で安定しているところに行けたのが良かったかな</u>。

参加するにつれて，他の大学の就活生の話を聞いて，新たな業種への興味が出てくるようになり，本人のなかで食品メーカー以外の進路も考えるようになった(8〜11行目)。

就職活動中期において，男性Bは，商社，証券，人材，メーカーなど希望業種が増え，そのなかでも食品メーカーとビール会社の志望度が高かった(12〜13行目)。これらの仕事を選んだ理由は，当初，「食品に携われるところ」「大手」という2つであった(14行目)。しかし，後から「自分の特徴が活かせるところ」が加わった(17〜18行目)。男性B自身は自分の特徴を「今あるものに新しいアイデアを足してより価値を高めること」としてとらえている(18〜19行目)。この時点では，「こんなのどこだってできるんだ」と希望進路の広がりの理由を述べている(19行目)。また，仕事選びで最も大事にしたことは大手であることであった。その理由は，本人自身が「安定志向」であることと「ダイナミックに働ける」ことであった(20〜23行目)。

最終的に内定が出た人材，食品会社，印刷会社，ビール会社の中から男性Bは印刷会社の内定を承諾した。その理由はフィールドの広がりがあるこ

と，さまざまなことができること，業界トップであることであった（27〜36行目）。また内定先の満足度については，「大変満足ですね。大大満足だね」と述べていた（38行目）。

このように，男性 B は，最終的には印刷の企業に内定承諾をしたが，当初の食品メーカーを希望していた。このことについて，得意分野を活かせる食品の方がよかったかもしれないと思いつつも，印刷業界への入社について「全く別のところにチャレンジできる」「優良企業でできるっていうところに希望を見出していた」「今までの自分をリセットできるみたいな感じで」「今現在考えてみると，この選択は正しかった」と述べているように，自分自身の選択を肯定し納得していることがうかがえた（39〜51行目）。

以上のことから，男性 B の就職活動には以下の特徴があったと考えられる。

1. 当初の希望進路には無かった進路に最終的には内定した。
2. 就職活動中に得た新たな情報により，本人の中の希望進路の選択肢が広がっていた。
3. 就職活動中に志望先を選ぶ理由が増加していた。最終的には，自分の得意分野を活かすことよりも，安定性や大手などの要因を重視するようになった。

(2)（断絶型）男性 C の場合

男性 C の就職活動初期から後期における希望進路の変化を表9-7に示す。男性 C は初期において商社を希望していたが，最終的に決定したのは中期から希望しはじめた不動産（ディベロッパー）であった。

表9-7 男性 C の就職活動初期から後期における希望業種の変化

	初期	中期	後期
男性 C	商社 →	商社 不動産（ディベロッパー） → シンクタンク 銀行 コンサル 自動車メーカー 海運	不動産（ディベロッパー）

表9-8 男性Cの就職活動初期から後期についての発言

【初期】
1　そんなに決まってなくて，とりあえず回ってみればいいかなって感じで。ただ，商社ってい
2　うのは一つあったんやけど，(中略)商社とかって結構起業とかに近い。社内でそういうビ
3　ジネス起こしてやっていくっていうのがあったから，割と自分のビジネスを進めていきたい
4　っていうのがあったから。(中略)あとは何か普通に上からもとりあえず見てみようかなっ
5　て，銀行も見たし，大体見た。(中略)基本的には大企業やったな。(中略)大手の方ができ
6　ること多いから。逆にちっちゃいとこっていうか，ベンチャーっていう線もあるやん。ベン
7　チャー行くんなら，別に，わざわざ他人のベンチャー行かんでも，そこまでのリスクとるん
8　なら，要するにベンチャー入るってことはそこが潰れたら自分が路頭に迷うわけ。どうせそ
9　こまでリスクとるんなら，自分で起業したらええやん。そっちの方がいいって。(中略)《男
10　性Cの大学名》は学内説明会が充実しているから，だから時間があったから行ってみよう
11　かなって，あとで受けたいって思ったときに，その会社のこと知らんかったらまずいから，
12　とりあえず，時間があったらとりあえずちょっと興味があったら見てみようかなって。
【中期】
13　(興味を持った会社は)商社。具体的に言うと，《商社の企業名5社》とか。銀行も《銀行
14　名》かな。一応プレエントリーは全部したけど，リクルーターとかが面倒くさかったから，
15　まあとりあえずトップだけでいいかなって。ほかは学内説明会とか，銀行そんなに，途中
16　から行きたいと思っていなかったから，リクルーターは電話かかってきても行かなかった。あ
17　とは，《銀行名》とか，《銀行名》。普通の銀行とかと違った，公的な融資っていうか，例え
18　ば地域の再生とか，PFIっていうのを先進的に取り入れている会社で。面白い。かなり人材
19　的にもいろんな人がおるし，それで受けた。あとは，メーカー，一応《自動車メーカーの企
20　業名》とかさ(笑)あと，外資のコンサルとか(中略)戦略系のほうで《外資系コンサルの
21　企業名》とかエントリーして，日系やったら，《シンクタンクの企業名》。これはインターン
22　に参加した。これはインターンに行きたかったからっていうのもあんねんけど，試しに受け
23　てみようかなって思って，それで受けてみたら受かって。で，一週間くらいインターン行っ
24　て。(中略)あと何かあったかな。うーん，あとは，海運とか受けてる。とりあえずみんな
25　受けてるから。何やってるか俺もよくわからんけど，物は運んでるのはわかるけど，文系が
26　何やるのかはわかってない。(中略)起業とか考えているから，仕事が面白いとこがいいか
27　なって。割と志望度が高いのは，最終的な志望度だけど，戦略マップみたいなの作ったんや
28　けど，第一志望群に入ったのは，商社の中でも《商社の企業名2社》かな。あと，不動産で
29　《不動産の企業名2社》で，不動産は一緒に入ってた。あと，《シンクタンクの企業名》と
30　か《銀行名》とか。そんなもんかな，第一志望群。最終的には結局仕事の面白さっていうの
31　を考えてやって，一通り見ていったら，やっぱり商社とか，不動産は途中で出てきて，銀行
32　の中でも普通の銀行じゃなくて，こういう，《銀行名》仕事が面白い感じの銀行。(不動産を
33　途中から志望したのは)簡単に言えば，仕事が面白いっていうのに，途中で引っかかったか
34　ら。あんまり始めはカバーしてなかったんやけど，途中でこれもありかなと。《信託会社
35　名》信託のインターンに行ったときに，その時おった，そのとき一緒のグループだった人か
36　ら，不動産にいそうって言われて，不動産っぽいって言われて，あそうって感じで。それで，
37　不動産かって思って，不動産にプレエントリーしてみて，で，色々調べていって，あ，いい
38　かもって思って。(実際の選考については)商社は，《商社の企業名》は先に不動産の方が出
39　たから途中でやめて，《商社の企業名》は筆記で落ちた。あと，不動産は《不動産会社名》
40　は途中で，面接で落ちた。で，《銀行名》は最終で落ちて，《シンクタンクの企業名》は，ま
41　あ，とにかく落ちた。インターンやったから，普通のルートとは違くて，いきなり面接が始
42　まって，まあ，他には色々受けたけど，銀行は途中でやめた。他は選考始まる前に辞退した
43　り。
【後期：内定先の満足度】
44　まあ，別に，不動産に決まったのは，割と流れ的なものだったから，不動産が一番早く内定

46 が出た。4月の10日くらいに出たから早かったんやけど、もし商社が先に内定がでてたら、
47 そっちになったかもしれんし。この第一志望っていうのは結構絞った後やったから、別に
48 この中でどこから来ても別にそこに行こうかなっていう気持ちがあったから。だからここじ
49 ゃないと絶対嫌っていうのはなかった。だから、あえて群っていう言い方をしているのは、
50 第一志望って言い方をすると、1,2,3,4ってなるけど、第一志望群の中で1,2,3,4があるわけ
51 じゃなくて。(第一志望群に共通していることは)まあ仕事の面白さっていうか、やりがい
52 とか、この中で見たらみるけど、多分、仕事の厳しさ的には、どれも相当厳しいよ。どれ
53 もかなり激務。やけど、割と仕事は面白いのを選んでるから、だから、別に仕事の忙しさ
54 とかは忙しくてもいいやって思ってんてん。で、どっちかといえば、やっていく仕事が面白い方
55 がいいなって思った。割となんか、自分で主体的にやっていきたいなっていうのがあって、
56 エントリーシートに書いたのは、主体性を持って、自分でイニシアティブを持って仕事をし
57 たい、ビジネスをしていきたいって。メーカーの中で一つの購買をちょこっとやるんじゃな
58 くて、商社やったら、割と広い部分を自分一人で見れるし、不動産でも一つのビル、大体
59 《内定先の企業名》なんかは、リーシング、六本木のミッドタウンなんかはリーシング2人
60 か3人でやってたり、割と自分で、自分の存在感を出してやっていけるっていうのは、この
61 中(第一志望群)の会社になる。それがイニシアティブを持っていうか、存在感を出すって
62 いうのには割と仕事の面白さと関連している。だから、全体的に見て、全体のビジネスを見
63 て仕事をやっていくっていうのが、それができるっていうのがわりとあった。それが自分の
64 思う仕事の面白さっていうか(中略)(不動産を選んだのは)不動産の開発が絶対したいか
65 ら、不動産か、もしくは建設とか、建設も都市の再開発とかあるやんか。そういうことを
66 したいから選んだわけじゃないんやな。(内定先の満足度は)まあそれは満足してますよ。正
67 直入ってないからわからんけど、今の時点では8割くらいは。
【後期:当初の志望先についてどう思うか】
68 (不動産から内定が出たことについて)《内定先の企業名》の方がよかったっていうか、先に、
69 言い方変やけどご縁があったって感じで。先に内定が出たのもあるし、そこで不満はなかっ
70 たし、まあ十分いいかなって思った。その時点では、不動産っていうので納得できていたか
71 ら。別に、わざわざまた商社を受けて、どうこうっていうのはなかった。受けてもいいけど、
72 十分《不動産の企業名》で満足しているっていうのはあったから。最終までいって、人事の
73 人とも仲良くなったのもあるし、ここでわざわざ断ってこっち(商社)に行くのも必要ない
74 なって。

男性Cの就職活動初期から後期についての発言を表9-8に示す。就職活動初期において、男性Cは商社を希望していた。その理由は「起業とかに近い」「自分のビジネスを進めていきたい」ためであった(2~4行目)。また男性Cは、当初は学内説明会などに参加し幅広い業界を見ていった(10~12行目)。企業選びの際には大企業を希望していた。理由は、できることが多いためであった(4~6行目)。

就職活動中期においては、商社を引き続き希望しながらも、さらに、不動産、銀行、コンサル、シンクタンク、自動車メーカー、海運などの業種を希望していた。これらのなかでも、男性Cは商社、不動産、シンクタンク、銀行を強く志望していた。その理由として「起業とか考えているから、仕事

が面白いとこがいいかな」などと述べていた（26～27行目）。また当初希望していなかった不動産については「仕事が面白いっていうのに，途中で引っかかったから」と述べ，そのきっかけとしてインターンに参加した際に「不動産にいそう」と言われたことであり，のちに自分で調べて「あ，いいかもって思って」と述べていた（28～39行目）。

最終的に男性Cは不動産からの内定を承諾した。その理由として「不動産が一番早く内定が出た」「もし商社が先に内定がでたら，そっちになったかもしれんし」「第一志望群っていうのは結構絞った後やったから，別にこの中でどこから来ても別にそこに行こうかなっていう気持ちがあったから」と述べていた（45～48行目）。また，初期には商社のみが第一志望であったが，中期以降には仕事のやりがいという共通性がある「第一志望群」となっていた（49～54行目）。

内定先の満足度については，「まあそれは満足してますよ。正直入ってないからわからんけど，今の時点では8割くらいは」と述べていた。

以上のことから，男性Cの就職活動には以下の特徴があったと考えられる。

1. 当初の希望進路には無かった進路に最終的には内定した。
2. 就職活動中に得た新たな情報により，本人の中の希望進路の選択肢が広がっていた。
3. 就職活動中に志望先が増加していた。「第一希望」というよりも「第一希望群」となっていた。

(3)（断絶型）男性Eの場合

男性Eの就職活動初期から後期における希望業種の変化を表9-9に示す。

表9-9 男性Eの就職活動初期から後期における希望業種の変化

	初期		中期		後期
男性E	商社	→	商社 IT（外資） 銀行 通信 人材	→	IT（外資）

表9−10　男性Eの就職活動初期から後期についての発言

	【初期】
1	商社の一つだけかな。商社じゃなくても海外に関わる仕事がしたいなっていうのは思ってい
2	て。そしたら商社かなって感じだった。(中略)かっこよさそうだったから。挑戦してみた
3	かったから。あんまり行ってみたことなかったから，逆にやってみたかった。何かさ，おっ
4	きなことやってみたいとか，そんな単純なもの。英語使えたらかっこよさそうだしっていう
5	のもあった。
	【中期】
6	銀行に興味があって，あと通信の《通信の企業名》に興味があって，あとは，人材もちょっ
7	と興味あったかな。(中略)段々変わってきた。だから最初は商社，商社だって思っていた
8	けど，色々な業界を見ていくうちに，他も楽しいんじゃないかっていうのを思えてきた。結
9	局最終的には商社よりも銀行の方が行きたかったのね。で，そこで，《内定先の外資系のIT
10	の企業名》っていうのは最終的に出てきたんだけど。ITっていうのはね。ITって言っても
11	外資のIT。商社はね，《商社の企業名2社》だけ受けて，《商社の企業名》は一次で死んで，
12	《商社の企業名》は3次で落ちたのかな。でも当時はね，一番行きたかったのがどこかって
13	いうと，《商社名2社》，航空系の商社なんだよね。航空会社と商社を足して二で割ったよう
14	な感じの。何で商社が下がってきたかというと，俺，基本的に真面目だから，あんまりチャ
15	ラチャラしてないから，銀行とかのOB訪問して合ってるような気がしたの。商社は結構
16	裏とか色々ありそうで，人間的に俺あんま合わなそうとか思って，だから銀行とかの方が気
17	が楽だなとか思って，商社とかはなくなって，で，《商社名》は結局(内定を)もらったん
18	だけど，あんまりチャラチャラしてない，馬鹿騒ぎするような会社じゃないからいいなって
19	思って，で，《商社名2社》受けていて。で，そういった観点で銀行とかっていうのも，OB
20	訪問するうちに，ちょっとフィーリングが合うんじゃないかなって。商社とか銀行とか似
21	るっていえば似てるじゃん。銀行は金貸すじゃん。例えば会社が何かやりたいっていうとき
22	にお金貸すじゃん。逆に商社だったら，金と，僕が実際見ますよ，一緒にやりましょうみた
23	いなのが商社。事業に関する部分は違うけども，やり方としてはさ，お金の流れはこっちの
24	方がいいですよって銀行も言うし，ちょっと似てる部分があって，だから銀行がいいなって
25	思ってて。人材は，いいと思ってたんだけど，あんまり，なんだろうな，ちょっと勉強とか
26	っていうのもあった方がいいなって思ったから，人材とかよりは銀行の方がそういうほうが
27	いいなっていう思いがあって。人材はね，俺，自己PRがそうだったんだけど，部活の部長
28	とかそういう感じだったのね。部長とかの経験が活かせるんじゃないかって思って，結構そ
29	れで，挫折とかもしたりして，どうあるべきかとか，偉そうなことは言えないけども，何と
30	なくそういうことを常に考えているところがあって，やっぱり，その，人材とかでは，
31	この企業にこういう人がいたらいいとかさ，そういうのがやってみたいなって思って，興味
32	があった。(人材に興味を持ったのは)人材は1月とかかな。銀行もそんくらいかもしれな
33	い。商社は初めから，でもここ(航空系の商社)っていうのは，1月くらい。後から出てき
34	た。商社の中でもね。(中略)(3月4月の時点で)《通信の企業名》に行きたくなったの。
35	
36	後はIT系だね。《通信の企業名》と《外資系のIT企業2社》と《航空系の商社名2社》も
37	第一志望群。あと，《銀行名》の6つの会社が第一志望群だった。この中でもさらに《外資
38	系のIT企業2社》ここが一番。《通信の企業名》が次。後は並ぶかな。(中略)《通信の
39	企業名》はES落ちて，《外資系のIT企業名》は最終で落ちて，《銀行名》も一次面接で落
40	ちた。《人材の企業名》は最終で辞退して。《航空系の商社》も最終で辞退した。
	【後期：内定先の満足度】
41	(最終的に内定が出たのは)《外資系のIT企業名》と《航空系の商社》あと，IT系の会社で，
42	外資のITの会社で，《企業名》なんだけど，そこも受けてそこももらった。(どの会社に入
43	るか)迷った，正直。(中略)行きたかったんだけど，結局どこでもよかったんだよね。別
44	にどこで働いても一緒じゃんって思って。どこも楽しそうじゃんって思って。《外資系のIT
45	企業名》はそれなりに楽しそうだけど，厳しそうでもあるし，《航空系の商社名》は雰囲気

46	が超良かった。OB 訪問にしても，相手の人も超いい人だったし。会社の雰囲気はすごく良
47	さそうだった。でも，結局初心に帰ると，やっぱり行きたかったのは，そこ（外資系の IT
48	企業名）なんだなっていうのがあったから，まあ，そこなんだろうなっていう感じで決めた。
49	（中略）《外資系の IT 企業名》の方が自分のカラーに合うなって感じた。直感でね。（中略）
50	志望動機にもあるんだけど，ユーザーフレンドリーとかユーザーアビリティとか，<u>IT によ</u>
51	<u>って世の中が便利になったけども，IT が使えない人にとっては，逆に不便になったってい</u>
52	<u>のを感じたの</u>。例えば高齢者とか，昔は対面で銀行からお金を借りていたけど今 ATM で
53	あるじゃん，今も対面はあるけど，そういう機械ができることによって，逆に暮らし難くな
54	ったっていう感じを受けたの。何でかっていうと，自分には祖母がいて，認知症とか難聴を
55	抱えていて，週に何度かある度に何でこんなことになんなきゃいけないのかなって，結構悔
56	しくなって。だから，自分が IT 業界に入って，そういうことを考えながら仕事をすること
57	によって，少しでもそういう格差みたいなのを減らせていければいいんじゃないかなって思
58	ったから。客は色んな人がいるから，まあ，BtoB だから，例えば自動車メーカーとか銀行
59	みたいなのもあるけど，どこ行ってもその客だけじゃなくて，<u>本当にエンドユーザーの気持</u>
60	<u>ちとかの気持ちを考えて仕事がしたいなっていうのが</u>。（内定先について）大満足ですね。
61	【後期：当初の志望先についてどう思うか】
62	（商社について）それはそれでいいんじゃないかな。（入りたいとは）あんま思わない。（理
63	由は）《外資系の IT 企業名》でもあると思うから。もう気持ちがこっちに向いちゃってる
64	から。

　男性 E は初期において商社を希望していたが，最終的に決定したのは中期から希望しはじめた IT（外資）であった。

　男性 E の就職活動初期から後期についての発言を表 9-10 に示す。就職活動初期において，男性 E は商社を希望していた。理由は「海外に関わる仕事がしたい」「かっこよさそうだったから」「おっきなことをやってみたい」などであった（1～5 行目）。

　就職活動中期になると，男性 E は銀行，通信，人材，IT にも興味を持つようになった。そのことについて「いろいろな業界を見ていくうちに，他も楽しいんじゃないかっていうのを思えてきた」と述べ，この頃になると商社よりも銀行に興味を持つようになっていた（7～9 行目）。銀行に興味をもった理由として「基本的に真面目だから」「人間的に俺あんま合わなそうとか思って，だから銀行とかの方が気が楽だなとか思って」「商社とか銀行とか似てる」と述べていた。なお，商社を希望していたことに関しては，当初希望していた企業が落選したという外的な要因もあるが，本人自身が「基本的に真面目だから，あんまりチャラチャラしてないから」と述べていた（14～17 行目）。商社の雰囲気と自分のキャラクターが合わないと感じ希望しなくなったことが分かる。

最終的に男性Eは，外資系IT企業2社，商社1社から内定を得た。そのなかで，IT企業からの内定を承諾した。「自分のカラーに合うなって感じた。直感でね」と述べるように，会社の雰囲気が自分の性格と合っているかを考慮していた（44～49行目）。また，「ITによって世の中が便利になったけども，ITが使えない人にとっては，逆に不便になったっていのを感じた」「本当にエンドユーザーの気持ちとかの気持ちを考えて仕事がしたい」という理由から男性Eは最終的にIT企業からの内定を承諾した（50～60行目）。内定先の満足度については「大満足ですね」と述べていた（60行目）。

　以上のことから，男性Eの就職活動には以下の特徴があったと考えられる。
1. 当初の希望進路には無かった進路に最終的には内定した。
2. 当初希望していた進路については，入りたいとは思っていなかった。途中から希望しはじめた進路にも同様のことができると思っていた。
3. 企業のカラーと自分の性格（企業の価値観と自分の価値観）が合うかを考慮して，内定先を決定した。

(4) （断絶型）女性Aの場合

　女性Aの就職活動初期から後期における希望進路の変化を表9-11に示す。女性Aは初期において教員，また教育系の企業を希望していたが，最終的に決定したのは中期から希望しはじめたお菓子関連の企業であった。

　女性Aの就職活動初期から後期における発言を表9-12に示す。就職活動初期において，女性Aは，当初「教育業界」を希望していたが，内定が出た会社が「ブラック」であることに気がつき（3～8行目），教育業界につ

表9-11　女性Aの就職活動初期から後期における希望進路の変化

	初期	中期	後期
女性A	教員 教育	→ 教育 お菓子 遊具 保育関連 アミューズメント 映像	→ お菓子

表9-12 女性Aの就職活動初期から後期についての発言

	【初期】
1	やっぱり教育業界がいいなっていうので，(中略) あんまり大手とか，そういうのでは探し
2	てなくて，なんだろう，まあ，《教育系の企業名》とかは大手なんですけど，リクナビとか
3	のサイトで，教育で，ヒットしたところで，何かすごい，ここ自分働けそうだなみたいな感
4	じの写真とか，そういうので探したんですけど。(中略) 教職も就けたらいいなって思って
5	た感じですけど。(中略) 就活始めて，いくつかの教育企業を受けてから，その企業が《教
6	育系の出版会社名》関連であることが発覚して，そこがブラックだっていうのを気付いて，
7	(中略) 最初の内定がもらえたのが，3月下旬で，ここのときはまだここに就職をしようっ
8	て，(中略) 気付いて，親にも言ったら，ここは危ないみたいなことを，そしたら，同じサ
9	ークルの子で同じところを受けている子がいて，その子も結局そこを辞めて。すごい，
10	何か，新卒の人，大歓迎みたいな感じなんですけど，何回も採用とかやっていて，実際にや
11	ることは教材の押し売りだとか，そういう感じのことしかやっていなくて。(中略) 何か，
12	教育業界については，そこで諦めを感じてしまったんですね。
	【中期】
13	子どもに関連するお菓子とかそういうので探してたんですね。私自身もお菓子好きなので。
14	それで，どこらへんだろう，あと，《教育系の企業名》とかそういう感じのところとか受け
15	て。ドリルとかやっている《企業名》っていう会社とか，あと，おもちゃを作っているとこ
16	ろとかも行ったりしたんですけど，結局どこもだめで。で，食品メーカー，お菓子のところ
17	受けて，大手のところは落ちて，最終的に私も決まったのは，駄菓子関係のメーカーなんで
18	すけど，そこは，なんだろう，最初に面接，結構，圧迫面接っぽかったんですよ。何か，私
19	ともう一人の子が結構ハキハキ笑顔で言っても，「それで？」みたいな感じで言われて。そ
20	れですごいこれ絶対落ちたなって思ったところだったんですけど，2回目に面接に行ったと
21	きに，すごい優しくて，同じ面接官の人だったんですけど，2人とも，何か，もっとゆった
22	りしてくださいみないな感じで，やっぱり，あれは圧迫だったんだみたいな感じで。で，私
23	安心感が出たのか涙が出てきて，で，普通面接で泣いちゃいけないって言うじゃないですか。
24	だから私はそこで落ちたなって思ったんですけど，なぜか受かっちゃって。
	【後期：内定先の満足度】
25	(内定先の満足度について) うーんと，すごい私的に，あり得ないって思ったところだった
26	んですよ。なんだろう，入社できるのかなみたいな，ここの会社にみたいな。面接でも泣い
27	ちゃったりしたことがあったので，同情で採ってくれてんじゃないかっていうのがあったん
28	で，本当に信じられなくて。すごく嬉しかった。ただ，すごく小さい会社なので，父親
29	と母親に反対されたっていうか，もっと他の会社も受けてみたらっていう感じのことを言わ
30	れて，そこでまたちょっと続けたんですよね。教育実習が始まる前くらいまで。遊具の会社
31	とか，保育園とかを経営する会社とか，あとは，ゲームセンターの会社とかですね。あと映
32	像，映画とかの会社とかも受けてみたりとかしましたね。(最終的にお菓子の会社に決めた
33	のは) 他の会社が落ちてしまったっていうのがあったので。もうここにしか私は就職できな
34	いんじゃないかみたいな感じで。(内定先の満足度について) 確かにちょっと人数が少ない
35	のは不安があるんですけど。入ってみてから，またわかんない部分もあるから，60点70点
36	
37	くらいかな。
	【後期：当初の志望先についてどう思うか】
38	そうですね。あの，教育実習に行ったときに，高校の先生に，まあ今すぐ考えなくてもいい
39	から，社会人を体験してからでも，教職考えてみたらみたいなことを言われて。私もちょっ
40	とは社会を体験してみたいなって思っているので，もしかしたら何年後かには，先生の試験
41	をもう一回受けているかもしれない。

いては，そこで諦めを感じたことで，その後，教育業界への進路を選択しなくなっていった（10〜12行目）。

就職活動中期になり，新たに進路を模索し，「子どもに関連するお菓子とかそういうので探してたんです」と述べるように，その後，お菓子，教育系，おもちゃなどの企業を希望するようになった（13〜18行目）。結果的にお菓子関係のメーカーに内定が出たが，その後も「すごく小さい会社なので，父親と母親にもっと他の会社も受けてみたらっていう感じのことを言われて」「そこでまたちょっと続けたんですよね」と就職活動を継続するが，落選などの外的な要因によって，最終的にお菓子関係のメーカーに内定を承諾した（28〜37行目）。内定先の満足度については，人数が少ない点で不安を持ちながらも，「60点70点くらいかな」と一定程度の満足度がある様子であった（35〜37行目）。

当初の希望していた教員については「私もちょっとは社会を体験してみたいなって思っているので，もしかしたら何年後かには，先生の試験をもう一回受けているかもしれない」と就職後の将来の選択肢とする展望をし，就職先を最終的に決定したこともうかがえた（38〜41行目）。

以上のことから，女性Aの就職活動には以下の特徴があったと考えられる。
1. 当初の希望進路には無かった進路に最終的には内定した。
2. 当初希望していた進路は，就職活動中に得た情報により希望しなくなった。志望先が変化していた。
3. 最終的に就職先を決定したのは，将来の転職を考慮したためと考えられた。

(5)（断絶型）女性Bの場合

女性Bの就職活動初期から後期における希望進路の変化を表9−13に示す。女性Bは初期において警察官を希望していたが，最終的に決定したのは中期から希望しはじめたメガネを扱う企業であった。

女性Bの就職活動初期から後期についての発言を表9−14に示す。就職活動初期において，女性Bは警察官を希望していた。それに向けた勉強を

表9-13 女性Bの就職活動初期から後期における希望進路の変化

	初期	中期		後期
女性B	警察官	メガネ 百貨店 広告 不動産 アパレル	→	メガネ

表9-14 女性Bの就職活動初期から後期についての発言

【初期】
1　勉強はもうずっと。（筆記）試験が翌年の5月だったから，それまで週3とか週4くらいで，
2　予備校に通って。でもやっぱり，サークルの友達とか他の友達とかが4月とか3月とかに決
3　まり出して，すごいなって思ったけど。でも，公務員目指してる子が，近くの友達に2,3人
4　いたから，その子たちと，うちら頑張ろうよみたいに言っていたから，周りが決まり出して
5　もそんなに焦ったりはしなかった。（中略）6月の前半に結果が来て，（警察官の試験に）落
6　ちてたんだけど，でも受けたときからものすごく難しくて，全然手ごたえがなくて，落ちた
7　わって思って，まあ，勉強するのもあれだったんだけど，それでも，ずっとこうだったから，
8　スーツを買ったのも，自分は面接なんて警察官の面接しか受けないし，説明会も警察の説明
9　会しか行かないから，そのために買うんだって思ってたんだけど，でも落ちて，いいように
10　視野が広がったっていうか。何か，ずっと高校生のときから，警察官って言い続けていたか
11　ら，意地みたいなのもあって来たけど，落ちて選択の視野が広がって，他のに目を向けるの
12　もいいじゃないかって。このまま勉強していてもいいと思ったけど。でも受ける気になれな
13　くて。まあ視野を広げてみようってことで，（6月から）色々リクナビとかに，（民間企業に）
14　エントリーしだして。全然調べていない。だし，何かすごい悩んで，民間に行くのも。友達
15　とかに相談して，就活始めるっていうの。でも他の友達に相談したら，新卒っていうのは今
16　年だけだから，それを無駄にするのはもったいないと，とりあえず，新卒採用っていうブ
17　ランドを生かして受けてみて，まあその，警察とかは30までは受けられるから，一応チャ
18　ンス広げたらってみたいなアドバイスをもらい，就活を始めたんだけど。でも6月ってさ，
19　大体終わってて，就活が。就活っていうか企業の採用が。まず有名どころから行くじゃん。
20　6月にやってたのがアパレル系しかなくて。
【中期】
21　そのある中で自分の興味あるのが一番アパレルだったから，アパレルにしてみたんだ。（中
22　略）あとは，不動産，広告とか。あと，百貨店。就活のやり方もリクナビの登録の仕方もわ
23　からないから，とりあえず友達にめっちゃ教えてもらって，エントリーシートの書き方とか
24　も習って，チェック入れてもらって。（中略）一番行きたかったのは百貨店。次は広告かな。
25　で，不動産。何かやっぱり安定したところが良くて，そう，安定したところが良かったから。
26　（中略）広告っていうのは興味を持っていたからやったんだけど，不動産は安定性を重視し
27　て，百貨店っていうのは，なんだろう，百貨店はやっぱり安定とかかな。しかも，百貨店っ
28　てブランドがあるじゃん。不動のブランドみたいな。それで，安定できるのかなって思って
29　選びました。（中略）まず，アパレルが最初に，7月に内定が出て。不動産とかも6月の初
30　めだったけど，もう落ちてて，百貨店も6月の末くらいかな。もう一個メガネ屋さん受けて
31　いて，メガネは7月くらいに，一個受けていて，最終までいったんだけど，就活するにつれ
32　て，合わないなって思って，途中で切ったのね。アパレルが決まった後も安定したところ探
33　してみようと思って，難しかったかなっていうのが。エントリーがやってなくて。（内定先
34　のメガネの会社は）途中から出てきて。（中略）最初に内定先のアパレル会社で，その会社

のグループに就職して，そのグループの持っているブランドに振り分けられたんだけど，内定者懇親会のときに振り分けられたのが，希望と違ったのね。私は本当服を売りたいなって思ってたんだけど，そしたら，そこに希望を出していたんだけど，全然，アクセサリーのところに配属になって。アクセサリーって私あんまり付けないから。やっていっても楽しくなくなるなって思ったのね。だからそれでやめた。

【後期：内定先の満足度について】
(最終的にメガネの会社に内定が出て承諾したことについて) メガネはいつも付けてるし，必要な人がいっぱいいるじゃん。使わないきゃ生活できないみたいな人もいるから。それと，面接のときに言ったんだけど，服売りたいと思っていたけど，服は流行りとかでさ，捨てちゃったり，着なくなったりするけど，メガネは視力測ったり，合わせたり，その個人の物になるから。そっちの方が，しかも測定とか色々大変，ただ売るだけじゃなくて，そういうのもあるから，やりがいがありそうだなって思って，そっちにした。(内定先の満足度について) 今バイトしていて話しを聞くだけだけど，でもすごい難しくて，入社してからもテストがあったりとか，測定するのもすごく技術がいるし，加工とかも。だから，ただ服を売るだけよりは，全然やりがいがあるっていうのは感じたのね。先輩の話とか聞いてても，全然普通に，困ってそうな感じもしないし，キツイっていうのも聞かないから，いんじゃないのかなって思うけど。今ブームみたいになってるから，それですごい人気があるっていうのもあるじゃん。でもそれが今だからいいけど，何年か後に廃れたらっていう不安はあるけど，まあいいんじゃないかなって。

【後期：当初の志望先についてどう思うか】
でもその勉強をしていたっていうのは辛かったし，もう戻りたくないって思うし，もう勉強したくないっていうのは正直，だけど，警察になりたいって思っても，その警察のいいところしか見ていなかったのかなとも思うし。まあ今，もうちょっと勉強して，もう一回受けてみようよって言われても，その，落ちちゃったからっていうのもあるし，もう落ちるの嫌だし，一年間棒に振りたくないっていうのもあるし，甘い考えなのかもしれないけど，浪人した人からすれば，何言ってんだよみたいな感じかもしれないけど，でも，何か，(中略) 完全にもう絶対受けないっていうのは言わないけど，今の時点では受けない。(中略) とりあえず，いいように変わったんじゃないかな。

しており，就職活動をしていないことについては焦りを感じていなかった（1〜6行目）。警察官になるという一貫した進路を持っており，それ以外の進路は希望していなかったことがわかる。6月の結果において，落選という外的な要因から希望進路がなくなり，新たな進路を選択することになるが，本人のなかではそのことについて「落ちて選択の視野が広がって，他のに目を向けるのもいいじゃないか」と肯定的に解釈するようになった（11〜14行目）。しかし，まだ警察官という進路がなくなったわけではなく，本人自身も悩み，友人からのアドバイスに後押しされ，民間企業の就職活動を開始した（15〜18行目）。

就職活動中期において，女性Bはまず，一番興味があったアパレルを希望した。その後，不動産，広告，百貨店も希望するようになった（21〜25行目）。最初に内定が出たアパレルの会社は，希望の服販売ではなく，アク

セサリー販売であったため,辞退した。

　最終的に,女性 B はメガネの会社に内定を承諾した。その理由として,服は捨てたり着なくなることがあるものの,メガネはいつもつけていることや,視力測定などにやりがいを見いだしたことなどをあげていた（41〜46行目）。内定先の満足度については,「何年か後に廃れたらっていう不安はあるけど,まあいいんじゃないかな」と述べていたように一定の満足度があることがうかがえた（52〜53 行目）。

　当初希望していた警察官については「警察になりたいって思っても,その警察のいいところしか見ていなかったのかなとも思うし」「いいように変わったんじゃないかな」と希望進路の変化について肯定的にとらえていると解釈できた（55〜61 行目）。

　以上のことから,女性 B の就職活動には以下の特徴があったと考えられる。

1. 当初の希望進路には無かった進路に最終的には内定した。
2. 就職活動初期に希望していた進路の活動の結果により新たな進路に変更した。志望先が変化していた。
3. 最終的に就職先を決定したのは,その新たな希望進路の中から,やりがいなどの要因を重視したためと考えられる。

4　総合的考察

　本章の目的はキャリアデザイン,キャリア「RE」デザインの観点から,安田（1999）による 3 つの解釈に修正を加えることであった。

　以下には,まず,就職活動を通したキャリア「RE」デザインと希望進路の変化についての考察を行なう。つぎに,上記の考察から分析の対象とする対象者を選定し,安田（1999）による 3 つの解釈に修正を加えることを試みる。

　繰り返しになるが,安田（1999）は,大学生が実際に就職する際には,就職開始時の自らの志望とはかけ離れた就職先に移動させられていようともい

なくとも，学生の満足度は変わりないという調査結果を示し，その理由として以下の3種類の解釈を述べた。

①「志望先変化」説
　就職活動を通じて本人の志望先が変化し，そのため満足度が結果として下がらなかった。
②「内定＝満足」説
　就職活動を通企業であれ満足するようになった。
③「志望＝憧れ」説
　就職活動開始時の志望は，「夢」「あこがれ」程度のものであり実際に学生が真剣に志望しているわけではなかった。

　上述のとおり，初期から後期まで一貫している群，すなわち拡張型および絞込型に変化した対象者5名（男性D，男性F，男性A，女性C，女性D）は他の進路への選択肢を挙げながらも軸とする進路を一貫して希望し続けたこと，また希望進路からの落選などの外的要因もなく，希望どおりの進路に決定したことから，大きなキャリア「RE」デザインは起こらなかったと判断できた。志望どおりであるため，就職活動の前後で満足度が変わらないのは当然である。
　そこで，以下には，就職活動初期から後期まで一貫していない群，すなわち断絶型に変化した対象者5名（男性B，男性C，男性E，女性A，女性B）が安田（1999）の3つの説のどれに該当するのか確認してみよう。これら5名のなかにまったく満足していないと回答した者はいなかった。就職活動の前後で満足度が変わらなかったと判断できた。
　①「志望先変化」説については，内的要因や外的要因により希望が変化したと捉えると女性A，女性Bが当てはまると考えられる。
　②「内定＝満足」説については，「就職活動を通じて本人の志望というものがなくなり」という該当者はいなかった。
　③「志望＝憧れ」説については，男性Eが就職活動初期において「かっこよさそうだったから（表9-10）」と発言していたことを考えると，この

説に当てはまるともいえる。しかし、変化した最大の理由として会社の雰囲気と自分が合うかなどを重要視したためであるので、この解釈に当てはめることは難しい。

　以上より、安田（1999）の3つの説のいずれかに該当したのは2名（女性A，女性B）のみであった。残りの3名（男性B，男性C，男性E）はどのように解釈が可能であろうか。

　男性Bは、新たな情報の入手により、本人の中の希望進路の選択肢が広がり、当初の希望先だけを選択しなくなった。男性Cも就職活動での情報の入手により、明確な希望進路が複数存在した。よって、男性B，男性Cは、「志望先が変化した」ではなく、「志望先が増えた」と考えられるだろう。

　男性Eは、会社の雰囲気が自分の性格と合っているかを考慮し、また仕事に対する目的が明確だった企業を選択して決定した。これは、希望進路の変化が起こった理由は「企業と自分のマッチング」と考えることができる。

　以上のことから、本章では、修正も含め、新たな説として2つの解釈を示す。

・「志望先増加」説
　就職活動での情報の入手などから、本人の志望が増えたため、結果として満足度が下がらなかった。

・「企業とのマッチング」説
　就職活動を通じて、最終的に会社の雰囲気（価値観）と自分の性格（価値観）とを重ね合わせた結果、自分にふさわしいと判断した進路を選んだことで、結果として満足度が下がらなかった。

　以上をまとめると、本章の結果からは、安田（1999）の3つの説を表9－15のように修正することができた。

　「志望先変化」説は、2名（女性A，女性B）該当した。就職活動を通じて本人の志望先が変化し、そのため満足度が結果として下がらなかったと考えられる。よって、本章でも支持する。

表9-15　満足度が下がらない理由における先行研究との対応関係

安田（1999）	本章の結果
「志望先変化」説	「志望先変化」説
「内定＝満足」説	
「志望＝憧れ」説	「企業とのマッチング」説
	「志望先増加」説

　「内定＝満足」説は，該当者がいなかった。問題と目的で述べたとおり，この説は，個人の主体的な選択を否定する説でもあり，キャリアデザインの観点からは考えにくいものでもある。よって，本章では支持しない。

　「志望＝憧れ」説は，「志望＝憧れ」ではなく，当初希望していた企業への理解や情報が深まり，自分の性格や価値観を重ね合わせていった結果，変化したという「企業とのマッチング」として解釈するのが妥当であった。この説は1名（男性E）該当した。よって，「志望＝憧れ」説は，「企業とのマッチング」説への修正を提案する。

　また，本章では，さらに「志望先増加」説を新たに提案する。本章では2名（男性B，男性C）は，就職活動を通じて本人の志望先が変化したというよりも，就職活動での情報の入手などから，本人の志望が増えたため，結果として満足度が下がらなかったと解釈ができた。

　以上より，本章では，安田（1999）による説を修正し，「志望先変化」説，「志望先増加」説，「企業とのマッチング」説の3つの仮説を生成した。大学生が実際に就職する際に，就職開始時の自らの志望とはかけ離れた就職先に移動させられていようともいなくとも学生の満足度は変わりない理由は上記の3つの説が考えられる。

　なお，就職先への満足度は，学生が就職活動を終了後に合理化[1]（rationalization）をするので，指標としては扱いにくいといわれることがある。また，「就職開始時の自らの志望とはかけ離れた就職先に移動した＝就職活動に失敗した」と第三者からは見えることも根強いであろう。しかし，Super（1990）によれば，人と職業のマッチング過程は決して完全には達成されず，断念と統合の過程こそキャリアであるとしている。また，「決める」という観点から近年のキャリア発達理論（偶発理論，構築理論，文脈理論）をレビューした下村（2008）は下記のように述べている。

「決める」については，計画的に「決める」ではなく「偶然を活かす」へ，一時点の「決める」ではなく「作り上げる」へと焦点を移すべきであること，さらには，個人が「決める」ことから社会によって「決められる」という点によりいっそうの注意を払うべきであることが重要となると言える。（下村 2008: 40）

　大学生が就職活動をするうえで，当初の自らの志望とはかけ離れた就職先に移動することは，少なくないと思われる。その意味で，この時期に特有の課題とも言えよう。本章で示した3つの仮説は，このような課題に対処するために必要な事柄を理解する視座を示したと考えられるだろう。
　なお，本章では，上記のような意義ある結果が得られたものの，一方で，下記のような課題が残された。
　第一に，大学4年生に対する振り返り調査という方法は，大学生活を通してどのように将来を描いたのかという点を明らかにすることができる有効な方法であるが，本章では，進路が決定してから数カ月たってから面接調査を行なったため，当時の希望進路を選択する理由や当時の心境など細部にわたる聞き取りが出来なかった。よって，就職活動中に起こっている変化に注目する縦断的面接調査との比較を行ない，これら3つの仮説がいつ行なわれるのか（たとえば，就職先決定時なのか，決定してからしばらく経ってからなのか）を検討する必要がある。
　第二に，今回生成された仮説を今後は，アンケート調査などを用いて量的に検証することが必要である。

註 記
1) 葛藤や罪悪感をともなう言動を正当化するために社会的に承認されそうな理由づけを行なう試み。精神分析によって明らかにされた心的機制のひとつである。合理化が成功すると不安や葛藤は解消され，言動の真の意味は意識化されないという（cf. イソップ物語にでてくるキツネの「すっぱいブドウ」式の言い訳）（中島ほか編 1999）。

（稲田　恵・田澤　実）

終　章
分析結果のまとめ

　本書は，3部構成であった。それぞれの問いについて，本書での結果をまとめる形式で述べていきたい。

1　第Ⅰ部「何をもってキャリア教育の効果があったとするのか？」

　ここでは，キャリア意識の発達に関する効果測定テスト「キャリア・アクション・ビジョン・テスト：CAVT」を開発した。開発の経緯は第1章を，実際の活用の仕方については補章をご覧頂きたい。

　うれしいことに，本書を執筆しているこの時期にも，いくつかの大学からCAVTを利用している旨の連絡を頂いている。ただ，実際に，効果測定をした場合，時には，CAVTが上昇しなかったり，下降することもあるだろう。その結果のみに一喜一憂はしないで頂ければ幸いである。とくに心理学研究の間では，広く知られていることであるが，キャリア意識はただ右肩上がりに上昇するだけではなく，時に下降することもある。このことについて五十嵐（2008）は，以下のように述べている。

　　評価の際に注意したいのは，右肩上がりの変化をよしとしないことである。固定的な進路展望をもって入学してきた学生が，キャリア教育によって再吟味と再構築のプロセスを歩むのであれば，混乱や危機を経ることこそ教育効果といえるからである。（五十嵐　2008: 115）

学生を育てる際には，きめ細やかな対応をしてきたいものである。しかし，現実的には，大人数が履修する授業であれば，授業前と授業後のデータで全体的な変化を見る使い方，少人数の授業であれば，補章で示したようなプロットシート等を活用した使い方が多くなるのではないかと編著者らは予想している。前者であれば，最後の授業の振り返りで活用，後者であれば面談を織り交ぜた対応，そして両者に共通して，次年度のシラバスに向けて修正点・改善点を見つける手掛かりにすること等ができると思われる。今後，効果測定や実践で多くの場所で使って頂くことを願ってやまない。

また，CAVTのなかでも，「アクション」と「ビジョン」の両方を高めることは，内定獲得には正の影響があるものの，「アクション」を高めることは早期離職にも正の影響を与えていた（第3章）。この問題にどのように立ち向かうべきかは今後の課題が残るが，各大学で行なっているキャリア教育が，内定を得られればそれで良いのか，早期離職に至ることを導いてはいないか反省的に振り返るきっかけになれば幸いである。端的に言えば，アクションだけ高める教育は短期的に見れば，内定獲得に至っても，長期的に見ればマイナスになる可能性があるということである。「アクション」と「ビジョン」の効果の違いについては今後も研究の蓄積が必要であろう。

2　第Ⅱ部「どのような学生生活がキャリア発達を促すのか？」

まず，大学に入る前の高校生は，ソーシャルネットワークの量よりもその質，具体的には密度と深さと異質性が正の影響を持つことが検証された。そして，「同質な他者」よりも「異質な他者」との深い交流が将来の意識，とくに就業意識を高めるという関係が解釈できた（第5章）。第2章でも他者がキャリア意識に与える影響を検討したが，やはり「異質な他者」との交流の必要性が述べられた。今後，高大連携を意識した研究を進めるなどしていきたい。

つぎに，大学1年前期で友人関係を構築できること，後期に社会，経済に教務を持つことができることは，1年の1月の時点での自尊感情に正の影響

を与えていた（第6章）。やはり，前期と後期で逆にならなかったということが重要な点であると思われる。それでは，友人関係を構築することを，大学のなかで，いかにして機会を提供するのかという視点が重要であろう。ここでは正科の科目のみならず，学生センターやキャリアセンターなどの事務部門との連携が必要である。ただし，学生に対する押し付けにならないようにするためには工夫が必要であろう。あくまで機会の提供にとどめることがよいのではないだろうか。

また，家で勉強する時間が短い者ほど，相対的に，大学で知識・技能が身につけられるとは思っておらず，かつ，職業を先延ばしにしたい傾向が見られた（第7章）。ここでは，いわゆる"大学への信頼"をキーワードにしてとらえたが，第4章においても，教育内容と教育評価の間には〈強固な相互補完性〉が存在し，それゆえに非難関大学の教育は成果をあげつつ，その可能性を自ら限定させていると解釈できることを示した。第7章でも述べたとおり，現在の学びがいかに将来の学びと結びつくのかということを，授業を通じて明示的に説明するなど学業と職業の結びつきを意識したアプローチは重要になると思われる。

3　第Ⅲ部「就職活動を通じてキャリア意識は変化するのか？」

第8章では，男性よりも女性の方が，就職活動開始時期において希望業種数が多いことが明らかになった。これは，女性の方が数の面では活発であることを示している。しかし，女性の方が男性と比べても，狭いところから業種を選択している傾向がうかがえた。とくに1年生から卒業時までの推移で，その特徴は顕著にあらわれた。たとえば，よく就職活動では，「男子学生よりも女子学生の方が活発である」と言われることがある。上記の結果を考慮すると，一部，正しいことを述べているものの，一方で，誤解を招く可能性があることを示したことになる。この男女の希望業種の広さの違い，端的には，女性の希望業種の偏りが妥当なものであるのかどうかを支援者は考えていかなくてはならない。

第9章では,「就職開始時の自らの志望と就職活動終了時の志望では変化が生じているものの,なぜ満足度が下がらないのか」という先行研究の解釈に修正を加えた。「就職活動を通じて本人の志望というものがなくなり,内定さえもらえれば結果としてどの企業であれ満足するようになった」や「就職活動開始時の志望は,「夢」「あこがれ」程度のものであり実際に学生が真剣に志望しているわけではなかった」という世間一般で言われがちな解釈について,否定的な見解を示した。代案として,「『志望先増加』説：就職活動での情報の入手などから,本人の志望が増えたため,結果として満足度が下がらなかった」と「『企業とのマッチング』説：就職活動を通じて,最終的に会社の雰囲気（価値観）と自分の性格（価値観）とを重ね合わせた結果,自分にふさわしいと判断した進路を選んだことで,結果として満足度が下がらなかった」を示した。景気が悪くなると「学生はぜいたく言わずに行けるところに行け」で片づけられてしまうことがある。ここで示した結果は,学生の能動性を示すものである。北風と太陽ではないが,学生の能動性を無視した北風的アプローチでは,支援にも限界があるであろう。学生に寄り添うためには,太陽的アプローチが必要である。

（田澤　実・梅崎　修）

附　録
キャリア意識の発達に関する効果測定テスト
（キャリア・アクション・ビジョン・テスト：CAVT）
―活用の手引き―

　本テストは，体験型実習の効果が，どのような側面にどの程度見られるのかを測定するために作成しました。全国の大学生を対象とした大規模調査をもとに厳選された質問項目によって，大学生のキャリア意識の発達を測定し，将来の就職活動の成否などを見直すことができます。
　さまざまな大学におけるさまざまなキャリアガイダンスの取り組みを評価するための効果測定用の質問項目として，また，学生自らが自分のキャリア意識の発達を知るツールとして，幅広く使用可能な汎用版のテストとして使用することができます。

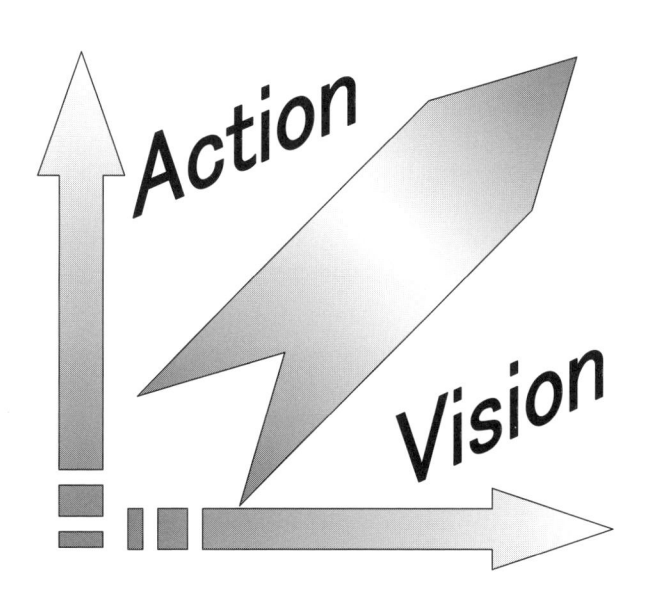

キャリア・アクション・ビジョン・テスト（CAVT）

―項目プロトタイプ―

Action

学外のさまざまな活動に熱心に取り組む
尊敬する人に会える場に積極的に参加する
人生に役立つスキルを身につける
さまざまな人に出会い人脈を広げる
何ごとにも積極的に取り組む
さまざまな視点から物事を見られる人間になる

Vision

将来のビジョンを明確にする
将来の夢をはっきりさせ目標を立てる
将来，具体的に何をやりたいかを見つける
将来に備えて準備する
将来のことを調べて考える
自分が本当にやりたいことを見つける

・大学生の就職活動で必要な力を，このテストでは，アクション（Action）とビジョン（Vision）との2つの側面から捉えます。

・「アクション」は，将来に向けて，どのくらい熱心に積極的に行動を行なっているかを測定する項目群です。学外の活動やスキルの獲得，幅広い人脈の構築など，いろいろな活動を含みます。

・「ビジョン」は，将来に向けたビジョンや夢，やりたいことなどを，どのくらい明確にしているか，また，それに向けて準備しているかを測定する項目群です。

・「アクション」と「ビジョン」はそれぞれ6項目ずつと少ないですが，大学生を対象とした精密な調査研究から厳選された最も重要な12項目となっています。

キャリア・アクション・ビジョン・テスト（CAVT）

―プロットシート―

・このテストは，キャリアガイダンスの効果を「アクション」と「ビジョン」の2つの側面から測定するのが特徴です。

・「アクション」得点と「ビジョン」得点をプロットシートにプロットして解釈します。

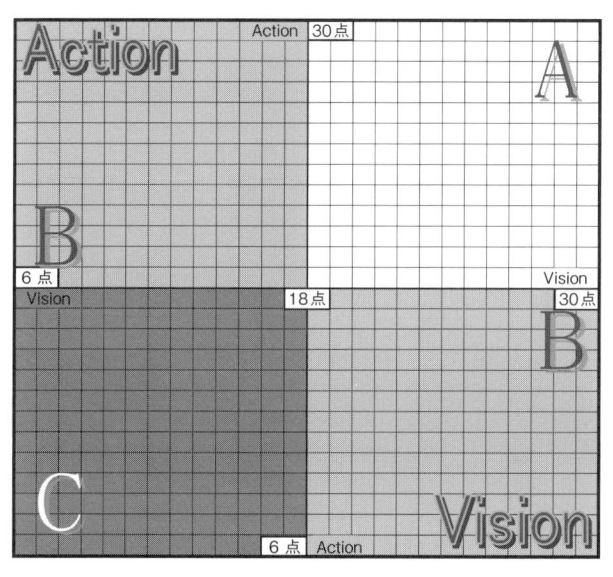

プロットシート

キャリア・アクション・ビジョン・テスト（CAVT）

—プロットシートの解釈—

・「アクション」得点，「ビジョン」得点をプロットシートに書き写すと，以下の3つのゾーンのどれかに位置することになります。

・3つのゾーンはそれぞれ以下のように解釈できます。

【Aゾーン】　右上　白いゾーン
　「アクション」得点も「ビジョン」得点も高く，現在のところ，キャリア形成に向けて積極的に活動しており，将来に対する展望も明確であると言えます。このままの状態を維持すれば，将来の就職やキャリア形成もうまくいくことが予想されます。

【Bゾーン】　左上と右下　灰色のゾーン
　「アクション」得点か「ビジョン」得点の一方が高く，もう一方は低い場合です。キャリア形成に向けた活動または将来に対する展望のどちらかは高いので，これからは低かった方にも力を入れていくとよいでしょう。「アクション」得点と「ビジョン」得点の両者が高いAゾーンを目指しましょう。

【Cゾーン】　左下　黒いゾーン
　「アクション」得点と「ビジョン」得点のいずれも低く，キャリア形成に向けて積極的に活動を始め，将来に対する展望を明確にすることが重要になってくると言えます。現在のままでは，将来の就職やキャリア形成がうまくいかないことも予想されますが，これからの頑張りしだいでは大きく伸びる余地があります。

キャリア・アクション・ビジョン・テスト（CAVT）

―活用の方法①―

①キャリアガイダンスの効果測定のために

キャリアガイダンスの実践の前後で実施し，キャリアガイダンスの効果測定を行ないます。同じ質問項目に2回，くりかえして回答することによって，自分にどんな変化が生じ，どんな面で有益だったのかを知ることができます。また，キャリアガイダンスの提供者は，個々の学生の数値を集計して，今後の改善の手がかりが得られます。

第1回測定用（事前測定用）

あなたは，現在，以下のようなことが，どの程度，できていると感じますか。あてはまる箇所に○をつけて回答してください。	かなりできている	ややできている	どちらとも言えない	あまりできていない	できていない
将来のビジョンを明確にする	5	4	3	2	1
学外の様々な活動に熱心に取り組む	5	4	3	2	1
将来の夢をはっきりさせ目標を立てる	5	4	3	2	1
尊敬する人に会える場に積極的に参加する	5	4	3	2	1
将来，具体的に何をやりたいかを見つける	5	4	3	2	1
人生に役立つスキルを身につける	5	4	3	2	1
将来に備えて準備する	5	4	3	2	1
様々な人に出会い人脈を広げる	5	4	3	2	1
将来のことを調べて考える	5	4	3	2	1
何ごとにも積極的に取り組む	5	4	3	2	1
自分が本当にやりたいことを見つける	5	4	3	2	1
様々な視点から物事を見られる人間になる	5	4	3	2	1

第2回測定用（事後測定用）

あなたは，現在，以下のようなことが，どの程度，できていると感じますか。あてはまる箇所に○をつけて回答してください。	かなりできている	ややできている	どちらとも言えない	あまりできていない	できていない
将来のビジョンを明確にする	5	4	3	2	1
学外の様々な活動に熱心に取り組む	5	4	3	2	1
将来の夢をはっきりさせ目標を立てる	5	4	3	2	1
尊敬する人に会える場に積極的に参加する	5	4	3	2	1
将来，具体的に何をやりたいかを見つける	5	4	3	2	1
人生に役立つスキルを身につける	5	4	3	2	1
将来に備えて準備する	5	4	3	2	1
様々な人に出会い人脈を広げる	5	4	3	2	1
将来のことを調べて考える	5	4	3	2	1
何ごとにも積極的に取り組む	5	4	3	2	1
自分が本当にやりたいことを見つける	5	4	3	2	1
様々な視点から物事を見られる人間になる	5	4	3	2	1

キャリア・アクション・ビジョン・テスト（CAVT）

―活用の方法②―

②自分の成長の記録のために

プロットシートは大切に保管しておき，一定期間を空けて連続的に使用することで，自分の成長を記録しておくことができます。時間的な変化を眺めることで，自分がどのように成長してきたのか，また，今後，何をすべきなのかが分かります。

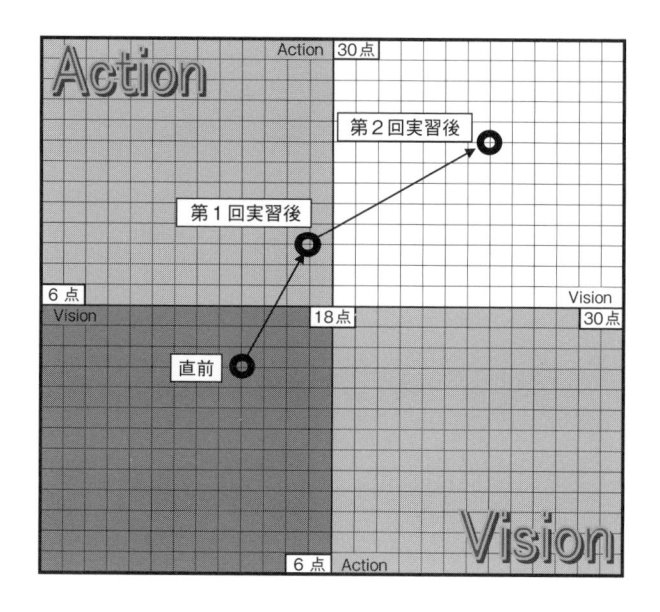

③将来に向けた自己理解のために

現在の自分に足りないところは何かを確認し，これからどうしていくべきなのかの指針が得られます。大学生の就職やキャリア形成には，積極的な活動と将来展望の2つの側面が不可欠です。

将来のビジョンがまだ定まっていない人は，もう一度，自分の夢や目標，やりたいことをじっくりと考えてみましょう。自分はいろいろな面で消極的だと感じた人は，学外の人や尊敬する人に積極的にアプローチし，幅広い人脈，さまざまなスキル，幅広い視野を身につけられるようにしましょう。

キャリア・アクション・ビジョン・テスト（CAVT）

―その他の活用―

・このテストは，教示文を工夫したり，質問文の語尾を変更したりすることで，いろいろな場面で活用することができます。

キャリア・アクション・ビジョン・テスト意欲版
(将来に向けたモチベーションを測定する場合)

あなたは，今後，どのようにしたいと思いますか。あてはまる箇所に○をつけて回答してください。	そう思う	ややそう思う	どちらとも言えない	あまりそう思わない	そう思わない
将来のビジョンを明確にしたい	5	4	3	2	1
学外の様々な活動に熱心に取り組みたい	5	4	3	2	1
将来の夢をはっきりさせ目標を立てたい	5	4	3	2	1
尊敬する人に会える場に積極的に参加したい	5	4	3	2	1
将来，具体的に何をやりたいかを見つけたい	5	4	3	2	1
人生に役立つスキルを身につけたい	5	4	3	2	1
将来に備えて準備したい	5	4	3	2	1
様々な人に出会い人脈を広げたい	5	4	3	2	1
将来のことを調べて考えたい	5	4	3	2	1
何ごとにも積極的に取り組みたい	5	4	3	2	1
自分が本当にやりたいことを見つけたい	5	4	3	2	1
様々な視点から物事を見られる人間になりたい	5	4	3	2	1

キャリア・アクション・ビジョン・テスト達成版
(キャリアガイダンスの感想を測定する場合)

あなたは，この実習でどのように感じましたか。あてはまる箇所に○をつけて回答してください。	そう思う	ややそう思う	どちらとも言えない	あまりそう思わない	そう思わない
将来のビジョンを明確にすることができた	5	4	3	2	1
学外の様々な活動に熱心に取り組むことができた	5	4	3	2	1
将来の夢をはっきりさせ目標を立てることができた	5	4	3	2	1
尊敬する人に会える場に積極的に参加することができた	5	4	3	2	1
将来，具体的に何をやりたいかを見つけることができた	5	4	3	2	1
人生に役立つスキルを身につけることができた	5	4	3	2	1
将来に備えて準備することができた	5	4	3	2	1
様々な人に出会い人脈を広げることができた	5	4	3	2	1
将来のことを調べて考えることができた	5	4	3	2	1
何ごとにも積極的に取り組むことができた	5	4	3	2	1
自分が本当にやりたいことを見つけることができた	5	4	3	2	1
様々な視点から物事を見られるようになった	5	4	3	2	1

・ただし，教示文や質問文を変更した場合には，「キャリア・アクション・ビジョン・テスト（CAVT）」を改変して使用した旨を明記してください。詳細は「使用にあたっての注意点」をお読み下さい。

キャリア・アクション・ビジョン・テスト（CAVT）

―キャリアガイダンスの効果測定―

・キャリアガイダンスの効果測定には，2つの考え方があります。

①実施群－統制群の比較

何らかのキャリアガイダンスを行なったグループにCAVTを実施し，同時に，とくに何も行なわなかったグループにもCAVTを実施します。キャリアガイダンスを行なった実施群の方がCAVTの値が高ければ，キャリアガイダンスの効果があった可能性を示すことができます。

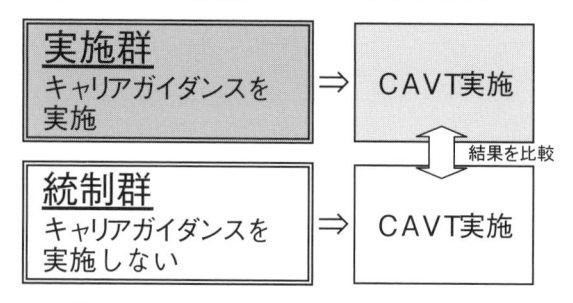

```
┌─────────────────┐      ┌─────────┐
│ 実施群          │      │         │
│ キャリアガイダンスを │ ⇒  │ CAVT実施 │
│ 実施            │      │         │
└─────────────────┘      └─────────┘
                              ⇅ 結果を比較
┌─────────────────┐      ┌─────────┐
│ 統制群          │      │         │
│ キャリアガイダンスを │ ⇒  │ CAVT実施 │
│ 実施しない       │      │         │
└─────────────────┘      └─────────┘
```

②事前－事後の比較

何らかのキャリアガイダンスを行なう前にCAVTを実施します。キャリアガイダンスを行なった後に再度，CAVTを実施します。事前のCAVTの値よりも事後のCAVTの値の方が高ければ，キャリアガイダンスの効果があった可能性を示すことができます。

```
┌─────────┐      ┌─────────────────┐      ┌─────────┐
│         │      │ 実施群          │      │         │
│ CAVT実施 │ ⇒  │ キャリアガイダンスを │ ⇒  │ CAVT実施 │
│         │      │ 実施            │      │         │
└─────────┘      └─────────────────┘      └─────────┘
         ←――――――――― 結果を比較 ―――――――――→
```

※　一般に，事前－事後の比較の方が質の高い比較であるとされています。統制群との比較では個人差など他の要因の影響が大きくなるからです。また，上の2つは組み合わせて実施することが可能であり，そのやり方が最も質の高い比較となります。

キャリア・アクション・ビジョン・テスト（CAVT）

―理論背景―

・このテストは，キャリアガイダンスに関する3つの理論的背景をもとに作成しました。

①キャリア発達研究「自己効力感理論」

「自分はうまくやれるという感覚」（自己効力感）をもっていることが，実際の行動や遂行結果と密接に関連することが幅広く実証されています。このテストでは，質問項目に対する自己効力感をたずねることによってキャリア意識を測定します。

②パーソナリティ研究「ライフタスク理論」

自分の生活の中で，現在，どのような目標をもち，何に力を注いでいるのか（ライフタスク）には，本人の考え方やモチベーション，個性や性格などを含めたさまざまな特徴が現われることが知られています。このテストでは，大学生の就職活動ととくに関連が深いライフタスクを質問項目にしています。

③大学生の就職活動に関する研究

先行研究から，大学生活を活発に送る学生ほど，また，将来に対する展望が明確な学生ほど，就職活動の結果が良いことが示されています。このテストでは，積極的な行動と明確な将来展望に焦点をあてました。

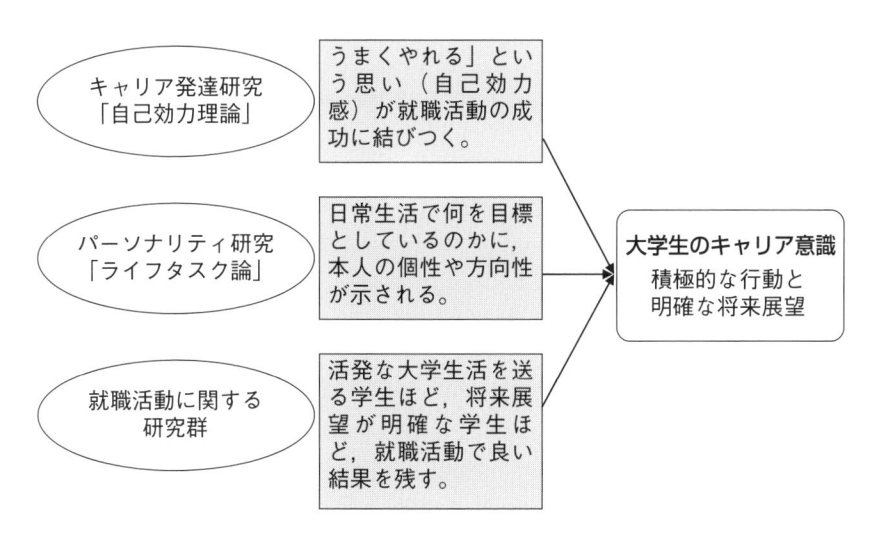

キャリア発達研究「自己効力理論」	「うまくやれる」という思い（自己効力感）が就職活動の成功に結びつく。	大学生のキャリア意識 積極的な行動と明確な将来展望
パーソナリティ研究「ライフタスク論」	日常生活で何を目標としているのかに，本人の個性や方向性が示される。	
就職活動に関する研究群	活発な大学生活を送る学生ほど，将来展望が明確な学生ほど，就職活動で良い結果を残す。	

キャリア・アクション・ビジョン・テスト（CAVT）

—使用にあたっての注意点—

1. 「キャリア・アクション・ビジョン・テスト」(Career Action-Vision Test；以下，CAVT) を使用した結果を，学術論文，書籍，報告書その他の出版媒体，テレビ，DVD その他の映像媒体他，何らかのメディアで発表する際には，「キャリア・アクション・ビジョン・テスト（CAVT）」を使用した旨を明記する必要があります。

2. CAVT（または CAVT の一部）および CAVT の結果を，許可なく商用目的で利用することを禁止します。

3. 目的に応じて，CAVT の教示文，質問項目などを自由に改変して使用することができますが，その際は，「キャリア・アクション・ビジョン・テスト（CAVT）」を改変して使用した旨を明記する必要があります。

4. CAVT の使用および使用に関する事項によって生じた損害について作成者は損害を負わないものとします。

キャリア・アクション・ビジョン・テスト

　あなたは，現在，以下のようなことが，どの程度，できていると感じますか。あてはまる個所に○をつけて回答してください。

1. 将来のビジョンを明確にする
2. 学外の様々な活動に熱心に取り組む
3. 将来の夢をはっきりさせ目標を立てる
4. 尊敬する人に会える場に積極的に参加する
5. 将来，具体的に何をやりたいかを見つける
6. 人生に役立つスキルを身につける
7. 将来に備えて準備する
8. 様々な人に出会い人脈を広げる
9. 将来のことを調べて考える
10. 何ごとにも積極的に取り組む
11. 自分が本当にやりたいことを見つける
12. 様々な観点から物事を見られる人間になる

　注）「1．できていない」「2．あまりできていない」「3．どちらとも言えない」「4．ややできている」「5．かなりできている」の5件法で尋ねる。
　※　上記は，第1章で開発した最終バージョンである。

キャリア・アクション・ビジョン・テスト意欲版

　あなたは，今後，どのようにしたいと思いますか。あてはまる個所に○をつけて回答してください。

1. 将来のビジョンを明確にしたい
2. 学外の様々な活動に熱心に取り組みたい
3. 将来の夢をはっきりさせ目標を立てたい
4. 尊敬する人に会える場に積極的に参加したい
5. 将来，具体的に何をやりたいかを見つけたい
6. 人生に役立つスキルを身に付けたい
7. 将来に備えて準備したい
8. 様々な人に出会い人脈を広げたい

9. 将来のことを調べて考えたい
10. 何事にも積極的に取り組みたい
11. 自分が本当にやりたいことを見つけたい
12. 様々な視点から物事を見られる人間になりたい

注）「1. そう思わない」「2. あまりそう思わない」「3. どちらとも言えない」「4. ややそう思う」「5. そう思う」の5件法で尋ねる。

※　第2章で使用した。

キャリア・アクション・ビジョン・テスト達成版

あなたは，この実習でどのように感じましたか。あてはまる個所に○をつけてください。

1. 将来のビジョンを明確にすることができた
2. 学外の様々な活動に熱心に取り組むことができた
3. 将来の夢をはっきりさせ目標を立てることができた
4. 尊敬する人に会える場に積極的に参加することができた
5. 将来，具体的に何をやりたいかを見つけることができた
6. 人生に役立つスキルを身に付けることができた
7. 将来に備えて準備することができた
8. 様々な人に出会い人脈を広げることができた
9. 将来のことを調べて考えることができた
10. 何事にも積極的に取り組むことができた
11. 自分が本当にやりたいことを見つけることができた
12. 様々な視点から物事を見られるようになった

注）「1.そう思わない」「2.あまりそう思わない」「3.どちらとも言えない」「4.ややそう思う」「5.そう思う」の5件法で尋ねる。

※　第2章で使用した。
※　なお，第3章では，全国の大学生を対象にしたため，教示の変更を行なった。通常のキャリア・アクション・ビジョン・テストの項目に，「以下に示す事がらについて，あなたご自身は大学生活を通じてどの程度うまくできたと思いますか」と教示し，「十分できた」「多少できた」「あまりできなかった」「全くできなかった」の4件法で尋ねた。先述したように，キャリア・アクション・ビジョン・テストは，教示文を工夫したり，質問文の語尾を変更したりすることで，いろいろな場面で活用することができる。

引用文献

東清和・安達智子（2003）『大学生の進路意識の発達——最近の調査結果から』学文社。
安達智子（2004）「大学生のキャリア選択——その心理的背景と支援」『日本労働研究雑誌』533: 27-37。
安部由紀子（1997）「就職市場における大学の銘柄効果」中馬宏之・駿河輝和（編）『雇用慣行の変化と女性労働』東京大学出版会，151-170頁。
五十嵐敦（2008）「大学におけるキャリア教育の実践」日本キャリア教育学会（編）『キャリア教育概説』東洋館出版社，112-115頁。
伊藤正哉・小玉正博（2005）「自分らしくある感覚（本来感）と自尊感情がwell-beingに及ぼす影響の検討」『教育心理学研究』53(1): 74-85。
——（2006）「大学生の主体的な自己形成を支える自己感情の検討——本来感，自尊感情ならびにその随伴性に注目して」『教育心理学研究』54(2): 222-232。
石本雄真（2009）「居場所概念の普及およびその研究と課題」『神戸大学大学院人間発達環境学研究科研究紀要』3: 93-100。
上西充子（2006）『大学におけるキャリア支援・キャリア教育に関する調査報告書』法政大学大学院経営学研究科キャリアデザイン学専攻調査委員会。
——（2010）「なにが早期離職をもたらすのか——企業の新入社員育成は新入社員自身の目にどのように映っているのか」上西充子・川喜多喬（編）『就職活動から一人前の組織人まで——初期キャリアの事例研究』同友館，2-50頁。
上西充子（編著）（2007）『大学のキャリア支援——実践事例と省察』経営書院。
植之原薫（1996）「日本の大学生女子におけるライフ・タスクの意味づけと移行(1)——特にアイデンティティ課題と将来課題の対処と意味づけをめぐって」『青年心理学研究』8: 1-16。
——（2000）「青年・成人前期女子におけるライフ・タスクとその評価の構造の推移」『青年心理学研究』12: 15-30。
牛尾奈緒美（2004）「大学生の就業意識と就職行動——ジェンダー・マネジメントの視点から」永野仁（編著）『大学生の就職と採用』中央経済社，第5章。
内田龍史（2005）「強い紐帯の弱さと強さ——フリーターの部落のネットワーク」部落解放・人権研究所『排除される若者たち——フリーターと不平等の再生産』解放出版社，178-199頁。
——（2007）「フリーター選択と社会的ネットワーク——高校三年生に対する進路意識調査から」『理論と方法』22(2): 139-153。

大久保幸夫（2002）『新卒無業。なぜ，彼らは就職しないのか』東洋経済新報社。
浦上昌則（1993）「進路選択に対する自己効力と進路成熟の関連」『教育心理学研究』41: 358-364。
──（1996）「女子短大生の職業選択過程についての研究──進路選択に対する自己効力，就職活動，自己概念の関連から」『教育心理学研究』44: 195-203。
浦坂純子（1999）「新規労働市場における OB 効果と大学教育──5 大学サンプルに基づく実証分析」『日本労働研究雑誌』471: 52-65。
太田聰一（1999）「景気循環と転職行動──1965〜94」中村二郎・中村恵（編）『日本経済の構造調整と労働市場』日本評論社，13-42 頁。
小方直幸（2011）「大学生の学力と仕事の遂行能力」『日本労働研究雑誌』614: 28-38。
片瀬一男（2008）「どのような相談ネットワークが進路選択を促進するのか──その広がりと多様性」海野道郎・片瀬一男（編）『〈失われた時代〉の高校生の意識』有斐閣，第 5 章，143-165 頁。
片瀬一男・元治恵子（2008）「進路意識はどのように変容したのか──ジェンダー・トラックの弛緩」海野道郎・片瀬一男（編）『〈失われた時代〉の高校生の意識』有斐閣，第 3 章。
金光淳（2003）『社会ネットワーク分析の基礎──社会的関係資本論にむけて』勁草書房。
唐沢克樹・梅崎修・田澤実・下村英雄・八幡成美（2008）「高校生における希望業種の男女間比較──『高校生のキャリア意識調査』の分析」法政大学キャリアデザイン学会紀要『生涯学習とキャリアデザイン』6: 131-138。
苅谷剛彦・沖津由紀・吉原惠子・近藤尚・中村高康（1993）「先輩後輩関係に"埋め込まれた"大卒就職」『東京大学教育学部紀要』32: 89-118。
川崎友嗣（2005）「大学におけるキャリア教育の展開──学ぶ力と生きる力の教育」『大学と教育』41: 44-62。
木村周（2003）『キャリア・カウンセリング──理論と実際，その今日的意義（改訂新版）』雇用問題研究会。
京都大学高等教育研究開発推進センター・（財）電通育英会（2009）『大学生のキャリア意識調査 2007 追跡調査報告書［4 年生・就職編］』。
黒澤昌子・玄田有史（2001）「学校から職業へ──『七・五・三』転職の背景」『日本労働研究雑誌』490: 4-18。
久木元真吾（2007）「広がらない世界──若者の相談ネットワーク・就業・意識」堀有喜衣（編）『フリーターに滞留する若者たち』勁草書房，第 3 章，129-171 頁。
工藤保則（2001）「高校生の相談ネットワーク──準拠人，準拠集団，社会化」尾嶋史章（編著）『現代高校生の計量社会学』ミネルヴァ書房，第 6 章，152-182 頁。
厚生労働省（2006）『平成 18 年版　厚生労働白書』ぎょうせい。
国立教育政策研究所編（2006）『生涯にわたるキャリア発達の形成過程に関する総合的研究報告書（Ⅱ）──大学生のキャリア発達に関する質問紙調査』国立教育政策研究所。
玄田有史・曲沼美恵（2004）『ニート──フリーターでもなく失業者でもなく』幻冬社。
髙坂康雅（2008）「自己の重要領域からみた青年期における劣等感の発達的変化」『教育心理学研究』56: 218-229。

小杉礼子（2005）「変わる若者労働市場」矢島正見・耳塚寛明（編著）『変わる若者と職業世界（第2版）』学文社，23-88頁。
──（2007）「大卒者の早期離職の背景」小杉礼子（編）『大学生の就職とキャリア──「普通」の就活・個別の支援』勁草書房，155-214頁。
──（2007）『大学生の就職とキャリア──「普通」の就括個別の支援』勁草書房。
児美川孝一郎（2007）『権利としてのキャリア教育』青木書店。
佐藤一磨・梅崎修・中野貴之・上西充子（2009）「新卒需要の変動が大学生の就職活動に与える影響──卒業生アンケート調査の分析」『キャリアデザイン研究』5: 51-63。
佐藤一磨・梅崎修・中野貴之・上西充子（2010）「志望業界の変化は大学生の就職活動にどのような影響を及ぼすのか──卒業時アンケート調査の分析」『キャリアデザイン研究』6: 83-99。
澤田美恵子（2008）「大学におけるキャリア教育──正統的周辺参加に基づく教育プログラムを事例として」『キャリアデザイン研究』4: 5-18。
下村英雄（2008a）「若者の就職における自己と他者──フリーター的・ニート的心性を超えて」大庭健・廣石忠司・下村英雄・中村育男・内山哲朗『職業と仕事──働くって何？』専修大学出版局，97-136頁。
──（2008b）「最近のキャリア発達理論の動向からみた『決める』について」『キャリア教育研究』26(1): 31-44。
下村英雄・堀洋元（2004）「大学生の就職活動における情報探索行動──情報源の影響に関する検討」『社会心理学研究』20(2): 93-105。
住田正樹（1999）「発達・社会化・教育」住田正樹・高島秀樹・藤井美保『人間の発達と社会』福村出版，10-24頁。
全国大学生活協同組合連合会（2007）『Campus Life Data 2006：第42回学生の消費生活に関する実態調査報告書』。
高井俊次・高木俊雄（2007）「正統的周辺参加としてのインターンシップ──京都府教員養成サポートプロジェクトを事例として」『キャリアデザイン研究』3: 31-45。
田澤実（2003）『大学生の進路選択過程における希望進路の変化(2)～就職活動開始から終了までの意思決定プロセス～』日本教育心理学会第45回総会発表論文集，568頁。
──（2004）『大学生の進路選択過程における希望進路の変化(3)～自主留年した大学5年生に対する追跡的面接調査からの検討～』日本教育心理学会第46回総会，348頁。
──（2005）『キャリア教育の導入と今後の進路選択研究の展望──大学生を対象にした実証的研究のレビューに基づいて』中央大学大学院論究（文学研究科篇）37: 189-201。
中間玲子・小塩真司（2007）「自尊感情の変動性における日常の出来事と自己の問題」『福島大学研究年報』3: 1-10。
都筑学（1999）『大学生の時間的展望──構造モデルの心理学的検討』中央大学出版部。
帝国データバンク（2007）『2007年度の雇用に関する企業の意識調査』http://www.tdb.co.jp/report/watching/press/pdf/keiki_w0702.pdf（2007年7月30日閲覧）。
内閣府（2007）『平成19年版 国民生活白書』時事画報社。
──（2007）『平成19年版 青少年白書』時事画報社。
中島義明・安藤清志・子安増生・坂野雄二・繁桝算男・立花政夫・箱田裕司（編）(1999)

『心理学辞典』有斐閣.
中西祐子（1998）「水路づけと再生産――社会的トラッキング・システムとしてのジェンダー・トラック」『ジェンダー・トラック――青年期女性の進路形成と教育組織の社会学』東洋館出版社，第7章.
永野　仁（2004）「大学生の就職活動とその成功の条件」永野仁（編）『大学生の就職と採用』中央経済社，91-114頁.
永野　仁（編著）（2004）『大学生の就職と採用――学生1,143名，企業658名，若手社員211名，244大学の実証分析』中央経済社.
日本学術会議（2010）「回答　大学教育の分野別質保証の在り方について」.
日本労働研究機構（2000）「フリーターの意識と実態――97人のヒアリング結果より」『JIL調査報告書』136.
――（現・独立行政法人労働政策研究・研修機構）（2001）「職業認知の性別・学校段階別の違い」『中学生・高校生の職業認知』資料シリーズNo.112，第3章.
野々村　新（2001）「学生相談所を中心にした進路相談」吉田辰雄編『21世紀の進路指導辞典』ブレーン出版，296-297頁.
馬場久志（2004）「学びと時間」心理科学研究会編『心理科学への招待――人間発達における時間とコミュニケーション』有斐閣，15-28頁.
浜島幸司（2003）「大学生活満足度」武内清（編著）『キャンパスライフの今』玉川大学出版部，73-89頁.
濱中義隆（2007）「現代大学生の就職活動プロセス」小杉礼子（編）『大学生の就職とキャリア――「普通」の就活・個別の支援』勁草書房，17-49頁.
浜谷直人（2004）「豊かな時間体験を生きる／体験を分節化して歴史をつくる」心理科学研究会編『心理科学への招待――人間発達における時間とコミュニケーション』有斐閣，12-13頁.
林絵美子・梅崎修・田澤実・下村英雄・八幡成実（2010）「大学1年生における希望業種の男女間比較――『大学生のキャリア意識調査』の分析」法政大学キャリアデザイン学会紀要『生涯学習とキャリアデザイン』7: 111-121.
林絵美子・梅崎修・田澤実（2011）「大学3年生における希望業種の男女間比較――『大学生のキャリア意識調査』の分析」法政大学教育開発支援機構FD推進センター『法政大学教育研究』2: 47-58.
原田宗忠（2008）「青年期における自尊感情の揺れと自己概念との関係」『教育心理学研究』56: 330-340.
半澤礼之（2011）「大学生の学びとキャリア意識の発達――大学での学びによる発達を前提としたキャリア研究という視点」『心理科学』32(1): 22-29.
樋口明彦（2006）「社会ネットワークとフリーター・ニート――若者は社会的に排除されているのか」太郎丸博（編）『フリーターとニートの社会学』世界思想社，49-74頁.
平沢和司（2010）「大卒就職機会に関する諸仮説の検討」苅谷剛彦・本田由紀（編）『大卒就職の社会学――データからみる変化』東京大学出版会.
船津　衛（1989）『ミード自我論の研究』恒星社厚生閣.
――（2005）『自我の社会学』放送大学教育振興会.

福重　清（2006）「若者の友人関係はどうなっているのか」浅野智彦（編）『検証・若者の変貌』勁草書房，第 4 章，115-147 頁。
ベネッセ教育研究開発センター（2009）『大学生の学習・生活実態調査報告書』。
堀有喜衣（2004）「無業の若者のソーシャルネットワークの構造と機能」『日本労働研究雑誌』533: 38-48。
堀川基博（2004）『職場体験プラス α の生き方学習──進路意識と人間関係能力をみがく』実業之日本社。
本田由紀（2005）『若者と仕事──「学校経由の就職」を越えて』東京大学出版会，25-51 頁。
松繁寿和（編）（2004）『大学教育効果の実証分析──国立大学卒業生たちのその後』日本評論社。
真鍋倫子（2007）「Ⅳテーマ別分析 1　子どもたちの職業観：職業カテゴリーの分析から」福島県男女共生センター『学校教育におけるジェンダー平等戦略〜教育環境と教育内容に焦点をあてて〜』，113-12 頁。
文部科学省（2009）『学校基本調査報告書（高等教育機関編）〈平成 21 年度〉』日経印刷。
溝上慎一（1999）『自己の基礎理論──実証的心理学のパラダイム』金子書房。
── (2001)「大学生の自己評価の世界を意味づける学業的文脈」溝上慎一（編著）『大学生の自己と生き方──大学生固有の意味世界に迫る大学生心理学』ナカニシヤ出版，97-137 頁。
── (2004)『代大学生論──ユニバーシティ・ブルーの風に揺れる』NHK ブックス。
── (2006)『大学生の学び・入門──大学での勉強は役に立つ！』有斐閣アルマ。
── (2008)『自己形成の心理学──他者の森をかけ抜けて自己になる』世界思想社。
── (2009)「『大学生活の過ごし方』から見た学生の学びと成長の検討──正課・正課外のバランスのとれた活動が高い成長を示す」『京都大学高等教育研究』15: 107-118。
── (2009)「授業・授業外学習による学習タイプと能力や知識の変化・大学教育満足度との関連──単位制度の実質化を見据えて」山田礼子（編著）『大学教育を科学する──学生の教育評価の国際比較』東信堂，119-133 頁。
溝上慎一（編）（2001）『大学生の自己と生き方──大学生固有の意味世界に迫る大学生心理学』ナカニシヤ出版。
三村隆男（2004）『キャリア教育入門──その理論と実践のために』実業之日本社。
宮田尚子（2009）「将来設計にみられるジェンダー・トラック」友枝敏雄編『現代の高校生は何を考えているか』意識調査の計量分析をとおして』世界思想社。
望月由起（2007）「高校生の「入学校選択」に対する他者の影響」『キャリアデザイン研究』3: 133-142。
安田　雪（1999）『大学生の就職活動』中公新書。
── (1997)『ネットワーク分析──何が行為を決定するか（ワードマップ）』新曜社。
── (2001)『実践ネットワーク分析──関係を解く理論と技法』新曜社。
山本真理子・松井豊・山成由紀子（1982）「認知された自己の諸側面の構造」『教育心理学研究』30: 64-68。
吉川　徹（2001）「ジェンダー意識の男女差とライフコース・イメージ」尾嶋史章（編著）

『現代高校生の計量社会学――進路・生活・世代』ミネルヴァ書房,第4章.
労働政策研究・研修機構(2007a)『大学生と就職――職業への移行支援と人材育成の視点からの検討』労働政策研究報告書 No. 78.
――(2007b)「若年者の離職理由と職場定着に関する調査」『JILPT 調査シリーズ』36.
――(2010)「大学における未就職卒業者支援に関する調査」(速報).
渡辺三枝子,エドウィン・L.ハー(2001)『キャリアカウンセリング入門――人と仕事の橋渡し』ナカニシヤ出版.
DISCO Human Resource PLAZA(2007)『「人と採用」夏号 インタビュー若手人材を離職させないリテンションマネジメントとは?』http://www.hr-plaza.com/hre/2007_july/feature02/001.html(2007 年 7 月 30 日閲覧).
NHK 放送文化研究所(2006)『2005 年国民生活時間調査報告書』.

Brown, S. D., & Ryan Krane, N. E. (2000) "Four (or five) sessions and a cloud of dust: Old assumptions and new observations about career counseling," in S. D. Brown, & R. W. Lent (eds.), *Handbook of counseling psychology*, 3rd ed., New York: Wiley, pp. 740-766.

Brown, S. D., Ryan Krane, N. E., Brecheisen, J., Castelino, P., Budisin, I., Miller, M., & Edens, L. (2003) "Critical ingredients of career choice interventions: More analyses and new hypotheses," *Journal of Vocational Behavior*, 62: 411-428.

Bysshe, S., Hughes, D., & Bowes, L. (2002) "The economic benefits of career guidance: A review of current evidence," CeGS Occasional Paper, Derby: Center for Guidance Studies, University of Derby.

Cantor, N. (1990) "From thought to behavior: 'Having' and 'doing' in the study of personality and cognition," *American Psychologist*, 45: 735-750.

Cooley, C. H. (1902) *Human Nature and the Social Order*, Charles Scribner's Sons.

―― (1909) *Social Organization, Schocken* (大橋幸・菊池美代志訳『社会組織論』青木書店,1970 年).

Fretz, B. R. (1981) "Evaluating the effectiveness of career interventions," *Journal of Counseling Psychology*, 28: 77-90.

Mead, G. H. (1934) *Mind, Self, and Society from the Standpoint of a Social Behaviorist*, by C. W. Morris, Chicago: University of Chicago Press (稲葉三千男・滝澤正樹・中野収訳『精神・自我・社会』青木書店,1973 年).

Granovetter, M. (1973) "The Strength of Weak Ties," *American Journal of Sociology*, 78(6): 1360-1380.

―― (1995/1974) *Getting a Job: A Study of Contact and Careers*, Chicago: University of Chicago Press(渡辺深訳『転職――ネットワークとキャリアの研究』ミネルヴァ書房,1998 年).

Griffin, D. W., & Bartholomew, K. (1994) "Models of the self and other: Fundamental dimensions underlying measures of adult attachment," *Journal of Personality and Social Psychology*, 67: 430-445.

Herminia Ibarra, Prashant H. Deshpande (2007) "Networks and Identities–Reciprocal Influence on Career Processes and Outcomes," in Huge Gunz, Maury Peiperl (ed.), *Handbook of career studies*, Sage Pubns, pp. 268-282.

Hattie, J. (1992) *Self-concept*, Hillsdale, N. J.: L. Earlbaum Associates.

Lave, J., & Wenger, E. (1991) *Situated Learning: Legitimate Peripheral Participation*, Cambrige: Cambrige University Press (佐伯胖訳『状況に埋め込まれた学習——正統的周辺参加』産業図書, 1993年).

Killeen, J. (1996) "Evaluation," in A. G. Watt, B. Law, J. Killeen, J. M. Kidd, & R. Hawthorn (eds.), *Rethinking Careers Education and Guidance: Theory, Policy and Practice*, London: Routledge, pp. 331-348.

Niles, S. G., & Harris-Bowlsbey, J. (2002) "Evaluation of Career Planning Services," in Career *Development Interventions in the 21st Century*, Merrill: Prentice Hall, pp. 394-407.

Oliver, L. W., & Spokane, A. R. (1988) "Career-intervention outcome: What contributes to gain?" *Journal of Counseling Psychology*, 35: 447-464.

Pervin, L. A. (1989) *Goal concepts in personality and social psychology*, Hillsdale, N. J.: Lawrence Erlbaum Associates.

Putnam, R. (2000) *Bowling Alone: the Collapse and Revival of American Community*, New York: Simon & Schuster (柴内康文訳『孤独なボウリング——米国コミュニティの崩壊と再生』柏書房, 2006年).

Reese, R. J., & Miller, C. D. (2006) "Effects of a university career development course on career decision-making self-efficacy," *Journal of Career Assessment*, 14: 252-266.

Rosenberg, M. (1965) *Society and the adolescent self-image, Princeton*, N. J.: Princeton University Press.

—— (1986) "Self-concept from middle childhood through adolescence," in J. Suls, & A. G. Greenwald (eds.), *Psychological perspectives on the Self*, vol. 3, Hillsdale, N. J.: Lawrence Erlbaum Associates, pp. 107-136.

Super, D. E. (1990) "A life-span, life-space to career development," in D. Brown, L. Brooks, & Associates, *Career choice and development*, 2nd., San Francisco: Jossey-Bass, pp. 197-261.

Taylor, K. M., & Betz, N. E. (1983) "Applications of self-efficacy theory to the understanding and treatment of career indecision," *Journal of Vocational Behavior*, 22: 63-81.

Whiston, S. C., Brecheisen, B. K., & Stephens, J. (2003) "Does treatment modality affect career counseling effectiveness?" *Journal of Vocational Behavior*, 62: 390-410.

Whiston, S. C., & Buck, I. M. (2008) "Evaluation of career guidance programs," in J. A. Athanasou, & R. Van Esbroeck (eds.), *International Handbook of Career Guidance*, New York: Springer Publishing, pp. 677-692.

Whiston, S. C., Sexton, T. L., & Lasoff, D. T. (1988) "Career intervention outcome: A replication and extension," *Journal of Counseling Psychology*, 45: 150-165.

Zirkel, S., & Cantor, N. (1990) "Personal construal of a life task: Those who struggle for independence," *Journal of Personality and Social Psychology*, 58: 172-185.

初出一覧

第1章 キャリア意識の測定テスト（CAVT）の開発
下村英雄・八幡成美・梅崎修・田澤実（2009）「大学生のキャリアガイダンスの効果測定用テストの開発」『キャリアデザイン研究』5: 127-139。

第2章 体験型学習の効果
田澤実・梅崎修・八幡成美・下村英雄（2010）「『相談』という行為を通じたキャリア意識の向上——CAVTを使った効果測定の試み」『キャリアデザイン研究』6: 69-81。

第3章 初期キャリアの決定要因
田澤実・梅崎修（2011）「大学生における成績とCAVT（キャリア・アクション・ビジョン・テスト）が初期キャリアに与える影響——全国大学4年生の追跡調査」『キャリアデザイン研究』7: 57-70。

第4章 教育効果の大学間格差
梅崎修・田澤実（2012）「大学教育と初期キャリアの関連」『日本労働研究雑誌』619: 64-76。

第5章 人間関係の構築と進路意識
梅崎修・八幡成美・下村英雄・田澤実（2010）「ソーシャルネットワークの構築が進路意識に与える影響——『高校生のキャリア意識調査』の分析」『生涯学習とキャリアデザイン』7: 123-134。

第6章 大学生活と自尊感情
田澤実・梅崎修（2011）「大学生活への意欲と達成が自尊感情に与える影響——大学1年生に対する縦断調査」『京都大学高等教育研究』17: 65-71。

第7章 時間管理とキャリア意識
峰尾菜生子・田澤実・梅崎修（2011）「大学生の時間の使い方の違いによる職業，学業，自己に対する意識の差異」『生涯学習とキャリアデザイン』8: 33-56。

第8章 希望業種の男女間比較
林絵美子・梅崎修・田澤実（2012）「大学4年間における希望業種の男女間比較」『キャリアデザイン研究』8: 161-170。

第9章 希望進路の変化と内定先満足度
稲田恵・田澤実（2009）「就職活動を行う大学生の希望進路の変化と内定先の満足度の関連」『生涯学習とキャリアデザイン』6: 99-130。

附　録　キャリア意識の発達に関する効果測定テスト：(キャリア・アクション・ビジョン・テスト：CAVT) ―活用の手引き―
「キャリア相談実習」ワーキンググループ（編）2009「文部科学省平成18年度　現代的教育ニーズ取り組み支援プログラム（実践的総合キャリア教育の推進）大規模私大での大卒無業者ゼロをめざす取り組み―学生が行う『キャリア相談実習』による職業意識の質的強化―　総括報告集（2006-2008）」。

あとがき

　本研究が開始されたのは，2007年3月であった。2006年度に法政大学キャリアデザイン学部が，現代GP（「大規模私大での大卒無業者ゼロを目指す取り組み──学生が行うキャリア相談実習による職業意識の質的強化」）に採択されたのが，きっかけである。現代GPは，新授業を運営することはもちろんのこと，その授業の効果を測定することが求められた。われわれは，この測定という作業にこだわった。キャリア教育の騒がしい宣伝や大規模な授業展開のなかで，測定し自己批判することに新しさを発見しようと思ったのである。

　2006年度の測定班は，八幡成美，梅崎修の2名で進められたが，心理学の知識を補うためにも下村英雄への協力を求めた。そこで最初に取り組まれたのが，本書でも取り上げたCAVTである。2007年度からは田澤実が本学部の教員として調査班に参加し，新尺度による分析を続けた。新尺度による測定だけでは，多様な学生を把握できないことは当初から認識されていた。学業や友人やバイトなどの多様な学生生活を継続的に把握しなければ，学生側の意識変化も就職活動もわからないと思っていた。それゆえ，約5年という短い期間に多くの継続調査を実施することができたのである。峰尾菜生子，林絵美子，稲田恵もそれらの継続調査に参加した。

　本書をまとめるにあたって，梅崎，田澤が何度も話し合いを続けたが，心理学と経済学という異なる学問分野を背景にした議論は，お互いの思わぬ分析上の死角を発見することになった。同じ学問分野のなかで構成された学術書と比べて越境的な分析に本書の新しさと面白さがあると思う。

また，われわれ自身がキャリア教育の実施者であることも，類書とは違う本書の特徴である。自らと自らの授業に"ツッコミ"を入れながら分析を進めることは，楽しい経験であった。データ分析で実態を確認しつつ，授業の改良を続けた。その意味では，未完成な授業を受けさせられた学生諸君こそ本書の被害者であり，生みの親と言えるのかもしれない。この場を借りて多くの学生たちに感謝を申し上げたい。ありがとう。

　さて，われわれの分析にも授業の改善にも終わりはない。これが正解だという地点までたどり着いた実感がないのである。一方，学会などで分析結果を報告することで多くの実践者や研究者と繋がることができた。「みんな一緒なんだよな〜苦労しているよな〜」という共感を持った。その共感のうえに，データを持ち寄って一緒に議論ができたらうれしい。われわれは，今も授業を続け，調査を続けている。

　授業において"先生"は孤独だが，そこに批判的前進があるかぎり孤独ではないと思う。つながり，ツッコミを入れ合い，学び合うためにも本書を刊行した。読者からの反応をおそるおそる楽しみにしている。

　本書の刊行にあたっては，法政大学出版局の勝康裕氏からは，執筆機会の提供から編集に至るまで多大なるご助力をいただいた。この場を借りて，感謝を申し上げたい。なお，本書の研究には多くの助成を得ている。現代GP（「大規模私大での大卒無業者ゼロを目指す取り組み──学生が行うキャリア相談実習による職業意識の質的強化」や「法政大学教育開発支援機構FD推進センター助成金」，「研究拠点形成費等補助金（教育研究高度化のための支援体制整備事業）」。また，日本キャリア教育学会や日本キャリアデザイン学会での学会報告では，多くの方々からコメントを受けた。ここに記して感謝を申し上げたい。

2012年9月16日　残暑残る東北にて

編　者

索　引

[ア　行]
意思決定論的アプローチ　172, 173, 179
異質な他者　103, 115, 202
一般化された他者　43
居場所　147
インターネット調査　13
インターン　57
インターンシップ　45, 56, 101, 115, 129, 182
　──実習　41
　──授業　58
動けない学生への対応　56
O.J.T.　61
OBネットワーク（埋め込まれた関係）　77, 78

[カ　行]
鏡に映った自我（looking-glass self）　43
学業中心型キャンパスライフへの転換　129
「確固たる自己」の確立　116
企業特殊的技能　61
企業と自分のマッチング　198
企業とのマッチング　199
「企業とのマッチング」説　198, 199, 204
規制緩和　171
希望業種における男女間格差　151
希望進路の男女格差　153
希望進路の変化　177, 179
キャリア・アクション・ビジョン・テスト（CAVT）　9, 42, 56, 201, 205-215 →「CAVT」も見よ
キャリア意識尺度（CAVT）　42
キャリアガイダンス　9, 17-21, 24, 25, 27, 29, 34-37, 42, 59, 60, 62, 205, 207, 209, 212, 213
　──研究　17
　──の効果測定　17
　──プログラム　18
キャリアカウンセラー　3
キャリア教育　3, 4, 15, 17, 41, 58, 61, 73, 76, 78, 101, 115-119, 129, 131, 132, 201, 202
キャリア形成支援　58, 129
キャリア自己効力感　19, 20
キャリア自己効力感理論　19
キャリアセンター　4, 56, 203
キャリアデザイン　17, 172, 173, 175, 196, 199
キャリア発達課題　117, 132
キャリア「RE」デザイン　171, 172, 175, 179, 181, 196, 197
教育の可能性　97
強固な相互補完性　97, 203
業種認知　152
偶発理論　199
グループガイダンス　17
グループカウンセリング　17, 42
経済のグローバル化　171
構築理論　199
合理化（rationalization）　199
個人の世界における意味づけ　147
固定的な進路展望　201
雇用の多様化・流動化　101

[サ　行]
再吟味と再構築のプロセス　201
産業構造の急激な変化　101
サンプリングバイアス　13
サンプルバイアス　6

229

CAVT　8-10, 47, 48, 62, 63, 68, 69, 72-74, 76, 201, 202, 205, 212, 214　→「キャリア・アクション・ビジョン・テスト」も見よ
――意欲版　47, 48, 211, 215
――達成版　47, 48, 64, 211, 216
ジェンダー意識　151, 152
時間的展望　131
時間の使い方　11, 130-132, 142, 144, 147
シグナリング仮説　82
自己効力感　37, 213
自己効力感理論　213
自尊感情　11, 117, 118, 119, 121, 125, 126, 202
――尺度　120
――得点　120, 122, 125
7・5・3離職　61
悉皆調査　6
実施群　212
実践共同体　41
「志望＝憧れ」説　174, 175, 197, 199
「志望先増加」説　198, 199, 204
「志望先変化」説　174, 175, 197, 198, 199
社会関係資本（ソーシャルキャピタル）　102
社会人基礎力　93-95
若年者就職基礎能力　93-95
若年無業者　104
就職先への満足度　174
就職部　4
重要な他者　43, 103, 115
受動的学び　92, 96
初期キャリア　59, 60, 62-64, 67, 68, 73, 75-77, 79
職業キャリアの不透明性　101
職業指導　59
職業的発達にかかわる4能力領域　93-95
職場見学　101
職場体験（インターンシップ）　41　→「インターンシップ」も見よ
女子大生の就職希望の偏り　169
ジョブマッチング　61
新規学卒労働市場研究　3, 5
人的資本仮説　82

進路選択研究　3, 5
性格の認知　133, 140, 142-144
正統的周辺参加　41
性役割観にもとづいた「適職」　152
早期離職　10, 61, 64, 72-74, 76, 202
――防止　74
底上げ機能　57
ソーシャルネットワーク　11, 102-106, 108, 111-116, 202

[タ 行]
大学設置基準　59
――の改正　59, 60
体験型学習（実習授業）　8, 10
賃金格差　154
強い紐帯　102
適応研究　3, 5
同質な他者　115
統制群　212
特性因子論的アプローチ　172, 173

[ナ 行]
「内定＝満足」説　174, 175, 197, 199
能動的学び　92, 96
能力観　79
能力観＝教育観　78-79
「能力」（の）形成　78, 79

[ハ 行]
パーソン・ロール・コンフリクト　44
PCDA（plan-do-check-act）（の）サイクル　4, 58, 59, 76
BtoC　161, 168
標準的な就職活動　78
文脈理論　199

[ヤ 行]
役割間コンフリクト　44
役割コンフリクト（role-conflict）　44, 57
役割取得（role-taking）　43
役割内コンフリクト　44
やりたいこと志向　12, 138, 142, 144, 146
弱い紐帯　102

[ラ　行]
ライフタスク　19, 20, 22, 35, 36, 213

ライフタスク理論　19, 20, 213
リーマンショック　129

執筆者紹介

[編著者]

梅崎　　修（うめざき　おさむ）
1970年生まれ。2000年，大阪大学経済学研究科博士後期課程修了，政策研究大学院大学オーラル政策研究プロジェクト研究員，2003年，法政大学キャリアデザイン学部専任講師，2007年，法政大学キャリアデザイン学部准教授。博士（経済学）。
主著：『教育効果の実証——キャリア形成における有効性』（共編著）日本評論社，2013年。

田澤　　実（たざわ　みのる）
1978年生まれ。2007年，中央大学大学院文学研究科博士後期課程単位取得退学，法政大学キャリアデザイン学部助教，2012年，法政大学キャリアデザイン学部専任講師，2013年，法政大学キャリアデザイン学部准教授。博士（心理学）。
主著：『詳解　大学生のキャリアガイダンス論——キャリア心理学に基づく理論と実践』（共著）金子書房，2012年。

[執筆者]

梅崎　　修　上記参照　［序章，第1～8章，終章］
田澤　　実　上記参照　［序章，第1～9章，終章］
八幡　成美（やはた　しげみ）　法政大学キャリアデザイン学部教授［第1,2,5章］
下村　英雄（しもむら　ひでお）　独立行政法人・労働政策研究・研修機構主任研究員［第1,2,5章］
林　絵美子（はやし　えみこ）　法政大学キャリアデザイン学部兼任教員，人材コンサルタント［第8章］
峰尾菜生子（みねお　なおこ）　中央大学大学院文学研究科心理学専攻，博士課程［第7章］
稲田　　恵（いなだ　めぐみ）　法政大学キャリアデザイン学部卒業生［第9章］

大学生の学びとキャリア
入学前から卒業後までの継続調査の分析

2013 年 4 月12日　　初版第 1 刷発行

編著者　梅崎 修・田澤 実
発行所　財団法人 法政大学出版局
　　　　〒102-0071 東京都千代田区富士見 2-17-1
　　　　電話 03 (5214) 5540　振替 00160-95814

印刷：三和印刷／製本：根本製本
© 2013 Osamu Umezaki and Minoru Tazawa
Printed in Japan

ISBN 978-4-588-68606-1

―――― 関連書 ――――

生涯学習社会とキャリアデザイン
笹川孝一 編　　　　　　　　　　　　　　　　　　2600 円

人材教育論入門
川喜多 喬　　　　　　　　　　　　　　　　　　　2000 円

学校と人間形成
佐貫 浩　　　　　　　　　　　　　　　　　　　　2500 円

若者とアイデンティティ
児美川孝一郎　　　　　　　　　　　　　　　　　　2300 円

職業とキャリア
八幡成美　　　　　　　　　　　　　　　　　　　　2300 円

アントレプレナーシップとシティズンシップ
小門裕幸　　　　　　　　　　　　　　　　　　　　2600 円

多文化教育 I
山田 泉　　　　　　　　　　　　　　　　　　　　2400 円

教育を原理する　自己へとたち返る学び
筒井美紀・遠藤野ゆり　　　　　　　　　　　　　　2400 円

若者問題と教育・雇用・社会保障　東アジアと周縁から考える
樋口明彦・上村泰裕・平塚眞樹 編著　　　　　　　　5000 円

現代日本の大学革新　教学改革と法人経営
清成忠男　　　　　　　　　　　　　　　　　　　　3500 円

法政大学出版局　　（表示価格は税別です）